酌墨
沁芳

指向学科核心素养的小学语文
单元整体备课的思考与设计

王翠玲　张海芳　李　霞◎主编

九州出版社
JIUZHOUPRESS

图书在版编目（CIP）数据

酌墨沁芳：指向学科核心素养的小学语文单元整体
备课的思考与设计/ 王翠玲, 张海芳, 李霞主编.—北
京：九州出版社，2023.6
ISBN 978-7-5225-1930-2

Ⅰ.①酌…　Ⅱ.①王…②张…③李…　Ⅲ.①小学语
文课—备课—教学研究　Ⅳ.①G623.202

中国国家版本馆CIP数据核字（2023）第112269号

酌墨沁芳：指向学科核心素养的小学语文单元整体备课的思考与设计

作　　者	王翠玲　张海芳　李　霞　主编
责任编辑	李创娇
出版发行	九州出版社
地　　址	北京市西城区阜外大街甲35号（100037）
发行电话	（010）68992190/3/5/6
网　　址	www.jiuzhoupress.com
印　　刷	天津中印联印务有限公司
开　　本	710毫米×1000毫米　16开
印　　张	17.5
字　　数	294千字
版　　次	2023年6月第1版
印　　次	2023年6月第1次印刷
书　　号	ISBN 978-7-5225-1930-2
定　　价	68.00元

编委会

自《义务教育语文课程标准（2022年版）》颁布以后，"核心素养"便成为每一位教育同仁热切关注和努力落实的重点。新课标对"核心素养"是这样阐述的："义务教育语文课程围绕立德树人根本任务，充分发挥其独特的育人功能和奠基作用，以促进学生核心素养发展为目的，综合构建素养型课程目标体系……核心素养是学生通过课程学习逐步形成的正确价值观、必备品格和关键能力，是课程育人价值的集中体现……是学生在积极的语文实践活动中积累、建构并在真实的语言运用情境中表现出来的，是文化自信和语言运用、思维能力、审美创造的综合体现。"

基于此，近年来，威海市小学语文名家工作室将研究视角指向学生核心素养的全面提升，以单元整体教学的有效推进为契机，开展了一系列扎实且卓有成效的研究活动：我们承办了"威海市小学语文阅读策略单元整体教学研讨会"，以"成果汇报+典型课例"的形式，展示了工作室前期对阅读策略单元整体教学的实施思考及研究成果，获得了山东省教育科学研究院小学语文教研员李家栋老师、威海市教科院吕朝阳院长以及威海各区市教研员的一致赞誉；我们应邀参加中国教师报"课改中国行"栏目组举办的"语文要素落地实操"公益师训活动，借助"云直播"的方式，与全国的小语同仁分享统编小学语文三年级下册第五单元"习作单元"的整体教学思路，并构建"借助范本，指向表达运用——融于平台，关联教学内容——勾连例文，指导修改习作"的习作单元整体教学范式。

在且行且思的研究中，我们以学科核心素养的提升和单元整体教学的整合策略为目标，以"问题系统"和"单元架构"为抓手，致力学生学科核心素养的进阶提升，遵循"认知—理解—迁移—运用"的学习规律，通过探索切实有效的单元备课流程，将碎片化的知识系统化、序列化、课程化。通过对阅读策略单元、习作单元、人物单元、童话单元、神话单元、寓言单元、革命文化单元、传统文化单元、综合性学习单元的整体备课思考与设计，探索切实可行的教学路径，架构单元整体备课模式，总结提炼出"自学导思—互动培思—探究构思—拓展延思—总结集思—评价反思"的"六思一体"教学范式，统筹单元整体与课时备课两方面设计操作路径，关注学生思维品质和学习能力的提升，助力学生核心素养的有效落地与稳步提升。

工作室始终遵循"实践—反思—再实践—再反思"的螺旋递进的实施路径，不断将研究纵深推入。在此过程中，我们及时梳理总结研究成果，记录研究之路上的所思、所行、所获，编撰《酌墨沁芳：指向学科核心素养的小学语文单元整体备课的思考与设计》一书。书中详细展现了我们脚踏实地经历的每一次思考与践行，尽管在很多方面尚存在不足，但若能为行走在小学语文单元整体教学研究之旅上的同仁们提供一丝启发，那将是我们工作室全体成员莫大的荣幸。

本书虽经反复斟酌，几易其稿，但终因水平有限，不免存在许多不足和遗憾，敬请专家学者给予批评指正。

2023年4月

目录

第一篇　综　述 001

　第一章　背景及意义 001

　第二章　主题及思路 004

　第三章　章节主要内容及操作路径 005

第二篇　小学语文单元整体备课流程 007

第三篇　小学语文单元整体备课举例 013

　第一章　阅读策略单元 013

　第二章　提问单元 034

　第三章　想象习作单元 064

　第四章　说明文习作单元 089

　第五章　人物单元 114

第六章　童话单元 132

第七章　神话单元 159

第八章　寓言单元 182

第九章　革命文化单元 201

第十章　传统文化单元 229

第十一章　综合性学习单元 254

第一篇 综 述

本书是威海市小学语文教育名家张海芳工作室"基于单元整体教学的思维生长语文课堂的实践研究"项目的研究成果之一，是两年来在研究与实验成果的基础上，对学科核心素养落实与单元整体备课深入思考的系统实施过程。本书主要从单元整体备课流程架构入手，分主题列举单元备课，回答了"为什么、是什么、怎么做"等问题。本章将从背景与意义、主题与思路、内容与实施路径几方面介绍相关的想法与做法。

第一章 背景及意义

一、背 景

（一）立足核心素养发展的需要

《义务教育语文课程标准（2022年版）》中指出："义务教育语文课程围绕立德树人根本任务，充分发挥其独特的育人功能和奠基作用，以促进学生核心素养发展为目的，综合构建素养型课程目标体系……核心素养是学生通过课程学习逐步形成的正确价值观、必备品格和关键能力，是课程育人价值的集中体现……是学生在积极的语文实践活动中积累、建构并在真实的语言运用情境中表现出来的，是文化自信和语言运用、思维能力、审美创造的综合体现。"语文课程应在引导学生热爱国家通用语言文字的同时，发展思维能力，建立文化自信，提升核心素养。本书所指的指向学科核心素养的小学语文单元整体备课，是从发展与提升学生学科核心素养的角度，"关注小学语文整体教学本质的研究，指向课堂教学，强调学生核心素养的进阶提升，使学习者在整合的单元教学中，提升语文素养，拥有终身学习的能力，让学生为主体的理念真正在深度学习的小学语文单元整体教学中得以落实。"

（二）基于单元整体教学的需要

美国教育家杜威主张实用主义的单元教学，提出了关于单元教学的教学模式，他的学生克伯屈在此基础上开创"设计教学法"，主张"学习单元"的安排以学生的活动为主要依据，引起了世界教育界的轰动；此后，新教育运动的领军人物、比利时教育家德克乐利推行以"整体化"和"兴趣中心"为原则的"德克乐利教学法"，它的特点是，先制订单元题目（主题），然后根据单元题目组织教学内容，安排教学方式，每个单元是一个相对独立的整体，一个单元的教学在一段时间内连续进行，这种教学方法打破了按照科目进行教学的传统模式，是单元教学思想的萌芽。

在国内，五四运动后，梁启超首次提出"不能篇篇文章地讲，需一组组地讲"（梁启超，1922）的教学观点，强调教科书的完整性和系统性。这是我国单元教学的雏形，经过近百年的发展，单元教学在我国教育界逐渐生根发芽；20世纪90年代陈敏的《谈谈单元整体教学的方法》一文中提到"单元整体教学是从教材整体出发，以整个单元系统为考察要求为纲，通过对各篇课文之间内在联系的分析来把握知识内容。"进入2000年，《全日制义务教育语文课程标准（实验稿）》出台，指出："充分激发学生的主动意识和进取精神，倡导自主、合作、探究的学习方式。"2014年，教育部《关于全面深化课程改革落实立德树人根本任务的意见》指出：中小学要统筹各学科，特别是德育、语文、历史、体育、艺术等学科，充分发挥人文学科的独特育人优势，加强学科间的相互配合，发挥综合育人功能，不断提高学生综合运用知识解决实际问题的能力；要增强整体性，强化各学段、相关学科纵向有效衔接和横向协调配合……

"我们给孩子留下什么样的世界，取决于我们给世界留下什么样的孩子。"习近平总书记在党的十九大报告中指出：立德树人根本任务的提出，从国家层面更加深入系统地思考和回答了"面向未来，教育要培养什么样的人"的问题。即拥有远大的志向和坚强的意志、批判性思考和问题解决能力、有效的沟通和写作能力以及学科思维、学习策略和积极的学习心向等。习近平总书记的话指出了培养人的终极目标。

在上述理念引领下，随着2019年语文统编教材的全面覆盖，全国各省市积极投身教学改革，将"深度学习"与学科"单元整体教学"有机融合，逐渐探索出数学、化学、生物等理科思维的深度学习策略与途径。在小学语文学科教学中，李怀源团队经过7年的实践与探索，确定了"小学语文单元整体教学"的教学方式，2009年出版了《小学语文单元整体教学构建艺术》一书，书中对单元整体教学的沿革进行了梳理，对单元整体教学的概念进行了界定。然而，小学语文毕竟是思维可视性不强的学科，鲜有学校进行深入研究与实施，好在语文学科的内在逻辑性很强，对引领学生进行思维训练的深度学习也有很深的意义与价值。所以，此书借鉴其他学科的研究，将小学语文单元整体教学与思维生长的语文备课进行融合尝试，探索基于单元整体教学的思维生长语文备课的有效策略，从而助力学生核心素养的全面提升。

二、意 义

"学科核心素养"在2022版课程标准中是这样表述的："义务教育语文课程培养的核心素养，是学生在积极的语文实践活动中积累、建构并在真实的语言运用情境中表现出来的。"即指在语文实践活动中，在教师引领下，学生围绕具有挑战性的学习主题，全身心积极参与、体验成功、获得发展的有意义的学习过程。在这个过程中，将语言训练和思维训练有机地结合起来，让学生亲历思维建构的过程，从而实现核心素养的提升，使学生成为既具独立性、批判性、创造性，又有合作精神、基础扎实的优秀学习者，成为未来社会历史实践的主人。

"单元整体备课"是以一个单元作为语文教学的基本单位，在整合教材内容、教学活动、课程资源的基础上进行全盘考虑、统筹安排，整体设计单元学习活动，把讲读、自读、练习、写作、考查等环节有机结合，形成一个不可分割的教学整体。它以传统语文教育经验为起点，以培养学生语言文字运用能力为着力点，以提高学生的语文核心素养为落脚点，创新语文教学模式，优化语言学习过程，注重语言积累运用，强化语言实践，培养学生预习、自学、讨论、展示等多方面的语文学习能力。

第二章　主题及思路

一、主　题

基于上述理解，我们将本书的主题定位为"指向学科核心素养的小学语文单元整体备课研究"，重点在于以"学科核心素养"和"单元整体教学"的整合策略为目标，以"问题系统"和"单元架构"为抓手，关注学生学科核心素养的进阶提升，强调学生的思维生长过程，从过去的教师视角——教过，转变为现在的学习视角——会学与学会；遵循"认知—理解—迁移—运用"的学习规律，通过不同类型单元的整体备课设计，提高学生的深度学习能力，使学生拥有终身学习的动力与方法。

我们通过指向学科核心素养的小学语文单元整体备课流程的研究，将碎片化的学科知识系统化、课程化，实现全科育人、全程育人、全员育人。变革学习方式，通过阅读策略单元、习作单元、人物单元、童话单元、神话单元、寓言单元、革命文化单元、传统文化单元、综合性学习单元的整体备课，探索切实可行的教学路径，架构单元备课模式，总结提炼出"自学导思—互动培思—探究构思—拓展延思—总结集思—评价反思"的"六思一体"教学模式，兼顾单元整体与课时备课两方面设计操作路径，引领学生敢思敢辩、多思多辩，养成崇尚科学真知、勇于探究实践的好习惯；引导学生热爱语言文字，继承弘扬中华优秀传统文化，提升文化自信心；引导学生感受语言文字的丰富内涵，不断积累梳理整合，形成良好语感；引导学生获得丰富的审美体验，涵养高雅情趣，提高审美能力，树立健康的审美观念；关注学生思维品质和学习能力的提升，培养具有全局观念、深度思维与创新能力的全人，以适应未来世界的人才需求。

二、思　路

一是以单元整体备课流程为抓手，改革传统教案设计。单元整体备课流程关注单元整体设计，将传统的单篇教学改革为整合、融合知识体系，以任务群为统领，整体架构本单元课时内容，体现"学为先、导为后；学为主、导为辅"的操作机制，强调以学定教、顺学而导，关注深度引思、导学有备，追求课前、课中、课后和目标、教学、评价的一致性，使思维导学一脉相承，层级推进。

二是以典型单元引领同类单元的教学。研究童话、神话、寓言等文体单元，依据《语文课程标准》和学科核心素养，整体设计进阶目标及相关活动，通过单元教材的横向关联，使单元内容前后贯通，形成共促学生发展的立体教学网络，实现"语用、思维、理解、创造"等综合素养提升；研究预测、提问等阅读策略单元、习作单元、综合性学习单元，实现"明确主题—读文学法—赏析悟道—实践应用"一线贯通的单元整体备课模式，使教师从全局视角通览单元整体内容，明晰知识体系的学习与构建过程，做到"胸中有全局，脑中有思路，手上有方法"，引领学生学会学习；研究革命文化和传统文化等主题单元，将课内外阅读材料进行有机整合，汇总优质的普适性教学资源，使之应用于课堂，形成名篇名著名人同时育人的资源网络。

三是以学科核心素养的落实、提升为目标，深度推进单元教学。小学语文单元整体备课以学会思考、学会质疑、学会探究、学会合作、学会表达、学会创造等素养特征为目标，以"自学导思—互动培思—探究构思—拓展延思—总结集思—评价反思"为操作路径，关注学生思维品质和学习能力的提升，适应未来教育的人才需求。

第三章　章节主要内容及操作路径

第一章综述部分，提炼编书背景及意义、编排主题及思路，概括各章节主要内容以及具体的操作路径，总结本书编写特色。

第二章小学语文单元整体备课流程部分，从单元整体备课流程入手，提炼研究成果，以"单元整体备课流程"的方式架构单元整体教学，围绕"课标分析、教材分析、学情分析、单元目标、单元评价、问题系统、单元规划、单元备课、单元作业"诸方面整体构建单元备课结构，提炼本单元的"问题系统"及"单元规划"主题，以系列活动引领学生在自主学习的过程中，提升语文核心素养；同时提炼"自学导思—互动培思—探究构思—拓展延思—总结集思—

评价反思"六思一体课堂教学模式，给广大教师以借鉴作用。

第三章为小学语文单元整体备课举例，列举了统编教材中的策略单元、习作单元、人物单元、童话单元、神话单元、寓言单元、革命文化单元、传统文化单元、综合性学习单元的整体备课设计，对上述单元的语文要素和问题系统进行梯级架构，从教学建议和单元备课两个方面，结合单元主题进行教学模式架构，给人以引领作用。

本书的编写凝聚了全体编委两年来潜心研究的智慧与精华，着力凸显以下特色：

1.构建指向学科核心素养的小学语文单元整体备课流程。改变以往单篇课文独立教学的状态，站在单元统整的角度整体把握单元教材内容，加强单元学习内容间的关联照应，通过问题系统与单元架构，进行整体规划与设计，有效整合单元学习内容，关注学生思维能力的成长与发展，致力学生核心素养的提升。

2.探索致力核心素养提升的"六思一体"教学模式。以发展学生的语文核心素养为最终目的，以学会思考、学会质疑、学会探究、学会合作、学会表达、学会创造等深度学习特征为发展目标，探索总结出"自学导思（趣味启思）—互动培思（问题引思）—探究构思—拓展延思—总结集思—评价反思"的"六思一体"教学模式，借助问题系统，创设立体交叉语文学习任务群，有效助力学生思维生长，夯实学生核心素养的落实与提升。

第二篇　小学语文单元整体备课流程

　　《义务教育语文课程标准（2022版）》指出："义务教育语文课程结构遵循学生身心发展规律和核心素养形成的内在逻辑，以生活为基础，以语文实践活动为主线，以学习主题为引领，以学习任务为载体，整合学习内容、情境、方法和资源要素，设计语文学习任务群。"小学语文单元整体备课架构便是依托任务群的学习形态展开的。单元整体备课以单元为基本教学单位整合教学内容，以语文核心素养为培养目标，依据单元语文要素和人文主题确定学习任务，通过创设基于学情的真实学习情境，设计有针对性的语文实践活动，并以可视化的形式呈现学习成果，助力学生学科核心素养的全面提升。

一、流程架构的理论思考

　　小学语文单元整体备课在单元主题的统领下，实现学习情境、学习任务、实践活动、学习资源及学习评价的融汇统整，整合推进。

（一）学习情境的创设

　　小学语文单元整体备课情境具有3个显著特点：一是真实性，是指学生在进行本单元的学习时，将整个学习过程放在一个特定的情境中。这个特定的情境虽然是设定的，但是却源自学生的家庭、学校、社会生活，与学生的真实生活紧密相连。二是关联性，即情境的创设应当服务于语文学习任务的实现，要创设"贴近学生既有经验且符合当下兴趣的特定环境"（杨向东），引领学生在熟悉且有挑战性的语言文字运用情境中，感受语文学习"社会性"的本质价值，激活学生"学语文、用语文"的内驱力，实现核心素养的全面提升。三是连续性，即整个单元的教与学都发生在一个大情境之中，每个教学任务的实施可以有若干个小情境，但都应该是在这一大情境之下前后关联的小情境。

　　真实而有效的学习情境的创设，意在将本单元的学习不仅界定为知识层面，更重要的是引导学生转化为语言的积累与运用、思维的发展与创新等核心素养上来，增强学生学习语文的综合性，培养学生应对生活实际问题的解决能力，习得有用的能力与素养。

（二）学习任务的确定

《义务教育语文课程标准（2022版）》指出："义务教育语文课程实施要从学生语文生活实际出发，创设丰富多彩的学习情境，设计富有挑战性的学习任务。"那么，单元整体备课的学习任务如何确定呢？就小学语文学科而言，最简便、有效的途径就是遵循统编教材双线组元的规律，将单元的人文主题与语文要素统筹谋划，融语文知识的学习、语文能力的发展和语文核心素养的提升为一体，有效确定可"提领而顿"的学习任务。

单元整体备课学习任务的确定，必须基于学情视角，以学习者为中心来考量，要充分考虑本单元学习内容在整册书乃至整个小学阶段的定位及前后关联，借助横向及纵向梳理，从宏观上全面把握教学内容，明确单元学习的起点和终点，确定单元目标，设计层级递进、螺旋上升的学习任务，帮助学生将习得的语文知识系统化、序列化。

（三）实践活动的设计

新课标在"课程理念"部分指出："要围绕特定学习主题，确定具有内在逻辑关联的语文实践活动"。学生只有在大量的语文实践中获得的语文知识和应用规律，才能真正形成语文能力。实施单元整体备课，就是在真实的学习情境下，依托单元学习任务，把单元学习内容统筹规划，精心设计学生的进阶实践活动，将单元学习目标有计划地分解到各个环节中，使之形成前后关联、循序渐进的阶梯形的层级。

指向学科核心素养的小学语文单元整体备课，要突出问题导向设计语文实践活动，为学生的创造性学习提供"沃土"。学生进入什么样的实践活动，活动如何组织、成果如何呈现，都需要发挥教师的主导作用，引导学生学习的主题"实践"起来，"活动"起来，从而实现借助实践活动解决问题、完成任务。

（四）学习资源的提供

素养立意下的小学语文单元整体备课，要打破学科壁垒，建立一个更适合儿童精神发育和言语生命成长的学习社区，以丰富的学习资源供给，支持学生的语文学习活动，切实提升单元整体教学的效能。

众所周知，教材是语文学习不可忽略的必要学习资源，但并非唯一资源。因此，实施指向学科核心素养的小学语文单元整体备课，要从整体出发，通盘考量，将学习资源进行整合、拓展。要精准把握统编教材"精读—略读—整本书阅读"的编排意图，构建"三位一体"的资源网络，以"1+X"的方式，即课内精讲一篇课文，拓展阅读多篇课外美文，丰富学生的阅读体验，树立"为学生而教、为开放而学"的单元整体备课追求。

（五）教学评价的运用

新课标指出要"根据不同年龄学生的学习特点和不同学段的学习目标，选用恰当的评价方式，加强语文课程评价的整体性和综合性。"单元整体备课要遵循"教—学—评"一致性的原则，关注在真实情境中，学生能否综合运用所学知识解决问题、创生新知，能够真正实现语文学科核心素养的丰富和提升。

指向学科核心素养的小学语文单元整体备课评价可通过前置性测评、过程性评价及单元整体测评来完成。在整体教学开展前进行前置性评价，有助于教师更充分地把握学情，使单元整体备课更切合学生学习的需要，利于整体教学任务的有效推进。过程性评价伴随单元整体教学实施进程中的每个环节，教师可通过相关的评价指标，随时监控学生的学习状态，并根据学生的学习状况及时调整学习进度或学习方法，实现高质量的、有效的学习。单元学习结束后，组织突出整合性和开放性的单元作业，通过设置与单元学习情境一致的真实情境，将单元考查点融入其中，考查学生综合运用所学知识创造性地完成任务的能力。

二、流程建构的设计与说明

在核心素养导向下的课程改革中，以"大概念"为抓手，开展语文单元整体备课，能够更好地促进语文核心素养的落地，这就需要我们语文教师站在更高位的角度上去思考教学，建构指向学科核心素养的小学语文单元整体备课方案。基于本章第一节阐述的关于语文单元整体备课的思考及其关键要素，我们梳理并确定了指向学科核心素养的小学语文单元整体备课流程的基本步骤大致如下：

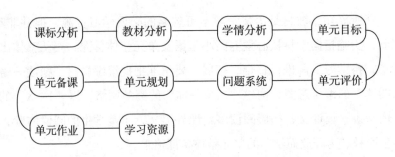

图 2-1 指向学科核心素养的小学语文单元整体备课流程的基本步骤示意图

（一）课标分析

课标分析，主要指围绕本单元的学习内容，深入分析《义务教育语文课程标准（2022年版）》中与之相对应的目标、要求、提示等，帮助教师更好地把握新课标对本单元学习内容的目标定位与实施界定，有助于教师准确把握学习内容，依课标而备，为提升学生语文素养而备。

（二）教材分析

教材分析，即对本单元教材内容及助学系统的整体分析，主要解析单元学习内容间的横向联系，帮助教师站在单元统整的高度，明确本单元各学习内容间的内在关联，从而准确定位单元目标，做到不浅薄、不拔高，让语文素养的培育落地有声。

（三）单元目标

单元目标可谓是在课程目标与课时目标间架起的桥梁，能够起到承接教学内容、导向评价任务、指导教学方略的作用，它的确定是实现"教—学—评"一致性的重要一环。单元目标的确定是落实学科核心素养的关键，要基于课标、始于学情、围绕要素、立足素养而定。

（四）单元评价

单元评价是依据教学内容、单元目标、课时目标制定的学习任务，通过科学、合理地设计评价内容，有效诊断学生学习质量。评价设计既要有目标导向，又要注意设计的针对性、科学性、适当性、选择性、实践性、层次性，多维度评价学习效果。我们常用的评价方式多为课时作业及单元作业，它的设计要早于学习过程，最终达成"目标—评价—教学"的一致性。

（五）问题系统

问题系统是对单元核心问题及子问题的一个系统梳理。依据单元语文要素的落实和单元目标的实现，首先确定可"提领而顿"的核心问题，然后结合学习内容及语文要素的进阶要求，设置循序渐进的子问题，形成服务于单元语文要素实现的问题系统。问题系统的梳理，使单元学习目标更加细化、具体化，更有助于教师对单元整体语文备课的构建与把握。

（六）单元规划

基于对"学习任务群"的理解，在进行单元整体教学设计中，通过凝练统整的核心任务及子任务，设计关联的实践活动，并以可视化的图表、思维导图等方式，对单元学习任务群进行整体架构。这一结构化、易操作的任务架构，是组织单元整体备课设计的关键。

（七）单元备课

基于单元整体备课的小学思维生长语文备课遵循"六思一体"的备课要求，从引思到培思，从构思到反思，各个环节都聚焦学生思维发展，且引领学生思维由浅入深、由简单到复杂方向发展。

1.自学导思。立足单元，巧设"前置性作业单"：一是"我会读""我会写"题型，助力识写任务；二是借"我会思"题，自学单元整体内容；三是根据人文主题及语文要素提出不明白的问题，或将学习收获转变为问题提问他人，促成生生互动，完成"我会质疑"任务，以任务驱动引发思考。"前置性作业单"中的导思系统，在引导学生理解课文，养成预习习惯的基础上，萌生思维种子。

2.互动培思。重视"小组"的力量，检查生字词，交流"我的思考"，解决"我的质疑"。作业单中"我会思考""我会质疑"的任务驱动，能让学生独立思考、组内碰撞、尝试解决问题、敢于表达，聚集体之力，让思辨有物、有序、有力。

3.探究构思。是一堂课的主体部分，以"老师为主导，学生为主体"的方式，解决教学主问题和"我会质疑"环节中学生未能解决的有价值的问题，以此落实本课学习目标，建构知识框架。教师立足单元整体，架构具有领导力和探究性的主问题以及若干具有向心力的子问题，组成单元问题系统，驱动学生思辨，让课堂成为学生思维生长的沃土。

4.拓展延思。学完新知后，我们要落实"大教学观"，补充相应学习资源，通过巩固练习、拓展训练、实践应用等方式，引导学生灵活运用所学的知识与方法，进一步培养学生的思维能力。

5.总结集思。这是一节课的"黄金三分钟"，师生通过板书、活动或思维导图，回顾整理整节课的学习要点。

6.评价反思。通过"课堂分层检测单"或其他形式，对学生一节课或本单元的学习效果进行检测，并通过同桌互批、集体讲解、课后批阅等形式反馈检测结果，让学生明确自己的学习水平并不断改进。习作单元就可以借助单元习作的修改赏评，实现思辨的相互交融、相互促进。

备课时，可以结合学习内容，灵活使用"六思"，教师应对照素养目标，反思学习路径，总结经验，改进学习策略，真正实现新课标所倡导的课程育人。

（八）单元作业

针对单元整体教学评价，围绕单元目标、语文要素，基于学情，设置基础性、发展性、拓展性的单元作业进行检测，以便可视化地呈现与检测学生的学习成果。

（九）学习资源

本着"资源整合、取舍有道"的原则，将教材内容和与之相关的课外拓展资源相融合，与家庭生活、学校生活、社会生活相链接，丰富资源的供给，赋予实践运用，提升单元整体教学效能。

第三篇　小学语文单元整体备课举例

第一章　阅读策略单元

第一节　教学建议

　　阅读策略，是个体为充分理解阅读的篇章，为觉察、解决阅读过程中遇到的各种问题而有计划地进行的各种认知活动。在教学中，我们经常发现，对于阅读同一篇文章，有的学生可以快速地获取信息，有的则需要花很长的时间才能理解文本的内涵。分析原因，更多的是因为学生的知识经验以及促进他们理解文本的策略不同，从而形成了阅读能力的差异。可见，掌握阅读策略，对提升学生的阅读能力，使学生成为积极的阅读者有着重要的作用。

　　阅读策略的教学不是为了让学生熟记阅读策略有哪些，而是需要在实际的阅读中熟练应用，所以，在教学中，我们应以实践为主，让学生在学习、探究、运用策略中形成阅读技能。

一、培养学生运用策略的方法

（一）驱动阅读，让学生明确所学策略

　　驱动阅读是根据学生发展所需，创学习情境，设阅读任务，引导学生深入阅读。在策略单元学习的"驱动阅读"阶段，老师不仅仅要告知学习任务，更要想方设法唤起学生自主运用策略开启阅读的意识。但在这之前，作为老师，必须明确学生的阅读基础，当他们不具有相应的阅读策略，我们就要选择恰当的时机，利用教材的单元导语、文本的批注等示范引领，明示策略，让每个学

生知晓本次所学是哪种阅读策略，为什么学以及在读中怎样用。

（二）初次阅读，让学生尝试运用策略

阅读策略单元的教学，往往不需要学生提前预习，课上，教师要舍得时间给学生初次接触文本，让他们自主进行阅读，教师则要在关键环节、关键点"点石成金"，从而引导学生发现、探究阅读策略，让他们成为阅读过程的主人。

阅读后，鼓励他们分享尝试使用阅读策略的想法，分享过程中，教师择机指导，通过追问、示范，如："这个想法很有趣，快来告诉大家你是怎么想的？""读到此处，他是这样想的，大家又是怎样想的？"……鼓励引导学生充分地思考尝试阅读策略的过程。

交流时，教师就要随机完善，提炼学生读中获取的不成熟的阅读经验，形成一个个具体的小策略。

（三）再次阅读，让学生独立运用策略

所有阅读策略的学习，终是指向学生自主阅读，因而，当学生经历了初次阅读，尝试、体验运用策略之后，我们就需要通过课内的二次阅读、课外的迁移阅读，甚至是整本书的推荐阅读，鼓励学生独立使用所学策略，进行实践性阅读。课内的二次阅读就需要我们老师关注学生的策略使用行为，给出正确引导，让学生在比较、分析、总结中，激发自觉运用阅读策略的动机，体验策略阅读带来的快乐之旅。

二、具体教学策略

（一）立足整体，设计教学思路

本单元包括《总也倒不了的老屋》《胡萝卜先生的长胡子》《小狗学叫》3篇课文，3课的设计互为一个有机的整体，呈现出由扶到放的学习过程。在《总也倒不了的老屋》中，老师带领学生"学习小读者是怎样学习这个童话故事的"。首先，借助批注，分析小读者读故事时的心路历程，明白了小读者读懂了什么？又是怎样读懂的？在潜移默化中，学习预测的一些方法。接着，让学生回忆自己第一遍读这个故事时，读到哪里也产生过预测，把它写下来。随后，交流、展示自己的预测。最后呈现故事的最终结局，再次感受老屋的形象。在渐进的实践中，激起学生预测的意识；在运用中，促进策略的构建，感受到预测

给阅读带来的快乐。

《胡萝卜先生的长胡子》一课，则引领学生运用《总也倒不了的老屋》中学到的策略，一边阅读一边关注故事中的细节进行预测，根据实际内容修正自己的想法，并尝试根据课文内容续编故事。在《小狗学叫》中，则引导学生独立运用预测策略。

这样的设计体现了单元整体教学的意义，在有目的、有层次的训练中，逐步培养学生的预测能力，体会预测给阅读带来的快乐。

（二）搭建支架，厘清思维过程

仍以三年级上册第四单元为例，《总也倒不了的老屋》的一大编排亮点就是加入了随文旁批，在教学过程设计中，充分利用教材中提供的旁批，引导学生一边读一边思考：小读者读到什么地方？想到了什么？为什么这样想？学生依循这3个问题式的支架，清楚预测策略运用时的思维过程，让学生明白预测是有依据的，并借助这个问题支架，将思维过程说出来，加深对预测过程的理解。

在《胡萝卜先生的长胡子》《小狗学叫》的教学设计中，运用问题或表格支架，让学生大胆发散思维展开预测。就像《胡萝卜先生的长胡子》一课，以"胡子"一以贯之，胡萝卜先生在哪里？遇到谁？他遇到什么问题？长胡子有什么用？从而抓住情节进行预测，并顺着这一支架，创编片段，在表达中让思维可视化。

3节课的设计中，利用旁批、问题、表格等为学生预测策略的学习提供了支架。利用可视化的支架让学生厘清思维过程，并引导学生将这种思维过程说出来，其他学生在进行倾听的时候，也能与其相比较，吸取他人的长处，或是发现其不合理的地方，利用这种"出声思维"，不仅使学生自己的思维更加清晰，他人也能从中受益，巩固预测策略的运用。教师也能更好地监控学生的思维过程，以便掌握学生情况，及时进行反馈。

（三）举一反三，促进阅读策略迁移应用

学习阅读策略，最重要的是使学生能够迁移应用，可以从以下角度聚焦策略的迁移应用。

一是课内迁移。以《总也倒不了的老屋》为例，在第二板块的设计中，让学生在第一板块"学习小读者怎样读故事"的基础上，将自己第一次读这个故事的预测写下来，并进行交流，在初次的迁移运用中，巩固策略的运用。

二是单元内迁移。仍以三年级上册第四单元为例，《总也倒不了的老屋》带着学生一起学习预测方法，《胡萝卜先生的长胡子》和《小狗学叫》则需有目的地引导学生用第一课学过的方法进行预测。如果说《总也倒不了的老屋》是教预测要有依据，《胡萝卜先生的长胡子》是让学生尝试预测，那么《小狗学叫》就是巩固有依据的预测。经过上述的"学—练—用"，学生在写单元作文《续写故事》时，就能够结合课本上提供的3幅图，合理预测故事的结尾。

三是课外迁移。在教学设计时，教师要有目的地引导阅读策略向课外阅读延伸。如《胡萝卜先生的长胡子》一课，可以在最后出示一些文章和书的题目，让学生根据题目猜测文章或书的内容，并推荐学生选择一本，把自己的猜测写一写，感兴趣的可以买来读一读，看看自己的预测准不准。《小狗学叫》的课后作业，可以设置：请同学们找到大家不熟悉的故事书带到学校，在小组内轮流读给同学听。朗读的时候，在某些地方停下来，让他们猜猜后面可能会发生什么，然后把故事讲完，并建议大家课后多读童话故事，练习预测本领。由此迁移，使学生"得法于课内，得益于课外"。

（张海芳名师子工作室　张美玲）

第二节　备课举例

【课标分析】

通过梳理单元的课文及内容编排，结合单元编排意图，本单元应该归属为"思辨性阅读与表达"任务群。2022年版课程标准中，这样定位这一学习任务群第二学段的学习内容："在日常学习和生活中，主动记录、整理、交流自己发现的问题和思考，学习思辨、质疑、提问等方法。"引导学生在语文实践活动中，通过阅读、比较、推断、质疑、讨论等方式，梳理观点、事实与材料及其关系；辨析态度与立场，辨别是非、善恶、美丑，保持好奇心和求知欲，养成勤学好问的习惯。预测也叫猜测，是一种真实产生的阅读想法，儿童在自主阅读时，会不自觉地使用这种策略。根据"预测"这一策略单元的学习性质，"教学提示"中指出第二学段可以引导学生发表对文本的看法，表述自己的观点，从文本中寻找证据支持自己的观点。评价也要关注学生在问题研究过程中的交流、分享等表现，要特别关注学生思考的过程和思维的方法。

从课标具体分析与本单元内容有关的第二学段教学提示：

1.应根据学生思维发展的特点，在不同学段创设适宜的学习主题和学习情境。

2.通过具体例子引导学生知道事实与观点的不同。引导学生表达对文本的看法，尝试表达自己的观点，从文本中寻找证据支持自己的观点。

3.评价要关注学生在问题研究过程中的交流、研讨、分享、演讲等现场表现，以及活动过程中产生的文字、表格、统计图、思维导图等学习成果，要特别关注学生思考的过程和思维的方法。

3篇课文的内在联系紧密，阅读文章题目预测，按"预测故事背景—预测故事主角—预测主要的故事—预测故事结局"的顺序推进预测方法的学习，训练目标层层递进。

【教材分析】

本单元安排了一篇精读课文《总也倒不了的老屋》和两篇略读课文《胡萝卜先生的长胡子》《小狗学叫》一共3篇童话故事和口语交际"名字里的故事"、习作"续编故事"以及《语文园地》，以预测为主线，构成阅读策略这一特殊单元。《总也倒不了的老屋》讲的是活了一百多岁的老屋，因为帮助小动物而总也倒不了的故事，老屋的形象不仅说明了他乐于助人的善良，还表现出其渴望被需要的心理。文中设有7处旁批，引导学生学习预测策略。《胡萝卜先生的长胡子》讲述了胡萝卜先生的长胡子在有意无意之中帮助他人的故事，《小狗学叫》讲的是小狗学叫的有趣的事。后两篇略读课文，文本题目下方设有阅读提示，且文本不完整，或略去了童话故事的结尾，或呈现出了3种结局，其目的都是引导学生在实践与运用中，学习、迁移、使用预测策略。口语交际"名字里的故事"则在学习中，鼓励学生预测名字的意义，和名字中所表达的家长对子女的期望及美好心愿。而习作"续编故事"则是依据所学策略，观察插图，发散思维，展开预测故事的结局。交流平台则是针对单元所学策略的总结，引导、鼓励学生自主运用预测策略进行阅读。这样的安排突出了学习的层次性、递进性与发展性，学生的预测、想象、思维、语言表达能力得到综合发展。

【学情分析】

编版语文教材三年级上册第四单元是语文教材把阅读策略作为脉络来建构整个单元内容。预测单元的设置是为了引导学生在进行阅读时把猜测心理逐渐形成一种自主的、积极主动的阅读方法，同时愿意在自主阅读时使用这种策略。这是学生第一次接受以学习阅读策略为主要目标组织单元内容，这对学生来说较为陌生。学生也没有专门以阅读策略为主要学习目标的经历，因此，在教学阅读策略单元时会面对一定的挑战。学生刚升入三年级，已经具备了一定的语文学习能力，但识字写字能力还需要在教师的扶助下继续巩固，采用多种方法识记生字。阅读书目可以在已有的基础上继续练习朗读课文，争取做到不错字、不漏字、不多字。对于篇幅较长的课文练习默读、尽量做到不出声，速度快。

【单元目标】

本单元的导语为：猜测与推想，使我们的阅读之旅充满了乐趣。

语文要素为：一边读，一边预测，顺着故事情节去猜想；学习预测的一些基本方法；尝试续编故事。

核心任务为：我为"预测"代言，学习预测的基本方法，尝试续编故事。

基于学习内容的分析、三年级的学情分析以及单元要素、核心任务的分析，本单元的学习目标确定为：

1.正确读写本单元的生字词，正确、流利、有感情地朗读课文。

2.学会一边读一边预测，顺着故事情节去猜想。

3.在阅读与交流中，掌握一些基本的预测方法。

4.尝试续编故事。

【单元评价】

1.通过抽查生字词的书写以及课文的朗读，达成单元目标1。

2.通过课堂上的探究、实践、交流等学习活动，评价学生是否有主动运用预测策略阅读、猜测故事后续情节、是否有对故事预测的兴趣及边阅读边预测的热情，从而养成边读边预测的阅读习惯，达成单元目标2和目标3。

3.通过开展故事分享会，检验学生是否运用"预测"进行故事的续编，达成目标4。

4.通过单元作业检测，评价单元目标达成度，以此修正、调整后续的学习。

【问题系统】

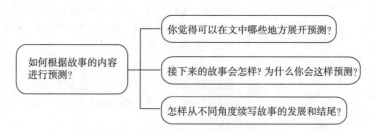

图 3-1-1　如何根据故事的内容进行预测

【单元规划】

本单元具体内容见下表：

表 3-1-1　阅读策略单元的具体内容

教学内容	核心任务	课时目标	课时安排
《总也倒不了的老屋》	学习从不同角度进行预测，尝试续编故事	1.认识"暴、凑"等8个生字，会写"洞、准"等13个字，会写"变成、门板"等13个词语 2.能试着一边读一边预测，知道可以根据题目、插图和故事内容中的一些线索，结合生活经验和常识进行预测，初步感受预测的好处和乐趣 3.懂得预测的内容跟故事的实际内容可能一样，也可能不一样	2课时
《胡萝卜先生的长胡子》		1.认识"萝、卜"等5个生字 2.能一边读一边预测故事的内容，感受边读边预测的好处和乐趣；预测能有一定的依据，并能根据故事的实际内容及时修正自己的想法 3.能尝试根据文章或书的题目预测故事的主要内容，对预测的故事产生继续阅读的兴趣	1课时

续表

教学内容	核心任务	课时目标	课时安排
《小狗学叫》	学习从不同角度进行预测，尝试续编故事	1.认识"讨、厌"等11个生字，读准"吗、担"等5个多音字 2.能一边读一边预测后面的内容，做到预测有一定的依据 3.能预测故事的结局，并将自己的预测与原文进行比较，体会预测的多样性，感受边阅读边预测的乐趣 4.能运用预测策略阅读课外书	1课时
习作：续写故事		1.能根据插图和提示续写故事，把故事写完整 2.能运用改正、增补、删除的修改符号，修改有明显错误的内容	2课时

本单元的导语：猜测与推想，使我们的阅读之旅充满了乐趣。

语文要素：一边读一边预测，顺着故事情节去猜想；学习预测的一些基本方法。尝试续编故事。

单元架构见下图：

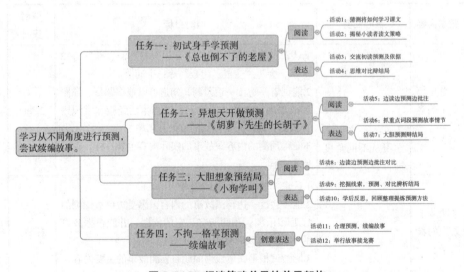

图 3-1-2　阅读策略单元的单元架构

【单元备课】

任务一：初试身手学预测

——《总也倒不了的老屋》

★ **第一课时**

（一）学习目标

1.对照小读者的想法，学习预测的基本方法，知道可以从题目、插图、内容处，依据读过的书、生活经验、文中线索等方法进行预测。

2.边读边预测，顺着故事情节进行预测，初步感受预测的乐趣。

3.预测结果与故事内容不同时，及时修正想法，继续阅读。

4.懂得预测的内容跟故事的实际内容可能一样，也可能不一样，无论对错，都是合理的。

（二）学习重点

对照小读者的想法，学习预测的基本方法。

（三）学习难点

边读边预测，预测结果与故事内容不同时，及时修正想法。

活动一：猜测如何学习新课文

1.大家看，黑板上是第12课的课题，一起读。

这是一篇童话故事，现在了解一下，有没有同学之前已经读过这篇课文？

大家都读过了，我们还要一起来学习，你猜猜，接下来，老师会带着大家怎样学《总也倒不了的老屋》呢？

2.来，请同学们打开课本的46页，找到这篇课文，仔细观察，看谁能发现这篇课文的排版，与之前学过的课文有什么不一样？

这篇课文的独到之处，在于它不单单是一篇故事，旁边还记下了一个小读者读书时的想法。所以，学这篇课文，我们就需要看看这个小读者是怎样读故事的。

3.这样来学习，你觉得怎么样？

活动二：揭秘小读者读文策略

1.接下来，我们默读课文，思考：这个小读者读到什么地方，想到了什么？为什么这么想？看谁能读懂，现在开始吧。

看懂了吗？我们一起来交流。这位小读者，首先读到什么地方，他想到了什么，谁来说一说？

预设：读到题目，他想到了……

师：那你猜这个小读者是怎么知道魔法的？（学生交流）

小结：看来这个小读者肯定读过或看过与魔法有关的书，所以这样猜。有了这个想法，小读者就迫不及待地开始读故事了。

师：小读者读到哪儿，又有想法了？能把这部分内容读给大家听听吗？他想到了什么？来，听老师读"图中（重读、拖长）的老屋……"你能听出小读者这样猜的依据是——

大家看：他不仅仅是读到内容有了想法，还看到了什么？

图中的老屋是什么样子的？

"慈祥"常常用来形容老年人。你猜小读者在生活中，有没有见过这样慈祥的人？他会想到生活中的哪些人？

生活中慈祥的老人，对小朋友提的要求，往往都会答应。所以，小读者说——图中的老屋看上去那么慈祥，它应该会答应吧！他这个想法是根据生活中的经验推测出来的。

那他的猜想和接下来的故事一样吗？从哪儿知道的？给大家读读吧！

小结：看来，插图帮助小读者做出了准确的猜测。我们猜猜，小读者看到自己猜对了的时候，心情会怎么样？

2.心情一好，就更愿意往下读了。小读者又读到哪儿，有了想法？有了怎样的想法？请你读6～7自然段。

他为什么有这样的想法？你猜小读者在生活中有没有不耐烦的时候？往往是什么时候？（学生交流）

生活中，一般人被反复提要求，都会觉得很烦。所以，小读者是根据生活经验，认为老屋会不耐烦。那小读者猜对了吗？我们看看老屋是怎么做的？大家一起读读第8和第9自然段。

看来，老屋跟小读者想得不一样，老屋不简单，这是一个什么样的老屋？

3.读到这儿，小读者产生了敬佩之情。来，带着敬佩之情，一起读读老屋的表现吧！

多么让人敬佩的老屋啊！小读者开始读懂老屋了。所以，当他继续读书时，产生了这样的想法。

老屋说："再见！好了，我到了倒下的时候了！"——这句话在文中出现了几次？一起读。

有了这样的发现，谁能说说小读者为什么猜（一定）又有谁来请老屋帮忙了吗？

一句话反复出现了3次，所以小读者猜一定又会出现与前面内容类似的故事情节。看来，他是根据文中的一些线索来猜测的。

这次小读者猜对了吗？从哪儿知道的？（第11和12自然段）

4.读到这儿，咱们发现小读者读文都是有方法的，谁能说说你的发现？

小结：小读者根据题目、插图、内容，联系读过的书、生活经验、文中不易被发现的线索来想的。

接下来，小读者还有3次猜想，快速看看48页的这3次猜想，是根据什么来想的，同桌俩说说。（学生交流）

刚才我们一起看了小读者是怎样来读这个故事的，来，说说你的学习收获吧。

小结：他一边读一边猜，想接下来会发生什么，这种方法就叫预测，预测是一种很好的读书方法。预测有时是对的，有时是不对的，猜对的时候很开心，猜不对的时候，往往让我们充满好奇，这些都是我们的读书收获。

★ 第二课时

（一）学习目标

1.再读课文，顺着故事情节展开合理的预测，并说出预测的依据。

2.大胆预测故事结局，与原文对比辨析结局，感受预测的乐趣。

（二）教学重难点

顺着故事情节继续展开预测；思维对比辨结局。

活动三：交流初读预测及依据

预测跟每个人的生活经验、阅读书目、阅读能力都有关。想想你读这个故事时做出的预测，还有哪些和小读者不一样？拿出笔写在故事旁边。（学生

交流）

小结：看来，同一个细节，不同的人来读，就会作出不同的预测，但不管与故事实际内容一样还是不一样，都没关系，只要是有依据的思考，都是合理的。

活动四：思维对比辨结局

1.这个故事在原文中，最后还有内容，你预测一下故事原本的结局？

2.答案揭晓，快速默读。

又过了许多年，老屋更破旧了，看起来像一堆破烂的木头，身上落满阳光和灰尘。房梁和窗框都静悄悄的，杂草已经长得很高了。

老屋说："好了，我总算可以休息了。"

它停下来听了听，这次没有人请它再等一等，屋外一片安静。鸟儿和虫子仿佛都飞到很远的地方去了。它整整等了一天，下定决心，明早一定要倒下去。

朝阳落在房梁上，很暖和。老屋醒来，清清嗓子：

"好了，我到了倒下的时候了！"

说完，它认真地竖起了耳朵。

等等吧，再等等吧。

3.等等吧，再等等吧！老屋到底在等什么？

小结：此时的老屋多么渴望自己能帮助别人、能被别人需要啊！其实，被需要也是一种幸福。

学习反思：同学们，读了这篇《总也倒不了的老屋》，你都有哪些收获？

预设学生交流：我们知道，老屋不是被施了魔法，而是渴望帮助更多人、被更多人需要。我们不仅读懂了故事，还学习了预测方法。预测是一种很好的阅读方法，它不是胡乱猜测，而是有根据的。

（张海芳名师工作室 张俊华）

任务二：异想天开做预测
——《胡萝卜先生的长胡子》

（一）学习目标

1.结合《总也倒不了的老屋》一课学到的方法，尝试根据文章的题目、插图、内容、生活经验等，一边阅读一边预测。

2.联系文中的重点词句进行预测，边读边及时修正自己的想法，感受边读边预测的乐趣；尝试根据课文内容续编故事。

3.感受胡萝卜先生由为胡子烦恼到因胡子感到快乐的心理变化，体会帮助别人也能给自己带来快乐。

（二）教学重点

尝试运用学到的预测方法，一边阅读一边预测。

（三）教学难点

1.抓重点词段进行预测，边读边及时修正自己的想法。

2.尝试根据课文内容续编故事。

活动五：边读边预测边批注

1.引导回顾：上节课我们学习了一个有趣的故事《总也倒不了的老屋》，还记得我们是怎么预测的吗？

预设：根据课题、插图、结合生活等。

小结：一边阅读，一边预测，有助于读懂故事的内容，还能感受到阅读的乐趣。

2.（画一条波浪线）猜一猜这是什么。（学生自由交流，充分想象）

3.引入课题：今天我们就继续用预测的方法阅读《胡萝卜先生的长胡子》，当你读到这个课题时，你觉得这个故事可能会讲什么？

4.引导：要想继续预测，就要进入课文好好读故事。

学生根据提示大声朗读课文，一边读一边想：接下来可能会发生什么事情？用《总也倒不了的老屋》一课学到的方法，在课文旁边写下你的预测。

提问：这个故事主要讲了什么？（学生交流）

活动六：抓重点词段，预测故事情节

1.引导。看第一自然段，思考：胡萝卜先生为什么为胡子发愁呢？

2.结合生活猜测浓密的胡子会给胡萝卜先生的生活带来什么麻烦？如果你就是胡萝卜先生，每天早上起床看到这浓密的胡子，你心情如何？会对自己的胡子说什么？

3.突然有一天发生的事情改变了胡萝卜先生的想法。齐读第二段。在读这一段的时候，你做了哪些预测？你预测的根据是哪些词句。

小结：从这些具体的词句中，我们预测到这根胡子会变长，这些词句就是细节，会让预测更加准确、有趣，这也是我们继续向下预测的依据。

表 3-1-2 《胡萝卜先生的长胡子》的预测表格

胡萝卜先生	在哪里	发生了什么事（人物+事件）	长胡子的用处
还在继续走			
继续往前走			
联系《总也倒不了的老屋》，我发现这两篇课文在表达上有共同的特点：			

4.继续预测，这根胡子长长以后发生了什么事？经过这些事情后，胡萝卜先生还认为他的长胡子是个麻烦吗？（默读4～8自然段，完成表格）

预设：街口小男孩的风筝线太短，胡子当风筝线；鸟太太没有绳子，用胡子当绳子。

追问：长胡子帮助小男孩和鸟太太解决了困难，你觉得他们会对胡萝卜先生说什么？如果你是胡萝卜先生，看到这些，听到这些，你心里会想什么，心情会怎么样？那你会对自己的胡子说什么？

引导：对呀，帮助别人能让别人快乐，也会使自己快乐。我们顺着故事情节，一边读一边预测，会越读越有趣。

继续交流：联系《总也倒不了的老屋》，你发现这两篇课文在表达上有什么共同的特点？

5.顺着这个思路想下去，猜测后来可能会发生什么事情？说说你的依据？（学生交流）

小结：创编也是一种预测。如果预测内容不够丰富，故事不够有趣，还可以放开想象，及时修正。

活动七：大胆预测辨结局

1.引入原文结尾，大胆补充猜测。

胡萝卜先生想为自己配一副近视眼镜，就走进白菜小姐开的眼镜店。

配完眼镜，白菜小姐说："_____。"

2.你猜胡萝卜先生会说什么？采访一下胡萝卜先生，现在怎样看待自己的长胡子。

学生交流自己的猜测及依据。

3.出示原文结尾，对比思考，感受猜测带来的乐趣。

小结：这节课我们随胡萝卜先生一起经历了奇妙的旅程，进一步体验了预测就是根据一定的依据来推测，然后继续阅读验证推测，如果预测和故事不一致，还需要及时修正自己的想法，然后接着预测。

4.激发兴趣，拓展阅读。

（1）读读这些文章或书的名字，预测文中或书中可能会讲些什么故事？

（2）《胡萝卜先生的长胡子》是一本书，里面有许多有趣的故事，感兴趣的同学可以一边读一边猜，享受预测带来的阅读之旅。

任务三：大胆想象预结局
——《小狗学叫》

学习目标

1.依据阅读经验、生活经验等，一边读一边预测故事情节，并将自己的预测与原文、与同学比较，体会预测的多样性，感受边阅读边预测的乐趣。

2.结合课文内容和线索，预测故事的结局。

3.梳理预测方法，运用预测策略阅读课外书。

活动八：边读边预测边批注对比

1.回顾思考：《总也倒不了的老屋》和《胡萝卜先生的长胡子》的故事情节有哪些相似之处？我们是怎样一边读一边预测的？

2.看到《小狗学叫》这个题目，你猜测，这条小狗学叫会经历些什么事？

3.读读故事内容，和你的预测是一样的吗？如果不同，就修正自己的想法。

4.请你运用前两篇课文学到的预测方法，读读1～37自然段，一边读，一边预测，一边圈画，并想想这样预测的依据是什么？

5.交流预测成果，与原文、与同学比较。

交流提示：

（1）我读到哪里？

（2）我预测到什么？

（3）预测的依据是什么？

（4）与课文比较，一致时，我感到？不一致时，我发现原因是？

（5）和同学比较，预测一样，依据是什么？预测结果不同，你喜欢哪种？为什么？

（6）我的预测方法是？

6.梳理预测方法：生活经验、阅读经验、故事线索、人物言行等都是预测的好方法。

活动九：挖掘线索，预测、对比辨析故事结局

1.读完课文后，请你根据课文给出的3个线索，预测一下故事可能会有怎样的结局？理由是什么？填写预测交流单。

我选择的是第（　　）种结局
我预测故事接下来会是这样的：
我的依据是：

2.小组合作交流。轮流说说自己的预测，说出依据和方法，注意倾听，思考：同学的预测是否有依据。

3.全班交流，互评互学，分享不同的预测结果，梳理3种不同结局的预测依据及方法。

4.出示故事的第3种结局，引导学生思考：自己的结局和作者的结局有什么相同和不同的地方。

活动十：学后反思，回顾整理提炼方法

1.同学们，通过本节课的学习，你都学会用哪些预测方法来阅读？说说你是怎样用这些方法进行预测的？小组同学先交流，一会儿选派一名代表与大家分享。

2.小组代表交流。

3.提炼梳理：

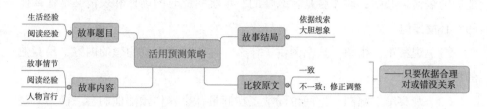

图 3-1-3　整理提炼预测方法

任务四：不拘一格享预测
——续写故事

学习目标

1.观察读图，预测单幅图可能发展的故事细节，学会预测图意。

2.运用修改符号修改自己的习作，与同学分享、赏评习作。

3.能将故事合理地续写完整，并懂得关心他人。

★第一课时

活动十一：合理预测，续编故事

1.交流谈话，预埋伏笔。出示图片、视频，展示过生日的情景；学生交流自己过生日的心情、感受等。

2.审清题意，指导看图。

（1）出示主题图，明确习作要求：下面的图画讲了什么事情？请你把接下来可能会发生的故事写完整。

（2）观察图画，了解故事。认真观察图片，试着按顺序说说自己看到的和想到的。观察图片上的人物，寻找"李晓明"。借助泡泡的提醒，把3幅图连起来想想，故事主要讲了什么？

（3）学生交流：大家讨论过生日的情景—李晓明烦恼要自己一人过生日—同学商量要让李晓明过好生日。

3.展开想象，丰富图画内容。

（1）观察第一幅图。仔细看看第一幅图，猜猜同学们都会说什么？此时，他们的表情、心情、动作会是什么样的？李晓明此时的动作和表情又是什么样的？心情如何？

（2）观察第二幅图。这幅图讲了什么？你能接着李晓明想的内容，预测他的想法吗？

（3）观察第三幅图。这两位同学正在商量什么？你预测他们会怎样为李晓明过生日？请同学们在小组内展开想象，结合图画，交流"我们可以……"（小组代表交流）。

思考"？"泡泡，构新图，"？"泡泡里藏着什么样的画面呢？

你喜欢哪种为李晓明过生日的方式？理由是什么？

下面，请小组合作为李晓明设计生日聚会方案，可以借助图表提示展开设计，并说说你们所选择的地点、人物和表达祝福的理由。

表 3-1-3　生日聚会详情设计

方案	地点	人物	表达祝福的方式

4.小组代表交流。

5.选择一个自己觉得最有意义或最有意思的方案，把故事续写完。出示要求：根据图意及想象，写清李晓明过生日前、过生日时的不同心理、表情；联系生活经验，将大家为李晓明过生日时的情景写清楚。

★第二课时

活动十二：举行故事接龙赛

1.请同学们把自己续写的故事多改几遍，用学过的修改符号把有明显错误的地方改过来。

2.谁愿意把自己续写的故事分享给大家听？

3.出示分享与互动要求：

（1）一边听，一边预测，听到哪里，你预测接下去可能会发生什么故事？

（2）你的预测和同学的分享一致吗？比较异同，说说你觉得谁的猜测更有意思？理由是什么？

4.学生互动分享，教师随机梳理指导。

（1）从语言的角度，指导预测。

（2）从心理描写的角度，指导预测。

（3）从点明中心的角度，指导预测。

5.听了同学们的分享与交流，请大家结合自己所写的故事，再次进行修改。也可以同桌交换，互评互改。

6.请小组内分享交流，并推荐一份优秀习作，参加班级故事接龙赛。

7.故事评赏，为自己喜欢的作品点赞、评价，推荐入选班级作文集。

（张海芳名师工作室　马鲁强）

【单元作业】

单元作业与检测

一、基础性作业

（一）我会写词语

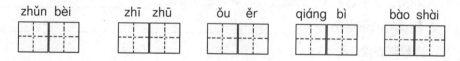

zhǔn bèi　　　zhī zhū　　　ǒu ěr　　　qiáng bì　　　bào shài

（二）用"√"为加点字选择正确的读音

1．"小刚，告诉妈妈，你干吗（ma má）去，好吗（ma má）？"

2．小狗在森林中（zhōng zhòng）没有被子弹（dàn tán）打中（zhōng zhòng）。

3．到处（chǔ chù）乱扔垃圾，是要受到处（chǔ chù）分的。

4．几（jǐ jǐ）百个同学聚集在窗明几（jī jǐ）净的大礼堂参加10岁生日典礼。

二、发展性作业

（一）我会发现

小公鸡说："你怎么了？"

"我觉得很难。"小狗对小公鸡说道。

"不要紧，"小公鸡说道，"第一次能这样就很不错了。"

1.我发现：说话的提示语有的是_____有的是_____还有的是_____

2.我会照样子，也来写一写这样的句子：

（1）_____

（2）_____

（3）_____

（二）我会阅读

阅读1：

_____

　　猫是老虎的师傅。老虎本来是什么也不会的，就投到猫的门下来。猫就教给它扑的方法，捉的方法，吃的方法。这些教完了，老虎想，本领都学到了，谁也比不过它了，只有做老师的猫还比自己强，要是杀掉猫，自己便是最强的角色了。A

1.给短文起个合适的题目，填写在横线上。

2.预测"A"的内容。

我猜，文中标"A"的地方，故事会是这样的：_____

我预测的依据是：_____

3.预测心理。

老虎想，只有做老师的猫还比自己强，要是杀掉猫，自己便是最强的角色了。

猫想：_____

我预测的依据是：_____

阅读2：

_____

　　一天，调皮的小耗子又惹祸了，它把菊香奶奶的米缸打翻了。菊香奶奶生气了，剪了一个纸猫来对付它。剪纸猫一落地，立刻变成了一只胖胖的大猫。

大猫发现了小耗子，"喵"的一声追了过去。小耗子钻到桌子底下，大猫就追到桌子底下。小耗子跳上桌子，大猫也跳上桌子。小耗子一看，吓得哧溜一下从门缝里逃走了。

大猫一看，并不着急。它把身子收起来，变得像薄纸一样，也从门缝里钻了过去。小耗子急了，哧溜一下爬上了天花板。天花板太高了，无论大猫怎么跳，也够不着小耗子。小耗子乐了，它朝大猫做鬼脸："哇啦啦，来追我呀！"

大猫被激怒了。B小耗子慌不择路，只好跳进笔筒里。笔筒又深又细，里面黑咕隆咚的。不过，这也难不倒大猫。C

1.给短文起个合适的题目，填写在横线上。

2.预测情节。

（1）我预测"B"处将发生的故事情节是这样的：_____

我之所以这样预测，是因为：_____

（2）我会接着续编"C"处的故事：_____

（3）请你续编故事的结局，并和同学分享交流你是怎样创编出精彩的大结局。

（三）拓展阅读

1.和同学或者爸爸、妈妈一起读《安徒生童话》，一边读，一边顺着故事情节展开预测，并圈画批注自己的预测及依据，比比谁的预测更合理更有趣？

【学习资源】

1.补充慈琪《总也倒不了的老屋》课文删减的故事内容。

又过了许多年，老屋更破旧了，看起来像一堆破烂的木头，身上落满阳光和灰尘。房梁和窗框都静悄悄的，杂草已经长得很高了。

老屋说："好了，我总算可以休息了。"

它停下来听了听，这次没有人请它再等一等，屋外一片安静。鸟儿和虫子仿佛都飞到很远的地方去了。它整整等了一天，下定决心，明早一定要倒下去。

朝阳落在房梁上，很暖和。老屋醒来，清清嗓子：

"好了，我到了倒下的时候了！"

说完，它认真地竖起了耳朵。

等等吧，再等等吧。

2.补充《胡萝卜先生的长胡子》第三种结局。

3.拓展阅读《安徒生童话》《胡萝卜先生的长胡子》整本书。

第二章　提问单元

第一节　教学建议

学贵有疑，小疑则小进，大疑则大进。提问是每一个孩子认识世界、获取新知的一种基本方式。学习语文就是引导学生积极思考，掌握知识，提问策略教孩子们提出自己的问题，也是孩子们思维活动的外显，问题的广度和深度在课堂知识的程度上也代表了学生对于知识掌握的广度和深度。统编语文教材四年级上册编排提问策略单元，旨在通过教学唤醒学生与生俱来的问题意识，教给学生提问方法，这也是教科书编纂史上一次具有里程碑意义的突破。

一、精准达成教学目标

（一）把握单元课文的内在联系

在教学本单元时，我们需要清晰地把握"整理问题"这一贯穿单元学习的线索，随着教学的不断深入，有侧重地引导学生整理自己提出的问题，并形成整理问题的方法：汇总问题—分类整理—价值筛选。

（二）重视提问意识的培养

在教学本单元时，我们需要有意识地引导学生回顾以往的阅读经历，引导学生关注自己的阅读行为，对新的阅读方法产生情绪上的期待，呵护培养学生的提问意识。

（三）准确定位识字写字教学

本单元的识字写字教学也应有别于其他单元。我们可以在课前或课后集中安排识字写字环节，为阅读策略的学习留出完整的时间。

二、处理好阅读策略教学和内容理解之间的关系

我们在教学阅读策略单元时，要将策略教学与课文内容理解有机结合。课文是学生学习提问方法的文本资源，在教学中要避免将策略教学与内容理解剥离开来，为教策略而教策略。

三、以问题清单和小组合作为依托

问题清单是小组学习的依托，小组合作整理问题、学习提问方法、筛选问题、解决问题都是围绕问题清单展开的。同时，有效的小组学习也能促进问题清单的落实。比如，《呼风唤雨的世纪》的课后第二题，用问题清单展示了一个小组在整理问题时的讨论情况，引导学生"学习筛选问题"。

问题清单为学生明确问题筛选的标准提供了助力：不影响理解课文内容的问题应当筛去，对理解课文内容有帮助的、能引发深入思考的问题可以保留。这样的概括性语言指向清晰，能帮助学生掌握准确的学习方法，形成有规律性的认识。这样，他们在小组中筛选问题时，就会依据问题清单对"如何提出一个好问题"有初步的思考和判断。同时，学生在小组内的交流越充分，他们的思维碰撞就会越激烈。小组积极的讨论氛围，能有效促进不同能力层级的学生的发展，使他们从能"大胆提问"到"用方法提问"，再到提出有价值的问题。

四、巧妙利用教材，突破提问策略重难点

在教学时，要抓住重难点。在本单元中，针对内容提问对学生来说并不是难点，他们的困惑和难点是针对课文的写法来提问。教学过程中，我们要多加引导，启发他们从写法的角度提出问题。

（张海芳名师子工作室　侯珊珊）

第二节　备课举例

【课标分析】

阅读策略单元以策略为单元教学的核心目标，关注运用策略理解内容的思考过程。本单元应该归属为"思辨性阅读与表达"任务群，旨在引导学生在语文实践活动中，通过阅读、比较、推断、质疑、讨论等方式，梳理观点、事实与材料及其关系；辨析态度与立场，辨别是非、善恶、美丑，保持好奇心和求知欲，养成勤学好问的习惯。提问的策略本质上是思维的策略，对课文内容形成比较、推断、质疑等意识，是提出有价值问题的前提。本单元的习作，虽然从主题上来看与本单元的课文内容并无太大关联，但从思维的角度分析，是对学生观察能力和类比思维的训练。

从课标具体分析与本单元内容有关的第二学段"阅读与鉴赏"课程目标为：能复述叙事性作品的大意，初步感受作品中生动、形象、优美的语言，关心作品中人物的命运和喜怒哀乐，与他人交流自己的阅读感受。

从课程内容组织与呈现方式上看，本单元属于"文学阅读与创意表达"学习任务群，该任务群与本单元内容有关的第二学段的学习内容为：阅读富有想象力和表现力的儿童文学作品，欣赏富有童趣的语言与形象，感受纯真美好的童心，学习用口头或者图文结合的方式创编儿童诗和有趣的故事，发展想象力。

该任务群对与本单元内容有关的第二学段的学习提示为：注意整合听说读写，引导学生综合运用朗读、默读、诵读、复述、评述等方法学习作品；评价应围绕学生阅读文学作品的过程性表现进行。第二学段在阅读全文基础上，侧重考查学生对重要段落和语句的理解，以及对作品的语言和形象的具体感受。

四篇课文的内在联系紧密，按"从全文和部分内容提问—从不同角度提问—学会筛选问题—迁移运用"的顺序推进提问方法的学习，训练目标层层递进。

【教材分析】

这个单元是围绕"提问"编排的阅读策略单元，是继三年级"预测"后的第二个阅读策略单元。运用提问策略进行阅读，有助于改变学生被动阅读状态，培养积极思考的习惯，深入理解文章内容。单元编排了3篇精读课文、一篇略读课文，有童话、说明文、散文等不同文体类型，引导学生在阅读不同类型文章时都能够主动提问。习作要求是写一个人，注意把印象最深的地方写出来。语文园地安排了交流平台、识字加油站、词句段运用与日积月累4个板块。

本单元的人文主题是"为学患无疑，疑则有进"。这是南宋哲学家陆九渊之言。此话可直译为"读书做学问就怕发现不了问题，只有带着问题学习才能进步"。围绕这一人文主题提出的语文要素是："阅读时尝试从不同角度去思考，提出自己的问题。"这一语文要素旨在让学生通过4篇课文的学习，从"感受如何提问—尝试提问—问题分类—筛选问题，尝试解决"4个层面进行训练，建构提问的阅读策略，学习表达方法，体会阅读的快乐。

本单元安排了两篇精读课文《一个豆荚里的五粒豆》《夜间飞行的秘密》和两篇略读课文《呼风唤雨的世纪》《蝴蝶的家》、习作"小小动物园"以及《语文园地》，以提问为主线，构成阅读策略这一特殊单元。

本单元的选文涉及了不同类型的问题，《一个豆荚里的五粒豆》是童话作品，引导学生针对课文局部和整体大胆提问。《夜间飞行的秘密》是说明文，重在引导学生从多角度提问，扩大提问范围。《呼风唤雨的世纪》同样是一篇说明文，引导学生学习筛选对理解课文最有帮助的问题。略读课文《蝴蝶的家》是一篇散文，引导学生综合运用提问策略进行提问，并尝试解决问题。语文园地中的"交流平台"，从态度、方法、习惯等方面对提问策略进行了总结。"日积月累"编排了与提问有关的古代名句，旨在通过背诵积累，引导学生进一步感受提问的意义。习作"小小动物园"要求学生能抓住家人与动物的相似之处，写出家人的特点。通过本单元几篇课文的学习，学生能够基本掌握提问的阅读策略，形成从全文、部分内容、写法、启示等方面进行提问的思维。在反复的实践与运用中发现能够帮助自己理解课文内容、能够引发自己深入思考的提问角度和提问方法。

【学情分析】

本单元是阅读策略单元，四年级学生的情感能力和学习能力飞速发展，已具备了一定的课前预习和自学能力，三年级预测策略，四年级提问策略，在每一个阅读策略教材编排时，设计了独立的策略单元，但每一种策略不是到策略单元才出现的，比如，阅读策略二年级下就有两次涉及：一处是《语文园地一》中，根据不同的提问读读下面的句子。另一处《语文园地六》写话板块中，明确练习："你的心中是不是也藏着很多问号，把他们写下来吧，写完后可以做成卡片，问问小伙伴知不知道答案。"阅读策略是指向阅读而存在的，有阅读就可以有意识地渗透和逐步培养阅读策略思维，助力学生学习能力和核心素养的提升。

【单元目标】

基于学习内容的分析、四年级的学情分析以及单元要素、核心任务的分析，本单元的学习目标确定为：

1.正确读写本单元的生字词，正确、流利、有感情地朗读课文。

2.学会在阅读时从不同角度去思考，提出自己的问题。

3.在阅读与交流中，筛选出有价值的问题。

4.学会在观察中发现人物和动物的相似关系，结合生活，展开联想，学会抓住人物特点写一件事，来介绍家庭成员。

【单元评价】

1.通过抽查生字词的书写以及课文的朗读，达成单元目标1。

2.通过课堂上的探究、实践、交流等学习活动，评价学生是否能按"从全文和部分内容提问—从不同角度提问—学会筛选问题—迁移运用"的顺序学会"从不同角度去思考，提出自己的问题"，从而养成在阅读中敢于提问、善于提问的好习惯，达成单元目标2和目标3。

3.通过开展"妙笔绘家人"，检验学生是否在观察中发现人物和动物的相似关系，展开联想，达成目标4。

4.通过单元作业检测，评价单元目标达成度，以此修正、调整后续的学习。

【问题系统】

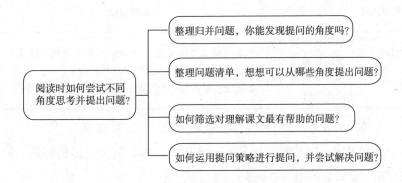

图 3-2-1　阅读时如何尝试不同角度思考并提出问题

【单元规划】

　　本单元具体内容见下表:

表 3-2-1　提问单元的具体内容

教学内容	核心任务	课时目标	课时安排
《一个豆荚里的五粒豆》	学习从不同角度提问，养成运用提问策略进行阅读的习惯	1.认识"豌、按"等9个生字并会写，会写"豌豆、按照"等16个词语 2.初读课文，整体感知课文内容 3.读课文，积极思考，能针对课文局部和整体内容提出自己的问题	2课时
《蝙蝠和雷达》		1.认识"蝙、蝠"等11个生字，读准多音字"系"，指导写好"虫"字旁 2.朗读课文，整体感知课文内容 3.能从内容、启示的角度提问，整理问题清单	2课时
《呼风唤雨的世纪》		1.继续学习从不同角度提问，筛选出对理解课文最有帮助的问题 2.借助问题理解课文内容 3.能联系生活实际感受科学技术带来的奇迹，激发热爱科学的情感和引起对科学的兴趣	2课时
《蝴蝶的家》		1.能在阅读过程中提出自己的问题，进行分类 2.能筛选出最值得思考的问题，并尝试解决	1课时

续表

教学内容	核心任务	课时目标	课时安排
习作：小小动物园	学习从不同角度提问，养成运用提问策略进行阅读的习惯	1.通过例文支架学习，学会运用举例和把人比作动物的方法，写出家人具有的动物的特征。 2.能抓住家人与动物的相似之处，写出家人的特点	2课时

本单元的导语：为学患无疑，疑则有进。——陆九渊

语文要素：阅读时尝试从不同角度去思考，提出自己的问题。写一个人，注意把印象最深的地方写出来。

核心任务为：学习从不同角度思考、提出问题的方法，养成自主运用提问策略进行阅读的习惯。尝试抓住家人与动物的相似之处，写出家人的特点。

单元架构见下图：

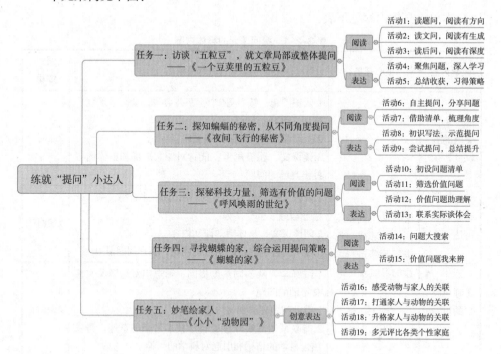

图 3-2-2　提问单元的单元架构

【单元备课】

任务一：访谈"五粒豆"，针对局部或全文提问
——《一个豆荚里的五粒豆》

★ 第一课时

（一）学习目标

1.认识"豌、按"等9个生字，会写"豌、按"等12个字，会写"豌豆、按照"等16个词语。

2.初读课文，整体感知课文内容。

3.读课文，积极思考，能针对课文局部和整体内容提出自己的问题。

（二）学习重点

能针对课文局部和整体内容提出自己的问题。

（三）学习难点

理解和体会最后一粒豆的发芽、开花，给生病的小女孩带来了愉快和生机。

活动一：读题问，阅读有方向

1.揭示课题，初识作者。

（1）老师板书课题，指名读课题。

（2）请看，这就是豌豆荚的图片，谁能描述一下？

借助图片理解词语：豌豆、豆荚。

（3）指导书写"豌"字，注意左窄右宽。

（4）齐读课题。看到课题，你们心中有什么疑问？（鼓励学生善于提问，简写问题）

小结：读书就怕发现不了问题，只有带着问题学习，收获才多，进步才大。今天，我们一起跟着"问号"老师走进第二单元，试着用提问的方法学习课文。

2.自由读课文，寻找答案。学习始于提问，下面就请大家带着这些问题，自由读课文，读准字音，读通句子，然后想一想你知道了什么，还有什么不明白的地方，用问号标记下来。

3.检查字词学习情况。

4.尝试解疑，交流讨论，梳理内容。

豌豆	理想	结果
第一粒	飞到广阔的世界	被鸽子吃掉
第二粒	飞进太阳里	掉进水沟，涨得大大的
第三、四粒	到哪儿就在哪儿住下来	被鸽子吃掉
第五粒	该怎么样就怎么样	长大开花

5.对照板书，看看课文讲了一个什么故事。

小结：同学们，你们太棒了，仅仅只是对课文题目进行提问，就将这么长一篇课文的主要内容概括了出来，太了不起了。难怪人们常说："提问，是一切学习的开始。"

活动二：读文问，阅读有生成

1.组内交流，整理问题。

（1）默读课文，想一想：之前所提的问题，有哪些已经找到了答案？还有哪些问题仍然是你心中的困惑？请写在自己的"问题条"上。

（2）合并重复的问题：面对小组问题清单，你有什么发现吗？（引导学生将重复的或相似的问题在小组内合并）

（3）汇总问题，形成小组问题清单。

2.紧扣课后习题，借助微课，明确方法。

（1）引导：同学们，提问的方法还有很多，今天老师给大家请来了可爱的"问号"老师，她要告诉你们一些提问的秘诀，想不想听一听？

"问号"老师：同学们，在阅读中会针对自己不理解的地方提出问题，是很好的提问方法。除此之外，我们还要注意把前后内容联系起来，你会发现课文中有些内容似乎有些矛盾。比如：①课文前面提到"青苔把它包裹起来，它躺在那儿真可以说成了一个囚犯"。后面却说："窗子打开了，她面前是一朵盛开的、紫色的豌豆花。"这样一读，是不是有点前后矛盾呢？读到这样前后矛盾的地方，我们就可以提出这样一个问题：课文说被青苔包裹的豌豆像"一个囚犯"，但它却长得很好，为什么？②课文中母亲竟然把一株豌豆苗称为"一个小花园"，多么有趣啊！遇到这样有趣的地方，我们也可以提出问题：母亲为什么要把一株豌豆苗称为"一个小花园"呢？③读完课文，我们知道五粒豌豆的结局各不相同，那么，当我们读到掉进水沟里的那粒豌豆说的话时，联系五粒豌豆的不同结局，我们还可以提出问题：掉到水沟里的那粒豌豆真的是最了不起的吗？

（2）出示课后第二题的小组问题清单，引导：你们有什么发现吗？

小结：这些问题都是针对课文内容提出的，有的是针对部分内容，有的是针对全文内容。

3.全班交流，分享方法，教师梳理，小结方法。

活动三：读后问，阅读有深度

1.小组合作，二次提问并整理问题清单。

（1）读本组汇总合并之后的问题，看看哪些问题是针对课文某一部分内容提的，请在后面画上"＿＿＿"，看看哪些问题是针对全文提的，请在后面画上"﹏﹏﹏"。

（2）统计问题总数。

（3）理出组内没能解决的问题，整理问题清单。

2.交流小组问题清单。

（1）小组代表展示问题清单，其他小组认真倾听。

（2）简要说说自己所在小组是怎样进一步梳理问题清单的。

（3）评选"提问优胜小组"。

3.整理形成班级问题清单。

（1）全班集体商议归并、舍去、补充问题，完成班级问题清单（分别针对部分内容、全文提问）。

（2）分类梳理，总结问题。

针对部分内容提问：

五粒豌豆为什么一会儿以为世界是绿色的，一会儿以为世界是黄色的？

课文说被青苔包裹的豌豆像"一个囚犯"，但它却长得很好，为什么？

母亲为什么要把一株豌豆苗称为"一个小花园"呢？

为什么说小女孩吻豌豆叶的那一天，简直像一个节日？

针对全文提问：

谁是最了不起的豌豆？是那粒掉到水沟里的豌豆吗？

4.突破难点，学会针对全文提问。

（1）出示课后第三题：伴随着豌豆苗的成长，为什么小女孩的病就慢慢好了呢？和同学交流你的想法。

思考：这个问题是针对部分内容还是针对全文提出的？

小结：我们可以抓住故事中情节的变化，提出针对全文的问题。

（2）要想提出针对全文的问题，还有哪些好方法？

针对全文内容提问：这个故事主要讲了什么内容？这个故事想要告诉我们什么道理？

5.二次提问，强化技能。

（1）请你用上刚才的方法，再次快速默读课文，尝试提出几个针对全文的问题，把问题写在提问条上，再贴到问题清单上。

（2）交流提出的问题，再次明确怎样的问题才是针对全文内容提出的问题。

学习反思：读了这个童话故事《一个豆荚里的五粒豆》，你都有哪些收获？

小结：了解了文章的主要内容，带着问题去学习，对我们的学习有很大帮助，也会使我们有很大的进步。老师希望你们在今后的学习过程中一定要多动脑思考，多多提问。带着问题去学习。你们一定会有更大的进步。下节课我们带着这些收获，再一起学习《一个豆荚里的五粒豆》。

★ 第二课时

（一）学习目标

1.能带着问题学习生字词，理解课文内容，体会故事情感。

2.在理解故事的基础上，梳理总结提问的方法。

（二）学习重难点

在主动积极的思维活动中，加深对故事内容的理解。

活动四：聚焦问题，深入学习

1.回顾问题清单。

（1）通过上节课的学习，我们知道了哪些提出问题的方法？

（2）上节课，我们围绕同学们提出的问题，通过初读课文知道了这五粒豌豆各自不同的理想和最终的结果。课堂上，我们还提出这些问题（出示课件），今天我们可以选择其中比较重要的问题来解决，进一步感受这篇童话故事的独特魅力。

2.聚焦问题清单。

（1）请大家带着问题默读课文，找到相应的语句画出来，写下批注。

（2）小组合作学习，选择最感兴趣的问题或最难解决的问题，尝试解决问题。

（3）全班汇报，交流问题。

①解决问题：五粒豌豆为什么一会儿以为世界是绿色的，一会儿以为世界是黄色的？

这一问题是针对课文哪儿提出的？默读1~3自然段，说说你的想法。（学生交流）

小结：对于这五粒豌豆来说，小小的豆荚就是它们的整个世界。开始时豆荚是绿色的，所以它们以为整个世界都是绿色的；后来豆荚成熟变黄了，它们就以为整个世界都变黄了。

②解决问题：谁是最了不起的豌豆？是那粒掉到水沟里的豌豆吗？

分角色朗读五粒豌豆说的话，体会语气。

讨论：你觉得谁是最了不起的豌豆？（第五粒豌豆）为什么？

它被射到空中，落到顶楼窗子下面的一块旧板子上，正好钻进一个长满了青苔的裂缝里。青苔把它裹起来，它躺在那儿真可以说成了一个囚犯。它最了不起是因为鼓励了小女孩。

小结：可以通过换词法、删词法引导学生从"钻、裂缝、裹、囚犯"体会第五粒豌豆生长环境之恶劣，感受它顽强拼搏的精神；还可以引导学生想象豌豆在长满青苔的裂缝里是怎样克服困难，努力生长的。

③解决问题：伴随着豌豆苗的成长，为什么小女孩的病就慢慢好了呢？

认真读13~21自然段，完成下面的表格。

表 3-2-2　小女孩随豌豆生长的变化

第五粒豌豆的生长变化	小女孩的变化

为什么母亲要把这株豌豆苗称为一个"小花园"呢？为什么说小女孩吻豌豆叶的那一天，简直像一个节日？（引导学生联系生活实际，说说自己过节时的

心情，再结合小女孩的经历，说说她此时的心情）

原来说那一天简直像一个节日，表达了作者为小女孩恢复了健康，为生命的美好而感到无比高兴的心情。这是作者对生命顽强生长的赞美呀！（指导有感情地朗读句段）

小结：豌豆生长变化的过程给小女孩带来了无限愉悦、生机与活力。她从豌豆的顽强生长中获得了战胜疾病的信心和勇气，所以她的病就慢慢好了起来。第五粒豌豆顽强拼搏，努力生长，不仅绽放出自己生命的光彩，更给别人也带来了希望和快乐，实现了自己的人生价值。它才是最了不起的豌豆。

3.总结全文，拓展延伸。

（1）引导想象：此时，看着这粒给自己带来希望和勇气的豌豆，小女孩会对它说些什么呢？

（2）读了这篇童话，你又有什么启发或收获呢？生活中，希望我们每一个同学都能像第五粒豌豆一样，遇到困难不气馁、不放弃，做一个积极向上、顽强拼搏的人。

活动五：总结收获，习得策略

1.引导学生交流：如何用提问的方法来阅读？你有怎样的学习感受？

小结：提问的角度可以是整体的，也可以是局部的；带着问题阅读有助于我们更好地理解课文，希望同学们在阅读中熟练运用这种方法。

2.阅读《安徒生童话》，针对内容进行提问。

板书设计：

一个豆荚里的五粒豆

第一粒：　　　被鸽子吃

第二粒：　　　落到水沟

第三粒：　　　被鸽子吃

第四粒：　　　被鸽子吃

第五粒：　　　顽强生长——小女孩受到鼓舞

提出问题—整理问题—解决问题

（部分内容、全文内容——内容　变化　道理）

（张海芳名师子工作室　杨海娜）

任务二：探知蝙蝠的秘密，从不同角度提问
——《夜间飞行的秘密》

★第一课时

（一）学习目标

1.认识"蝙、蝠"等11个生字，读准多音字"系"，指导写好"虫"字旁。

2.朗读课文，整体感知课文内容。

3.能从内容、启示的角度提问题，整理问题清单。

（二）学习重点

阅读时，能够从内容、启示等不同角度提出问题。

（三）学习难点

能借助问题理解课文内容。

活动六：自主提问，分享问题

1.图片导入，激发兴趣。

（1）了解蝙蝠、雷达：认识它们吗？说说你对它们的了解。

（2）看课题质疑，读文解决问题。

2.自读提问，整理问题。

（1）默读课文，批注问题；组内相互交流问题。

（2）对课文部分内容和全文提出的问题整理分类标注；用"＿＿"选出两个认为提得最好的问题。

活动七：借助清单，梳理角度

1.这是一个小组的问题清单，你认为这些问题是从什么角度提出的？

表 3-2-3　小组问题清单

小组问题清单
无线电波跟超声波是一样的吗？
课文的题目是"夜间飞行的秘密"，为什么一开始要写飞机？
"蝙蝠探路"的原理还可以用在生活中的什么地方？
……

2.读课后题提示，了解可从不同角度提出问题。

3.读课文的旁边和结尾的问题，思考：这4个问题各是从哪个角度提出的？

4.小组合作完成小组问题清单

从自己的问题清单中选出的两个已画"____"的问题，分类贴到小组问题清单中。分不清的问题在组内讨论，并做好标记。

表 3-2-4　完成小组问题

小组问题清单
内容
写法
启示
其他

5.小组分享问题清单

（1）小组交流问题清单。

（2）小组进行问题分类、调整。

小结：从同学们的问题清单可以看出，大家能从不同的角度提出问题，只是从写法的角度提问得比较少。下节课我们再来解决这个难题。

★第二课时

（一）学习目标

1.学习从词语、句子、段落等写法的角度进行提问。

2.理解课文内容，体会结构清晰，表达严谨的特点。

（二）学习重点

学习从写法的角度提出自己的问题。

（三）学习难点

能借助关键词语，学会从写法角度进行提问的方法。

活动八：初识写法，示范提问

1.同学们，来，一起读读这几句名言：

　　疑是思之始，学之端。

　　　　　　　　　　　　　　　　　　　　　　——孔子

　　思维从疑问和惊奇开始。

　　　　　　　　　　　　　　　　　　　　　——亚里士多德

为学患无疑，疑则有进，小疑则小进，大疑则大进。 ——陆九渊

2.从这3句名言中，你发现了什么？

小结：学贵有疑。提问可以让我们的思考更深入，让阅读更有意义。

3.课前交流，同学们提出了很多的问题，翻开课本第21页，一边读课文，一边思考：你当时提出的这些问题分别是从哪些角度提出的？

4.出示从不同角度提出的问题：

（1）蝙蝠为什么能在夜间飞行？这个问题是从哪个角度提出的？

（2）还有哪些问题也是从内容的角度提出的？

（3）剩下的这些问题呢？说说理由。（问题为读完整篇课文后联系生活想到的、提出的）

5.在之前的学习中，我们从内容和启示这2个角度提出了不少问题，大家看课后问题清单，小伙伴还提出了这样一个问题，请你给大家读一下。

6.要想弄清楚这个问题，我们需要认真读课文的第4、5自然段。读一读，你发现了什么？

我们发现这两段都是在写实验的过程，但是作者却把第4自然段写得很具体，这就是我们常说的——详写，第5自然段写得很简单，这就是我们常说的——略写。作者为什么要这样写呢？可以借助表格思考这个问题：

表 3-2-5 《夜间飞行的秘密》内容梳理

第几次	实验准备	实验方式	实验结果
第一次	拉绳子	蒙上眼睛	飞了几个钟头，铃铛没响，绳子没碰
第二次	系铃铛	塞上耳朵	没头苍蝇，到处乱撞，铃铛响个不停
第三次		封住嘴巴	

7.这个问题是针对哪方面提出来的？

我们在解决小伙伴的这个问题时，发现他之所以提出这个问题，是想知道作者为什么这样写，或者说这样写有什么好处，像这样的提问，就是从写法的角度提问。这节课，咱们就来研究怎样从写法的角度提问。

8.示范提问。

问题一：蝙蝠能在夜里飞行，还能捕捉飞蛾和蚊子；而且无论怎么飞，从来没见过它跟什么东西相撞，即使一根极细的电线，它也能灵巧地避开。难道它的眼睛特别敏锐，能在漆黑的夜里看清楚所有的东西吗？

（1）看第3自然段，小伙伴提出了这样的问题——这里的问句有什么作用？这是对这个句子的什么进行了提问？（作用）

（2）针对这个问句你还会怎么问？用上这个问句有什么好处？为什么要用这个问句？

（3）这几个问题其实问的都是——对，同一个问题，只是表达的方式不一样，第1个问题有什么作用？第2个问题是把有什么作用换成了有什么——好处，第3个问题是问——为什么要用？

（4）说说你对这个问题的思考？

（5）如有困难，提示：他的眼睛特别敏锐，是从哪里知道的？那我们再看第四自然段开头第一句话，"为了弄清楚这个问题，"这个问题是指的哪个问题？

小结：看来，这个问句的前半句是承接了……引起了……原来，这个问句的作用或者说好处就是承上启下。我们在解决小伙伴提出的这个问题时，又发现了……他之所以提出这个问题，就是想知道作者为什么这样写？这样写有什么好处？

问题二：阅读第4自然段，思考：作者为什么要连用两个"许多"？

提示：我们已经知道了从写法的角度提问，可以从段落方面提问，也可以从句子方面提问，其实，有时候还可以针对词语进行提问。

（1）小伙伴提出的问题是——作者为什么要连用两个"许多"？

（2）这位小伙伴是针对哪个词语从写法的角度来提问的？针对这两个"许多"我们还可以怎么问？

连用两个"许多"有什么好处？把这两个"许多"去掉行不行？为什么？把这两个"许多"换成"一些"行吗？为什么？（学生交流）

小结：这几个问题其实问的还是——对，同一个问题，只是表达的方式不同，第1个问题问——为什么要用；第2个问题把"为什么要用"换成了"有什么好处"；第3个问题直接问把它——去掉行不行；第4个问题用了——换成。

看，这些关键词就像我们提问的工具一样，借助他们提问与思考，可以让我们更好地理解作者为什么这样写？

（3）那作者为什么要连用两个"许多"呢？

小结：从写法的角度提问，就是为了弄明白作者为什么这样写。提问时，我们可以从段落、句子、词语方面入手，尤其是可以借助这些提问的工具——

详略、作用、为什么要用、好处、去掉、换成等帮助我们提问。比如说，我们要针对一个词语，从写法的角度提问，可以问"用上这个词语有什么作用"；可以问"为什么要用这个词语"；可以问"用上这个词语有什么好处"；可以问"去掉这个词语行不行"；还可以问把这个词语"换成另一个词语行不行"。

活动九：尝试提问，总结提升

1.接下来，咱们就一起试着用刚才总结的这些方法一边读书一边从写法的角度提问。来，一起读读课文的最后一个自然段，从写法的角度，试试你能提出什么问题？

2.刚才针对段落、句子从写法的角度提出了问题，现在，请你默读课文，试着针对某个词语从写法的角度继续提问，从哪儿提的就把问题写在相应的段落旁边。

3.学生交流。

4.关于这篇课文的题目老师还有一个问题：一直到2019年，课题都是《蝙蝠和雷达》，直到去年才改为《夜间飞行的秘密》，你觉得哪一个题目更好？为什么？

小结：其实，从写法的角度提问，不仅可以从词语、句子、段落方面提问，还可以从课文题目，甚至具体到修辞手法，像比喻、拟人、排比等，具体到说明方法，如举例子、打比方等，还可以就标点符号等方面进行提问。

5.默读课后短文《它们是茎，还是根？》，试着从不同角度来提2~3个问题，从哪儿提的就把问题写在哪段的旁边。一会儿与大家分享。注意，这是一篇简短的说明文哟。开始吧！

6.学生交流，总结提升。从写法的角度提出问题，提问与思考的过程让我们理解了作者为什么这样写，这样写有什么好处？让我们的思考更加全面深入，让我们的阅读更有意义了。正如王充所说——智能之士，不学不成，不问不知。课后，推荐大家读一读《人类的老师》这篇文章，从内容、写法、启示多个角度提出并写下自己的问题。

板书设计:

夜间飞行的秘密

——从写法的角度提问

为什么这样写
> 方面: 段落 词语 句子 题目 标点
> 修辞手法 说明方法
>
> 工具: 详略 作用 为什么 好处
> 去掉 换成

（张海芳名师子工作室　马昀蔚）

任务三: 探秘科技力量, 筛选有价值的问题

——《呼风唤雨的世纪》

（一）学习目标

1.继续学习从不同角度提问, 筛选出对理解课文最有帮助的问题。

2.借助问题理解课文内容。

3.能联系生活实际感受科学技术带来的奇迹, 激发热爱科学的情感, 燃起对科学的兴趣。

（二）学习重点

能给问题分类, 筛选出对理解课文最有帮助的问题。

（三）学习难点

能借助问题理解课文内容。

活动十: 初设问题清单

上一节课中, 我们学习了"提问"。同学们不仅敢于提出问题, 而且还能多角度进行提问。你能说一说可以从哪些角度进行提问吗?

预设: 可以针对课文内容来提问; 也可以从写法上提问; 联系生活经验提问。

1.同学们已经会提问了, 哪些问题最值得思考, 能加深对文章内容的理解呢? 这节课, 我们就来尝试筛选对理解课文最有帮助的问题。

2.你觉得"呼风唤雨"是什么意思？看到课题，你有什么疑问？

预设：是谁来呼风唤雨？靠什么呼风唤雨？为什么说20世纪是呼风唤雨的世纪？看到"呼风唤雨"这个词，你会想到哪些人？

3.默读课文，想想这篇课文的主要内容是什么，用简洁的语言概括。

4.在《一个豆荚里的五粒豆》中，我们学习了从全文和部分进行提问，在《夜间飞行的秘密》中，我们学习了从写法、内容、启示等多角度进行提问，读了课文，你还有什么不明白的地方？把你的问题分类写在问题清单上。

5.小组内交流自己提出的问题。

6.归纳合并提问，梳理问题清单。

活动十一：筛选价值问题

关注课后提问范例，学习整理问题清单，筛选出对课文最有帮助的问题。

（1）选出对理解课文内容最有帮助的问题，思考并交流自己的想法；

（2）梳理总结，引出"最有价值的问题"。

问题一：什么是"程控电话"？（阅读中会产生很多问题，像这样的科技术语、专有名词类的问题不影响对课文内容的理解）

问题二："忽如一夜春风来，千树万树梨花开"是什么意思？20世纪的科学成就为什么可以用这句诗来形容？（关注引用诗句的好处，能够帮助我们深入理解课文内容，感受现代科学技术成就的变化之快、之大，是始料未及的，给人们带来了意想不到的惊喜）

问题三：现代科学技术给我们带来的全是好处吗？（这个问题的提出引发我们深入思考，在联系生活经验、查找资料的过程中，我们将更全面、深入地去认识现代科学技术）

（3）看了这组同学在整理问题时的讨论，你从中受到了什么启发？

小结：在提出问题后，要筛选出最值得思考的问题，加深对文章内容的理解。

活动十二：价值问题助理解

为什么说20世纪是一个呼风唤雨的世纪？

1.请大家默读2～4自然段，边读边思考问题，画出相关句子，简单写出你的体会。

2.理解第2自然段"发现"与"发明"的意思？

3.20世纪有哪些发明和发现呢？请同学们认真读读第4自然段，说说这段话中列举的事物，哪些是"发现"，哪些是"发明"。

4.理解"光年"，体会作者用词的准确。

5.20世纪科学技术只有这些吗？请同学们运用举例子的说明方法说一说20世纪人类还发现了或发明了什么？

小结：如此多的成就竞相涌现，给我们的生活带来了意想不到的惊喜。难怪作者说——20世纪是一个呼风唤雨的世纪。

6.科学技术改变着人们的精神文化生活，也改变着人类的物质生活。在科技并不发达的时代，人们过着怎样的生活，又用什么来寄托自己的愿望呢？读读第3自然段。说一说。

那时没有_____，没有_____，没有_____，也没有。

7.正是因为这样，所以人们才会用千里眼、顺风耳和腾云驾雾的神仙来寄托自己美好的理想。这些美好的愿望都实现了吗？（学生交流）

8.理解"忽如一夜春风来，千树万树梨花开"。

这么多先进的、美好的、神奇的事物都在20世纪这一百年的时间里冒出来了。变化的速度是如此之快，范围是如此之大，内容是如此之多。如果引用课文中的一句话，一句诗来形容，那就是忽如一夜春风来，千树万树梨花开。现代科技发展的成就又快又多，就像这突如其来的大雪一样。

小结：多么不可思议呀！那就带着这种惊叹的语气再读一读这一句。

活动十三：联系实际谈体会

1.科学技术创造出来的奇迹远不止这些，要想让科技更好地服务于人类，创造出更美好的生活，还要靠你们的努力和探索！让我们记住伯特兰·罗素的这句话：归根到底，是科学使得我们这个时代不同于以往的任何时代。

2.现代科学技术必将继续创造一个个奇迹，不断改善我们的生活。联系生活实际，谈谈自己的理解。

小结：我们不仅要敢于提问、善于提问，还要学会梳理问题，选择最有价值的问题进行探究。

阅读推荐

1.课后推荐阅读《不可不知的科技发明》《改变我们的生活方式：人工智能和智能生活》。

2.一位同学在阅读后提出了这样的问题：未来科学技术的发展还会给我们的生活带来怎样的变化呢？课后我们可以继续提问，继续探究。

（张海芳名师子工作室 赛莹莹）

任务四：寻找蝴蝶的家，综合运用提问策略
——《蝴蝶的家》

（一）学习目标

1.能在阅读过程中提出自己的问题，进行分类。

2.能筛选出最值得思考的问题，并尝试解决。

（二）学习重点

能在阅读过程中提出自己的问题，进行分类。

（三）学习难点

能筛选出最值得思考的问题，并尝试解决。

活动十四：问题大搜索

1.自主阅读学习提示，明确学习任务。

（1）默读学习提示，思考并交流：学习提示中包含了哪几个学习步骤，用序号标出来。

提示：①读课文，提问题；②把问题归类；③选出最值得思考的问题；④解决问题。

（2）指名学生说说学习步骤，教师归纳总结，明确学习步骤。

2.默读课文，提出问题。

（1）默读课文，按照前3篇课文的提问格式，分别在课题、内容、结尾处批注自己的问题。

（2）尝试从内容、写法、启示3个方面给问题分类，列出问题清单。

表 3-2-6　个人问题清单

序号	提出的问题	提问角度	最值得思考的问题
1			
2			
3			

3.识字学词，体悟情感。

（1）指名学生朗读课文第1自然段和第5自然段，读好"雀"的读音和含有"震撼着、喧嚷着、黑压压、水淋淋"等词语的句子。

（2）思考并交流：你从文章中读出了作者怎样的心情？哪个词直接表现了作者的心情？

活动十五：价值问题我来辨

1.问题分类，价值判断。

（1）小组交流，合并相同或相似问题，按照内容、写法、启示3方面给问题归类，选出最有价值的问题，交流选择理由；要求：小组成员轮流分享自己的问题清单；小组评议，组内筛选3个最值得思考的问题，形成小组问题清单；小组讨论解答最值得思考的问题。

表 3-2-7　小组问题清单

序号	小组内最值得思考的问题	推荐理由
1		
2		
3		

（2）班级组织交流，按照内容、写法、启示3个方面形成班级问题清单，共同确定最有价值的问题，说一说原因。

2.借助价值问题，深入理解课文内容。

（1）带着最有价值的问题再次默读课文，小组内交流自己的观点。

（2）班内组织交流，分享观点。

小结：学会提问，并设法解决，我们的阅读理解才会更深入。让我们带着问题走出课堂，将学习延伸到课外。

（张海芳名师子工作室　刘哲）

任务五：妙笔绘家人
——《小小"动物园"》

★ 第一课时

（一）学习目标

1.通过例文支架学习，学会运用举例和把人比作动物的方法，写出家人具有的动物的特征。

2.能抓住家人与动物的相似之处，写出家人的特点。

（二）学习重点

能抓住家人与动物的相似之处，从一方面或多方面写出家人的特点，真实感受自己家的小小"动物园"。

（三）学习难点

能运用具体表现和列举事例的方法将家人的特点写具体，从中感受到家人的可爱、家庭生活的趣味以及表达的乐趣。

活动十六：感受动物与家人的关联

1.抓住特点猜一猜，学生猜后出示相应的动物图片。

（1）三瓣嘴，耳朵长，尾巴短，爱吃萝卜，爱吃菜。（兔子）

（2）像猫不是猫，身穿花皮袄。寅年它当家，山中称霸王。（老虎）

（3）叫猫不抓鼠，像熊爱吃竹。摇摆惹人爱，是猫还是熊？（熊猫）

（4）耳朵像蒲扇，身子像小山，鼻子长又长，帮人把活干。（大象）

（5）身穿梅花袍，头上顶双角，穿山又越岭，全身都是宝。（梅花鹿）

（6）远看像只猫，近看是只鸟。晚上捉田鼠，天亮睡大觉。（猫头鹰）

小结：我们之所以能很快猜出谜底，是因为作者抓住了动物鲜明的特点来编写谜面。写动物时，只要抓住突出的特点，就能让小动物栩栩如生地展现在眼前。如果我们在写人物时，抓住人物的主要特征，把人和动物关联起来，会很有趣。

2.抓特点，关联相似动物。

思考：姐姐、爸爸、爷爷他们的特点是什么？他们的特点和哪种动物相似？他们的特点是从哪些方面来写的？完成表3-2-8。

表 3-2-8　人物与动物的相似特点

家人	动物	相似特点	相似点
爸爸			
姐姐			
爷爷			

小结：作者抓住家人的特长、外貌、神情等方面的特点，把每个人的特点都与一种相似的动物关联起来，这是一种"抓住特点"来写人物的好方法。

活动十七：打通家人与动物的关联

1.找相似处，突显家人特点。

妈妈和绵羊有很多相似的地方，仔细观察课本上的插图，请找出来填在表格里。

表 3-2-9　妈妈和绵羊的相似之处

关联物	毛发	饮食习惯	性格	脚下	皮肤	身体

小结：从以上表格中我们不难看出，妈妈和绵羊竟如此相似。把相似的地方与动物关联起来，就能很好地表现人物的特点。当然，要找到家人和动物之间的相似之处，一定要注意观察，用心感受。

2.例文引路，发现人和动物之间更多的相似处。观看绘本《我家是动物园》，请同学们试着完成下面的表格。

表 3-2-10　《我家是动物园》中的人与动物的相似之处

家人	人物特点	关联的动物	关联点

小结：祥太抓住家人的特点，把他们与动物关联起来，让家人的特点鲜活地展现在大家面前，读起来感觉祥太的家庭温馨而有趣。人与动物的关联点除了外貌、性格、爱好、习惯、本事等，还可以从语言、动作神态等方面去思考，如嗓门大、胆子小、语速快、走路慢、反应快等。

3.用具体事例，把相似的特点写清楚

比较句子，看看第二句话是怎样写清楚特点的。

第一组：

（1）我的爸爸胖胖的，憨憨的，像一只熊。

（2）我的爸爸胖胖的，憨憨的，像一只熊。一家人在傍晚散步时，爸爸总是挺着圆圆的肚子走在后面，似乎相当沉重。每走一步，他的肚子就会抖动一下，很有节奏。爸爸的状态，经常惹得妈妈冷嘲热讽。

第二组：

（1）我的姐姐游泳特别好，在水里像一只自由自在的鱼。

（2）我的姐姐游泳特别好，在水里像一只自由自在的鱼。她有时候静静地浮在水面上，一动不动；有时候伸开双臂用力击打水面，溅起晶莹的浪花；有时候潜入水底，好长时间都不露出水面。

小结：在这两组句子中，第二句先总写家人的特点，然后联结一种动物，接着写这种特点的具体表现（事例），这是把特点写清楚的一种方法。

4.写出家人与动物的关联

（1）完成表格。根据前面的学习，思考：自己及家人有什么特点？像什么动物？有哪些具体表现？

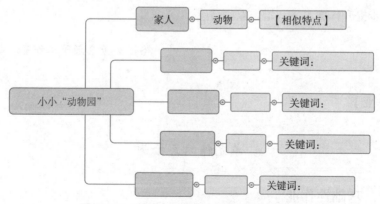

图 3-2-3　写成自己及家人与动物的相似之处

（2）习作。根据自己填写的表格为你的家人创造一个全新的形象吧！

★ 第二课时

学习目标

借助同桌评价、课堂评价和家长参与评价等，感受个性家庭的独特和温馨，让学生收获习作的快乐与成就感，体验表达的乐趣。

活动十八：升格家人与动物的关联

1.自评。对照表格，自己评一评，在做到的栏目里为自己涂上一颗星，看看你能得几颗星。

表 3-2-11　能力自评表

评价细则	星级
1.能从不同角度抓住家人与动物的相似之处，写出家人的特点	
2.能把家人与动物的相似之处写清楚，做到过渡自然，内容完整，语句通顺	
……	

2.修改。对照未得到星的部分进行修改、补充。

3.同桌互评。请对照表格，评一评，看看同桌能得几颗星。

活动十九：多元评比个性家庭

在公众号、博客或专栏，请学生、家长围绕标准，评比各类个性家庭。如：最有趣、最温馨、最幽默、最团结、最矛盾……五彩缤纷的家庭，在相互评比中进一步提升作文水平，增强家庭情感。

（张海芳名师子工作室　赵慧娟）

【单元作业】

单元作业与检测

一、基础性作业

（一）下列加点字读音有误的一组是（　　　）

A.僵硬（jiāng）　依赖（lài）　船舶（bó）　屋檐（yán）

B.哲学（zhé）　喧闹（xuān）　潜水（qián）　蝙蝠（biān）

C.气氛（fèn）　家雀（què）　画框（kuàng）　洋溢（yì）

D.锐利（ruì） 荧屏（yíng） 震撼（hàn） 杠杆（gàng）

（二）下列词语中书写完全正确的一项是（　　　）

A.豌豆　　即使　　虚弱　　腾云架雾

B.苍蝇　　恐怕　　联系　　无线电波

C.证明　　舒适　　按照　　呼风唤雨

D.奥密　　曾经　　耐心　　出乎意料

（三）补充词语，并选词填空

（　）发（　）中　　（　）通（　）达

（　）嘴（　）舌　　（　）上（　）下

（1）现在的交通，真是＿＿＿＿＿＿＿＿＿＿＿＿＿＿＿。

（2）下课了，同学们凑在一起＿＿＿＿＿＿地说着什么。

我发现，这些成语有个共同点，那就是＿＿＿＿＿＿，我还能写出这样的成语＿＿＿＿＿＿。

二、发展性作业

（一）我会分类

针对课文内容来提问的是：（　　　）

从课文的写法上来提问的是：（　　　）

联系生活经验来提问的是：（　　　）

A."蝴蝶的家到底在哪里呢"这句话在文中起到了怎样的作用？

B.在现实生活中，人类应该为蝴蝶做些什么呢？

C.蝴蝶在作者心目中是一个怎样的形象？

D.为什么作者要反复写"我"为蝴蝶着急？

（二）我会阅读。读下面的片段，试着从不同角度提出问题

阅读1：

"肠道细菌城"是一个热闹非凡的大都市，它拥有300多个菌种，数万亿个居民，但秩序井然，分层居住，各司其职。

肠内最底层是分叉杆菌与乳杆菌的领地；中层是类杆菌、消化球菌和优杆菌的地盘；上层是大肠杆菌和肠球菌的势力范围。这是先天就有的吗？不！人在娘胎内是"一菌不染"的。但婴儿在呱呱坠地后，通过吃奶、喝水、换尿布等途径，周围的细菌犹如发现新大陆一样，争先恐后，蜂拥而至，进驻体内。

————选自汪宗俊的《人体内的"细菌城"揭秘》，有改动

1.针对片段内容提出的问题：_____

2.针对片段写法提出的问题：_____

3.联系生活经验提出的问题：_____

阅读2：

青蛙和电子蛙眼

①自然界中生物的奇特本领，常常引起人们的浓厚兴趣。仿生学家模仿青蛙的眼睛，发明了电子蛙眼。

②一个飞机场内，指挥人员正在指挥飞机降落，他们每次都能指挥得准确无误，没有丝毫差距，使飞机准确降落。

③为什么指挥人员能指挥得这么准确？到底是什么隐藏的高科技帮助了他们？原来，是人们从青蛙身上得到了一些启示。

④（　　）青蛙专门捕捉田里的害虫，（　　）农民特别喜欢青蛙。但是青蛙和指挥飞机降落又有什么关联呢？

⑤事情是这样的：很早以前，仿生学家发现青蛙的眼睛有些蹊跷，非常特殊。他们发现青蛙的眼睛好像和其他的动物不一样，青蛙的眼睛比较突出，于是，他们就对青蛙有了浓厚的兴趣。

⑥仿生学家发现青蛙（　　）对活动的东西非常敏锐，（　　）却对静止的东西"视而不见"。而且一遇到光就不能动了，这到底是为什么？

⑦仿生学家经过多次的实验，反复研究，终于发现了青蛙眼睛的奥秘。原来，蛙眼视网膜的神经细胞分成5类，一类只对颜色起反应，另外四类只对运动目标的某个特征起反应，并能把分解出的特征信号输送到大脑视觉中枢——视顶盖。视顶盖上有4层神经细胞，第一层对运动目标的反差起反应；第二层能把目标的凸边抽取出来；第三层只看见目标的四周边缘；第四层则只管目标的明暗变化。这4层特征就好像在四张透明纸上的图画，叠在一起，就是一个完整的图像。因此，

第三篇　小学语文单元整体备课举例　| *063*

青蛙的眼睛对活动的东西非常敏锐，对静止的东西却"视而不见"。

⑧仿生学家模仿青蛙的眼睛，发明了电子蛙眼，使机场的指挥人员能更加准确地指挥飞机降落。

1.在文中的括号内填入恰当的关联词。

2.在文中找出下列词语的反义词。

迟钝——（　　　）普通——（　　　）暴露——（　　　）

3.画"_____"的句子运用的修辞手法是_____。这种修辞手法的作用是（　　　）

A.承接上文，引出下文　　B.吸引读者，启发思考，更好地表达文章的中心思想

4.用波浪线画出第⑦段的中心句。

5.与第①段前后照应的是第____段。这种前后照应的好处是（　　　）

A.使文章浑然一体，结构完整　　B.强调了仿生学给人类带来的好处

6.读完全文，我们可以试着从不同角度提出问题，并解答。

（1）针对短文内容，你提出的问题是：_____

（2）针对短文写法，你提出的问题是：_____

（3）联系生活实际，你提出的问题是：_____

（三）拓展阅读

推荐阅读《不可不知的科技发明》《改变我们的生活方式：人工智能和智能生活》。学以致用，在日常的文章阅读，从不同的角度思考并提出问题，填写问题清单。

表 3-2-12　阅读文章填写问题清单

序号	《　　　　》问题清单

第三章 想象习作单元

第一节 教学建议

想象是一种特殊的思维形式，是人在头脑中对已储存的表象进行加工改造形成新形象的心理过程。心理学上把想象分为有意想象和无意想象，其中有意想象在学生的学习过程中发挥着重要的作用。

一、借助"范本"，指向表达运用

习作单元的精读课文，是优质的表达范本。教学中，我们要瞄准习作要素，将其作为主线，一以贯之，充分发挥精读课文的范例价值，引领学生学习、体悟、发现、梳理等，习得表达的秘妙。以三年级下册第五单元为例。

1.基于生活，大胆想象

三年级的学生对想象很有兴趣，但找不到想象的门路，教学精读课文时，我们要发挥文本价值，在内容上引领他们从"乐想象"到"会想象"。

有意想象并不是天马行空的信马由缰，他们都是在已有的生活经验基础上展开的。《宇宙的另一边》通过"我"想象宇宙的另一边是这一边的倒影而生发了故事，围绕"宇宙的另一边有哪些秘密"进行了具体的想象。这些具体的想象内容有雪、太阳、石头、课堂等，都没有离开"我"的学习与生活。《我变成了一棵树》中，树上为什么会长满鸟窝？因为现实生活中树上就有鸟窝。为什么我的鸟窝里住进了小动物和妈妈？因为现实中，鸟窝里住着鸟儿和它的孩子们等。这些奇特的想象都与现实生活紧密联系。因此，教学时，我们通过多种形式的读，引导学生发现，想象基于生活，它是在现实生活中"生长"出来的，从而习得联系生活实际、打开想象思路、让想象表达的内容变得丰富而有趣的方法。

　　2.寻找连接，转换想象

　　想象是人脑对已有表象进行加工改造而创造新形象的过程。如何加工，就需要寻找一个连接点，将脑中已有的表象，也就是现实事物，与想象创造的事物进行连接、转换。这样，就会打开想象的闸门，使想象的内容多彩、神奇而有趣。比如，教学《宇宙的另一边》可以在梳理总结时，引导学生去发现，作者正是抓住"倒影"这个连接点，将宇宙这一边的现有的此物与想象出的另一边的彼物进行了转换，使得彼、此联系起来，创造了神奇有趣的想象。比如《我变成了一棵树》，以"变成"这个关键词为连接点，完成了现实中的"我"与想象中的"大树"的转换，让想象因此显得奇异而有趣。

　　3.品悟文本，习得方法

　　习作单元的精读课文，提供了具体的写法，承担着为写而教的蓄能任务。因此，我们在教学时，要通过精读课文引导学生感悟作者是如何表达的？从而学文得法。

　　《宇宙的另一边》是这个单元的第一篇精读课文，教学时，如何很好地落实语文要素，引导学生习得表达方法呢？我们觉得，可以通过创设游戏情境带学生走进这一文本的学习，开启他们的想象之门。接着，通过阅读，对宇宙这边和另一边一一对应的现象进行梳理，引导学生发现作者陈诗哥就是围绕"很远很远的地方，宇宙的另一边，是这一边的倒影"这个秘密展开想象来写的。从中发现原来表达想象的方法可以是"反着想象"，并深入感受反着想象的奇特与有趣。阅读第11自然段，发现在宇宙的另一边写关于风的习作的秘密，就是把自己变成风，引导学生了解想象可以把自己变成别的事物，这就是"成为所想"的方法。至此，勾连课后题，"宇宙的另一边还会有哪些秘密？"引导学生用"反着想象""成为所想"的表达技法，发挥想象，展开交流，在阅读与表达的交融中落实语文要素。

　　《我变成了一棵树》围绕"创造一个神奇的世界"展开。教学时，可以通过阅读，抓住关键词、句、段等，引导学生感受想象的有意思、语言的有趣味。同时，围绕"我为什么会希望自己变成一棵树？我怎样变成了一棵树？我变成一棵树后发生了什么奇妙的事？"等问题，在品读中引导学生发现"成为所想""顺着事物特点"想象的方法，打开了思维的大门，同时，教师要注意引导学生通过多样的读书活动，感受作者从"我"变成了一棵树后的心理变化的描写以及文本内角色间的对话、作者与读者的对话方式，让想象有情节、有意思。

当然，在学习这两篇精读课文，习得想象的表达方法的同时，还要注意发挥范本中蕴含的"表达有顺序""主题有思想"的价值，引导学生有序表达，向正能量的方向去想象，让他人感受到你想象中表达出来的美好心愿及真情实感。

二、融于"平台"，关联教学内容

习作单元的交流平台，切记不可孤立学习，我们要将其融于整组教学中，做到相互关联、渗透与提升，让学生在学习、比较、梳理、总结与提炼中，充分内化，外显于行。

大胆想象这一习作单元的交流平台共有3段话：一是大胆想象创造出了现实中不存在的事物和景象，读这样的文章感觉真有意思；二是自己变成了一棵树，长满了各种形状的鸟窝，小动物们和妈妈住在鸟窝里，这样的想象很奇特；三是在宇宙的另一边，想写关于风的习作，要先变成风，在空中飞啊飞，飞得越高，习作的分数就越高……在想象的世界里，什么都可能发生。大胆想象，可以让我们拥有奇异的经历。这3段话的学习，我们均可以与相关文本勾连、整合，且在第二篇精读课文学习的最后环节，与交流平台进行勾连，有意识地进行单元整体推进，培养学生对想象的积极情感，梳理想象表达的方式方法，指向习作实践，避免"交流平台"的学习流于形式。

三、勾连"例文"，指导修改习作

"习作例文"可以穿插在审题、构思、习作、讲评等多个环节中。习作单元的教学，我们可采用先读后写的方式，也可采用先写后读，以写促读的思路。例文，不做单独的教学，而是与习作评改相融，指导评改赏析，通过勾连、转化、评价等，夯实习作指导，服务习作教学。

以三年级下册第五单元的学习为例，就可采用先习作后例文的方式，初次习作后，可以借助两篇习作例文的题目、旁批等导学系统，帮助学生不拘形式地打开想象的思路、巩固想象的方法、指导写清楚的路径，发挥例文应有的价值，让其真正为教学所用，为学生所用。

（张海芳名师子工作室　邢明芳）

第二节　备课举例

【课标分析】

本单元导语页呈现了本单元的语文要素：走进想象的世界，感受想象的神奇；发挥想象写故事，创造自己的想象世界。前者指向阅读，是在阅读中感受想象的神奇，习得表达方法，重在"学"；后者指向的是习作，是在习作中运用习得方法，发挥想象，创编故事，重在"用"。这样一个以阅读与写作交织共生的习作单元，皆在鼓励学生大胆想象、发展思维，培养想象力，激发习作兴趣，畅游想象世界，使他们乐于表达。

课标中年段习作的要求为"能不拘形式地写下见闻、感受与想象，注意把自己觉得新鲜有趣或印象最深、最受感动的内容写清楚"。本单元教学中要落实这一要求，落实单元语文要素，让学生能够不拘形式地进行想象，清楚表达，让他们走进奇特而有趣的想象世界。

【教材分析】

本单元编排了两篇精读课文《宇宙的另一边》《我变成了一棵树》和两篇习作例文《一支铅笔的梦想》《尾巴它有一只猫》。4篇课文从不同的角度采用不同的方式，讲了有趣且神奇的想象故事。《宇宙的另一边》通过描写"我"想象宇宙的另一边是这一边的倒影，宇宙的另一边的所有的人、事和物都是与这一边相反的故事，展现了"我"丰富的想象力。《我变成了一棵树》讲述了"我"变成一棵树之后的奇妙经历，在大胆想象中实现了"我"美好的愿望。

"交流平台"对精读课文中有趣的想象进行了梳理、总结、提炼，让学生知道可以根据事物特点或把自己想象成别的事物展开大胆想象，习得方法。

"初试身手"安排了两个体验活动，引导学生发挥奇特想象，培养其想象力。"手指画"让学生在涂画的动手实践中展开想象；"续编故事"提供两个故事开头，让学生接龙编写故事，从而让学生在说、写中，实现从阅读到表达的迁移运用。

习作例文，以旁批和课后题的形式，进一步打开学生想象的思路。

这样从读到写、从学到用的单元整体学习，打下了大胆想象、创造自己的故事、表达美好愿望的习作基石。

【学情分析】

三年级学生有了一定的阅读基础，想象力也比较丰富，所以对于本单元课文非常感兴趣。三年级上册进行过想象童话和续写故事的想象类习作指导，学生有一定的想象方法作为基础。本单元教学中可以引导学生通过有感情的朗读，感受想象的神奇有趣，在读中感悟，在读中进入想象。

【单元目标】

基于对本单元核心概念的提取、教材编排的内容、学生学情的分析以及与文本、作者、编者的对话，确定本单元的教学目标：

1.认识"淌、秘"等 13个生字，会写"淌、秘"等24个字，会写"星空、流淌"等24个词语。

2.理解课文内容，走进想象世界，感受想象的奇妙，体验大胆想象的乐趣。

3.借助文本，学习反着想象、成为所想、抓住事物特点等想象方法。

4.品悟文本，了解按顺序和利用对话推动情节发展等表达想象的方法；感受课文蕴含的情感与思想。

5.综合运用学到的想象及表达方法，尝试续编故事；并发挥大胆想象，将自己的想象清楚、有序、有趣地写下来。

【单元评价】

1.通过检查生字词的书写以及课文的朗读，达成单元目标1。

2.通过探究、交流等学习活动，评价学生是否理解文本，走进想象的世界，感受想象的神奇，发现想象的方法，达成单元目标2、目标3、目标4。

3.通过开展故事会，检验学生是否能够灵活运用本单元习得的想象方法，创编奇妙故事，表达美好心愿，达成目标5。

4.通过单元作业检测，评价单元目标达成度，以此修正、调整后续的学习。

【问题系统】

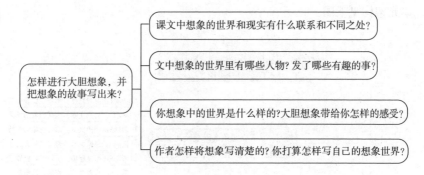

图 3-3-1　怎样进行大胆想象并把想象的故事写出来

【单元规划】

本单元具体内容见下表：

表 3-3-1　想象习作单元的具体内容

教学内容	核心任务	课时目标	课时安排
《宇宙的另一边》	感受想象的神奇，创编奇妙的故事	1.说一说宇宙另一边的秘密，感受作者大胆奇特的想象；感受"反着想"的方法；感受和学习作者的有序表达 2.联系课文内容进行想象，和同学交流，体验大胆想象的乐趣	2课时
《我变成了一棵树》及"交流平台"		1.结合具体语句，体会想象的奇特、有意思以及想象带来的奇异经历 2.学习作者用对话、心理活动展开故事情节的表达方法 3.梳理总结所发现的想象和表达方法，大胆想象，小组合作创编故事	2课时
"初试身手"	感受想象的神奇，创编奇妙的故事	1.在情境中大胆想象并进行创作，感受大胆想象的乐趣 2.在说与写的实践中，实现从阅读到表达的迁移运用	1课时
习作：奇妙的想象		1.运用所学方法，借助例文指引，修改完善所创作的想象故事，表达内心美好愿望 2.评价、赏析优秀习作，感受大胆想象的乐趣，获得独立创作的成就感	3课时

本单元的导语：想象力比知识更重要。——爱因斯坦

语文要素：走进想象世界，感受想象的神奇。

发挥想象写故事，创造自己的想象世界。

核心任务：学习想象方法，感受想象神奇；大胆想象，创造奇妙的故事。

单元架构见下图：

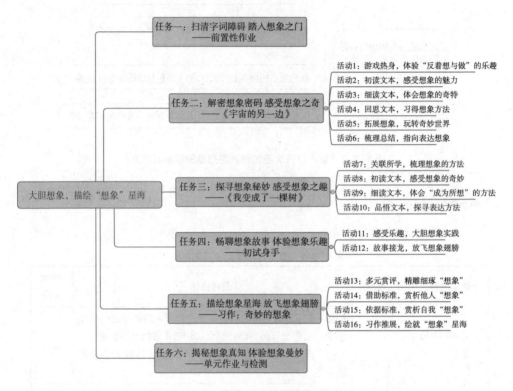

图 3-3-2　想象习作单元的单元架构

【单元备课】

任务一：扫清字词障碍，踏入想象之门
——前置性作业

一、读一读

1.我读了（　　　）遍课文。

自评：读正确☆　　　读通顺☆☆　　　读流利☆☆☆

2.给课文自然段标上序号。

二、写一写

1.把下列生字认真端正地抄写到田字格中。

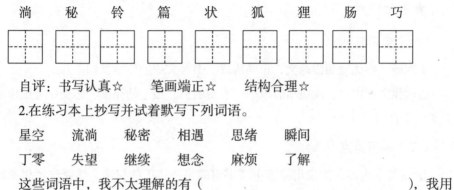

淌　秘　铃　篇　状　狐　狸　肠　巧

自评：书写认真☆　　笔画端正☆　　结构合理☆

2.在练习本上抄写并试着默写下列词语。

星空　　流淌　　秘密　　相遇　　思绪　　瞬间

丁零　　失望　　继续　　想念　　麻烦　　了解

这些词语中，我不太理解的有（　　　　　　　　　　　　　　　），我用
了（　　　　　　　　）的方法理解这些词语。

3.我感觉课文中有很多句子写得特别神奇，比如＿＿＿＿＿＿＿＿＿＿＿＿。

三、想一想

1.《宇宙的另一边》中，作者想象了宇宙的另一边许多神奇有趣的秘密。根
据课文内容，填表格。

表 3-3-2 《宇宙的另一边》中的想象秘密

	宇宙的这一边	宇宙的另一边
我		
雪		
石头		

2.《我变成了一棵树》中，英英因为希望变成一棵树。在英英奇妙的想象世
界里，发生了很多有趣的事，比如：＿＿＿＿＿＿＿＿＿＿＿＿＿＿＿＿＿＿；
＿＿＿＿＿＿＿＿＿＿＿＿＿＿＿＿＿＿＿等。

任务二：解密想象密码 感受想象之奇
——《宇宙的另一边》

★ 第一课时

（一）学习目标

1.准确、熟练地朗读课文，正确认读、书写文中的生字新词。

2.读懂文本内容，能说出故事中"宇宙的另一边"的秘密，感受作者想象的大胆、丰富与奇特。

（二）学习重点

读懂文本内容，能说出故事中"宇宙的另一边"的秘密，感受作者想象的大胆、丰富与奇特。

（三）学习难点

感受作者想象的大胆、丰富与奇特。

活动一：游戏热身，体验"反着想与做"的乐趣

1.同学们，本单元的学习主题是？（齐读单元导语）那就让我们插上想象的翅膀，在本单元的学习中，感受想象的神奇，解密想象的密码，放飞自己的想象，表达美好心愿。

2.本节课，就让我们一起走进第16课的学习。上课之前，让我们先一起来做一个小游戏——我说你做。（课件出示游戏规则）谁来给我们读一下游戏规则？

3.师生游戏，谈感受。

活动二：初读文本，感受想象魅力

1.读课题，谈想象。现在请同学们齐读课题。读了课题，你觉得宇宙的另一边可能是怎样的？

学生交流：可能是一片沙漠，骆驼成群；可能是车水马龙；可能有外星人，他们生活的地方，住的、用的、穿的全是高科技的……

2.读课文，聊想象。接下来，请大家读课文，思考：作者想象中的宇宙的另一边是什么样的？

学生交流：作者想象中的宇宙另一边的样子和我们这里差不多。

读了课文后，你的心里有怎样的感受？你可以借助这些词语来说说，也可

以用自己感触最深的关键词来表达一下。（出示：有趣、熟悉、不可思议）

学生交流：我觉得很熟悉，和我们这里差不多，因为文中有一句话说"宇宙的另一边，是这一边的倒影"；我觉得不可思议，我就从没去想宇宙还有另一边，而且另一边竟然和我们这里差不多；我觉得很有趣，因为在宇宙的那边，石头可能像花朵一样开放，还有，把自己想成风的样子，就变成风了……

小结：大家初读了课文，就有了这么多的感受，这就是想象给我们带来的独特魅力。

活动三：细读文本，体会想象奇特

1.课前，同学们已经在《预习导学单》的帮助下，预习过我们本单元的课文，正确识记、听写了生字，了解了课文的主要内容。同一篇文章，不同的人读有不同的感受，接下来，就让我们走进这篇文章，细读品味不同的阅读滋味。

2.指名朗读第一自然段：很远很远的地方，宇宙的另一边，是这一边的倒影。那里有座一样的城市，有条一样的街道，街角处有栋一样的房子，房子里有个一样的孩子。

3.追问："那个孩子是另一个我吗？"随机出示课文第三自然段，师生合作朗读：当我……他……

4.从这些句子中，你有什么发现吗？

学生交流：宇宙的另一边有的东西，宇宙的这一边都有；宇宙的这一边和另一边都是相反的；作者想的宇宙另一边的东西，有的是我们生活中有的……

小结：原来，这些有趣的现象都是作者根据自己的现实生活想象出来的，我们的想象就应该基于现实生活。（板书：基于生活）

2.在宇宙的另一边，作者还想象到了哪些有趣的现象呢？请同学们默读4~9自然段，思考一下：作者由宇宙的这一边的哪些事物想象到了宇宙另一边的奇妙景象？将相关的关键词圈画出来，完成《课中导学单》。

学生默读课文，自主完成表格。指名交流，并展示填写的表格。

梳理4~9自然段的主要内容，感受作者基于生活的想象是多么丰富、奇特。

3.接下来，请同学们再次朗读4~9自然段，从中选择你认为最有趣的部分，反复品读，并思考你认为作者的想象奇妙在哪里？

预设1：我觉得作者想象在宇宙的另一边，石头会像花朵一样开放，或者像人一样行走，十分奇妙。

师：你能不能也像小作者这样，想象一下在宇宙的另一边，石头还会怎样？（启发学生交流。此处抓住这一想象生发点，引发学生打开想象，尝试像小作者一样有趣地想象）

预设2：我觉得最有趣的是宇宙的另一边的加法。

师：那你愿意为我们读一读宇宙的另一边有趣的加法吗？学生朗读。

师：宇宙的这一边，我们平常数学课上的加法是怎样的？学生交流。

师：而宇宙的另一边呢？

师：听你这么一说，宇宙另一边的加法的确是太有趣了！能试着通过你的朗读把加法的有趣表达出来吗？（指导学生进行感情朗读。）

师：同样有趣的还有乘法呢！让我们全班齐读乘法描写的句子。（全班齐读）

师：在我们这里的数学课上，你见过这么奇妙的乘法吗？

师：你能想象宇宙的另一边除法会是什么样吗？加减乘除的混合运算又是什么样？

师：大胆想象创造出了现实中不存在的事物和景象，读这样的文章你有怎样的感觉？

小结：是的，有趣、奇妙，这就是想象的魅力与奇特。

活动四：回思文本，习得想象方法

1.在感受了作者对宇宙的另一边丰富、奇特的想象之后，让我们回过头来思考一下：作者是如何基于现实生活，写出这样有趣、奇妙的想象的呢？

2.大家可真了不起！发现了作者想象的秘密——反着想。

其实，作者在文中还告诉了我们宇宙另一边习作的秘密，来读一读第11自然段，你发现了吗？

预设：在宇宙的另一边，写什么的作文，只要把自己想象成为那种事物……

小结：大胆的想象，可以让我们的习作充满神奇感，想写风，就把自己想成风，就能把风写的神奇有趣，看来，把自己想象成想写的那种事物去写作，就能把他写好，这就是"成为所想"的想象妙招。

来，让我们把自己想象成风，一起来读读这个神奇的句子吧！

3.你们发现了作者"成为所想"的表达方法，真了不起。接下来，让我们也在宇宙的另一边"成为所想"吧。

如果想写关于月亮的习作，你觉得我们可以怎样做？

你还想写关于什么的习作？我们可以怎样做？请大家借助课中学习单中的提示，自主选择你喜欢的仿说话题，先在小组内和伙伴们分享自己的想法，然后再全班交流。

预设：在宇宙的另一边，如果想写一棵树的习作，就得想象自己变成了一棵茂盛的大树……在宇宙的另一边，如果想写月亮的习作，就得想象自己变成了一轮明晃晃的月亮，挂在半空中……在宇宙的另一边，如果想写蟋蟀的住宅，就得想象自己变成一只蟋蟀……

小结：你们的想象都真有趣，老师好像看到了大家的神奇变身。瞧，成为所想，让大家的交流变得精彩奇妙。

学习反思：同学们，这节课，我们跟随着作者的想象，遨游了宇宙的另一边，来说说你的收获吧！

预设：想象真奇妙，只有想不到的，没有做不到的；我感受到了想象的有趣、奇特；作者的大胆想象，让我们有了奇异的经历与体验。我发现作者用了反着想象、成为所想的方法，把宇宙的另一边写的特别有意思，特别神奇……

★ 第二课时

（一）学习目标

1.结合重点语句进一步体会作者大胆奇特的想象。

2.学习作者"反着想"的方法，体验大胆想象的乐趣，感受和学习作者的有序表达。

（二）学习重点

学习作者"反着想"的方法，体验大胆想象的乐趣，感受和学习作者的有序表达。

（三）学习难点

学习作者"反着想"的方法，感受和学习作者的有序表达。

活动五：拓展想象，玩转奇妙世界

1.上节课，我们跟随小作者，乘着想象的翅膀一起翱翔在宇宙的另一边，享受了奇异的经历。假如我们独自来到宇宙的另一边，还会发现哪些秘密呢？请同学们在"玩转奇妙世界"想象卡上，借助"成为所想""反着想象"的方法，大胆想象宇宙另一边的秘密，试着写一写，一会儿，我们比一比，看谁的想象有新意，有意思，很奇特！

"玩转奇妙世界"想象卡
宇宙另一边的秘密，丰富而多彩!让我来写一写吧：

2.下面，请同学们在小组内分享交流，根据评价标准，评出你们小组"最佳畅想家"，一会儿在班级交流他的优秀作品。

3.全班交流，分享展示，评选班级"最佳畅想家"。

活动六：梳理总结，指向表达想象

1.同学们，本单元的习作是让我们来写想象故事，除了可以运用本课咱们学到的这些想象方法放飞我们的想象外，作者还有一个写作的小窍门，藏在最后一段里，来，一起读读课文的最后一段，看你有什么新发现？（出示：下课了，大家都围着我，想知道宇宙的另一边还有什么有趣的事情……飞到那个很远很远的地方，再去拜访宇宙另一边的那个"我"。）

2.预设：我发现，作者开头写"我趴在窗台上，看着浩瀚的星空"，到最后还在写看星空，开头结尾呼应；我发现这个小窍门就是多想自己就是宇宙另一边的"我"；整篇课文，作者写了他上学—学习—回家，就跟我们一天的学习、生活一样。

小结：同学们，你们的发现很了不起，写想象故事，就是在与另一个"我"对话。所以，写想象习作并不难，就是自然而然地写出我们的想法。刚才有位同学的发现很有价值，他发现作者按照"上学—学习—回家"一天的学习生活经历写出了宇宙另一边的"我"，就像作者这样，把很多的想法想清楚后进行整理，梳理后按照顺序来写，想象的故事读起来就会更受大家喜欢。

3.跟着作者的想象，我们发现了写想象故事的妙招，来，说说，你都发现了什么？

小结：学有所得，我们就要像作者那样，基于生活，反着想象、成为所想，并按顺序把自己奇特、有趣的想象写下来，做到有创意、有意思、有条理。

任务三：探寻想象秘妙　感受想象之趣
——《我变成了一棵树》

★第一课时

（一）学习目标

1.认识"希、痒"等7个生字，会写"形状、狐狸"等16个词语；能够正确、流利、通顺地朗读课文。

2.结合课文中具体的语句，思考"我变成一棵树后发生了哪些奇妙的事情？"初步感受奇特的想象，体会运用对话、心理活动展开故事的表达方法。

（二）学习重难点

结合课文中具体的语句，思考"我变成一棵树后发生了哪些奇妙的事情？"初步感受奇特的想象，体会运用对话、心理活动展开故事的表达方法。

活动七：关联所学，梳理想象方法

1.导入：上节课我们学习了《宇宙的另一边》这篇课文，作者是怎样想象，又是怎样表达想象内容的呢？今天我们就借助《我变成了一棵树》一课，继续关注作者的想象方法和表达方法。

2.默读课文交流问题：英英为什么要变成一棵树？她变成了一棵树后，发生了哪些有意思的事情？

小结：我们借助这两个问题就梳理出了课文主要内容：英英因为不想回家吃饭而变成一棵树，然后发生了一连串有意思的事情，最后在妈妈美食的引诱下回到现实。

活动八：初读文本，感受想象奇妙

1.自由读课文，体会顺着事物特点进行想象

引导：同学们，这篇课文中作者的想象特别有意思，那课文中哪些内容是想象的，哪些内容是现实的呢？下面快速阅读课文找找相关内容。

学生交流，1～3自然段是现实，其余大部分是想象的内容。

追问：英英是怎样由现实世界进入想象世界的？

小结：神奇的想象可以让我们拥有奇异的经历。现实与想象的连接点就是"变成"这个关键词。

2.师：在想象的世界里，"我"变成树之后，发生了哪些有意思的事呢？下面请大家默读课文5～23自然段，一边读一边用笔画出自己觉得有意思的语句。读完后和同桌交流。

（1）抓住"痒痒的"和"冒出来"。（课件出示：我心里想着，就觉得身上痒痒的，低头一看，发现许多小树枝正从我身上冒出来。呀，我真的变成了一棵树！）

提问：哪些词语让你觉得特别有意思？（痒痒的、冒出来）

指名读句子，边读边想象身体长出树枝的神奇。

引导：为什么英英要想象自己变成一棵树，而不是变成别的？

小结：英英在树下玩，所以想变成一棵树。现实中小树就会长树枝，所以在想象中"我"身上痒痒的也长出了树枝，这就是顺着事物原有的特点去想象。（板书：顺着事物特点）

（2）抓住"各种形状的鸟窝"。（课件出示：我变的树上长满了各种形状的鸟窝：三角形的、正方形的，还有长方形的、圆形的、椭圆形的、菱形的……）

引导：生活中的鸟窝有这样许多形状的吗？而在想象的世界里，我变成了一棵树就可以长出那么多神奇的鸟窝。还有哪些神奇的形状呢？（学生展开想象，进行交流）

小结：同学们也能和作者一样顺着事物特点大胆想象，创造出了现实中不存在的各种各样的鸟窝，这样的想象创造出了比生活中更加奇妙的事物和景象。（板书：奇妙）

活动九：细读文本，体会"成为所想"的方法

1.课文中肯定还有许多地方让你觉得特别有意思，这么奇特的想象，让我们通过朗读来感受一下吧！（采用指名读、小组读、男女分读、齐读等不同形式朗读有意思的语句，可以边读边看课本插图）

2.引导：在读的时候你的脑海中出现了怎样的画面？英英为什么会邀请小动物们住在自己的鸟窝里？

预设：小动物们住在各种形状的鸟窝里，十分开心；英英很喜欢小动物，

非常想养小动物等。

小结：英英通过大胆奇特的想象，在想象世界里实现了自己的愿望，这就是"成为所想"的想象方法。如果你也能变，你想变成什么？变了以后会发生什么奇妙的事？

★ **第二课时**

（一）学习目标

1.通过勾画交流有意思的句子，结合生活实际，学习作者抓住事物特点运用"成为所想"的方式进行想象。

2.能大胆想象自己变成什么，会发生什么神奇有趣的事情，并以此为依据尝试创编故事。

（二）学习重难点

通过勾画交流有意思的句子，结合生活实际，学习作者抓住事物特点运用"成为所想"的方式进行想象。

活动十：品悟文本，探寻表达方法

1.读对话

引导：除了养小动物的愿望，从下面句子的关键词语中，又读出了英英怎样的渴望呢？

你怎么住进来？别担心，我会弯下腰，让鸟窝离你很近很近，你只需轻轻一跳或者轻轻一爬，就像平时上你的小床那么容易。

（1）抓住"你"字引导学生思考："你"指的谁？（指的是每一位读到这篇文章的读者）

（2）找一找其他作者与读者对话以及文中小动物之间的对话和"唉、噢、哎呀"这些词，读一读。

小结：我们感到作者似乎在与我们亲切对话，和她一起感受想象世界的神奇与美好，作者、读者和文中人物之间的对话也是这篇课文表达上的一个特点。

2.读心理活动

师："我"就这样和小动物们玩了一天，到了傍晚谁来了？

（1）学生齐读"傍晚的时候，妈妈背着一个大包过来了，我的心嗵嗵地跳着，震得树上的鸟窝都一动一动的，发出丁零丁零的声音"。

引导：如果你一天见不到妈妈，你心里会有什么感受？从"我的心嗵嗵地跳着"感受到了什么？

预设：一天见不到妈妈会非常想妈妈；英英既高兴又紧张。

（2）这句话写出了英英的心情，课文中还有哪些描写英英心情的词？

她不知道我变成了树！我有点高兴，又有些失望。

提问：采访英英此时的感受，为什么有点高兴？为什么又有些失望呢？

小结：无论英英从现实世界走进想象世界，还是从想象世界回到现实世界，妈妈的关爱一直伴随着她，想象世界也要表达真情实感。（板书：真情实感）

学习反思：本单元我们学了《宇宙的另一边》和《我变成了一棵树》这两篇课文。通过这两篇课文的学习，你在大胆想象方面有什么收获？

学生交流：可以根据事物特点展开想象，可以建立事物之间的不同关联，也可以把自己化身为其他的事物。

小结：大胆想象创造出了现实中不存在的事物和景象，让文章更有意思，也让我们拥有奇异的经历。推荐大家阅读《逃家小兔》，再次感受想象的魅力，读完了可以把这个故事讲给别人听一听。

（张海芳名师工作室　陈波）

任务四：畅聊想象故事 体验想象乐趣
——初试身手

（一）学习目标

　1.能根据手指印的特点进行大胆想象，画出想象中的事物，并能进行有创意的表达，感受大胆想象的乐趣。

　2.能尝试运用学过的想象方法编写故事，体会丰富与神奇的想象。

（二）学习重难点

能尝试运用学过的想象方法编写故事，体会丰富与神奇的想象。

活动十一：感受乐趣，大胆想象实践

1.引导学生欣赏课本上的手指印画并思考：图片中画的是什么？猜一猜是如

何画出来的。

2.教师示范某个手指横着印、竖着印、重叠着印等不同方式创造成系列的手指印画，提醒学生可以多个手指一起创作。

相机提示：可以根据事物特点进行联想。

3.引导学生联系生活，大胆实践。

（1）联系生活实际，想一想生活中哪些事物是类似圆形或椭圆形的，把手指印想象成这些事物需要再画上什么，让学生在充分思考以后尝试创作自己的作品。

（2）运用成为所想的方法引导学生想象。《我变成了一棵树》中我全身长出了各种形状的鸟窝，如果你就是这个椭圆形的手指印，你身上会长出什么？你会变成什么有趣的事物？

（3）反着想象，生活中哪些事物不是圆形或椭圆形的？如果这些事物成为椭圆形的，会有哪些有趣的事发生？

小结：根据手指印的特点，把它们想象成别的事物，并用生动有趣的画面表现出来。

4.小组交流，介绍自己创意，同系列的还可以比一比，赛一赛看谁的最新奇，最有创意。

5.评选优胜者参加班内交流，争夺"最佳创意"奖。

活动十二：故事接龙，放飞想象翅膀

1.出示两个故事开头之后，引导学生根据故事开头的信息去想象。（利用"成为所想"的表达方法，续编故事《我变成了瞌睡虫》；利用"反着想"表达方法，续编故事《小牧童进颠倒村》。）

夏天到了，瞌睡虫王国一片沸腾。它们纷纷飞出洞口，去寻找自己的朋友……

提示：可以顺延故事开头中设计的情节，通过不断追问创编故事。如：瞌睡虫有什么特点？它们会去哪里寻找朋友？找到朋友了吗？发生了什么故事？

一阵大风过后，小牧童被吹到了颠倒村。他睁开眼睛，只见树枝和树叶长进土里，树根却张牙舞爪地伸向天空……

提示：可以根据事物特点大胆想象。如：颠倒村的房子有什么特点？出示"颠倒屋"照片，引导学生想象。或者借助《颠倒歌》，想象颠倒村还可能有什么奇妙的景象。出示民间《颠倒歌》，激发学生想象。

太阳出西落在了东，胡萝卜发芽长了一根葱。天上无云下大雨，树梢不动刮大风。滚油锅里鱼打浪，高山顶上把船撑。东洋大海失了火，烧毁了龙王的水晶宫。一只蚂蚱咬死驴，小麻雀一嘴叼死鹰。阳关道上有人骑着大刀扛着马，又来个口袋驮驴一溜风。半空中有个兔子咬死鹰，院子里老鼠拉猫钻窟窿。极小的公鸡下了蛋，蛋中长根骨头硬如钉。小鸡吃了黄鼠狼，青蛙吃了个长蛇精。老太太见了心害怕，胡子吓得直扑棱。

2.学生二选其一，根据兴趣重新分组。同学们挑选自己最感兴趣的故事开头，进行大胆的想象，同样故事开头的同学重新组合成组。

3.学生接龙编写（15分钟左右），教师巡视指导。

4.开展评选"最佳故事龙"活动，在小组内交流自己续编的故事，评选最佳。

5.邀请各组优秀代表在班级内交流，师生评价。（学生指出写得好的地方和不够好的地方，教师适时进行总结评价）

6.最终出示评价标准，选出"最佳故事龙"。（评价标准：根据故事开头提示的信息去想象；根据事物的特点去想象；想象的故事大胆有趣）

7.课后使用修改符号进行修改、完善自己的习作。

学后反思：这节课，我们大家一起学习边画画边展开想象编故事，还能根据开头，运用"成为所想""反着想"等方式展开想象，续编故事。希望同学们走进想象的世界，创作出更多的精彩。

（张海芳名师工作室　马鲁强）

任务五：描绘想象星海　放飞想象翅膀
——习作：奇妙的想象

★第一课时

（一）学习目标

1.能借助习作例文进一步体会丰富与神奇的想象。

2.大胆想象，写一个想象故事。

3.运用修改符号修改自己的习作，与同学分享、赏评习作。

（二）学习重难点

大胆想象，写一个想象故事。

活动十三：多元赏析，精雕细琢"想象"

1.课前试写，大胆想象

请同学们阅读本次习作要求，尝试从中选择一个题目，或者自拟题目，结合着前面3个教学内容所学到的写作表达方法，完成一篇想象作文。

2.欣赏习作，感受想象

（1）鉴赏题目。请大家看屏幕上的习作题目，并引导交流感受。

（2）鉴赏文章。出示学生例文《一本有魔法的书》：

夜晚，伴着朦胧的月光，我坐在秋千上看书，脚下是一片绿油油的小草，当我停下来，一伸脚，便来到了一个奇怪的王国，我小声喃喃着，又翻过了一页书……

就当我准备接着往下看时，只见书变成了一面巨大的镜子，泛着幽幽的绿光，我真好奇，于是便走了进去，"啊！"一声尖叫划破了天空的寂静，所有"人"都很奇怪，他们头朝下，脚朝天，"你们怎么都倒立呢？"我奇怪地问。他们好像听不懂，用双手撑地迅速远离我。抬头一看，鱼儿们在天上自由自在地闲逛。我的脚却在地上，不得不说太奇妙了。我翻开手中的书，但书却自动地在颠倒国那页停了下来，我一下子明白了，我现在所处的地方就是颠倒国，于是我也想把身体倒过来行走，可是身体犹如一块大石头一样扭不动，想再次翻翻那本书，只见书中也升起了一轮圆月。突然，"砰"的一声，一颗子弹从我头上飞过……

我不禁流出了冷汗，砰，我一下子被惊醒了，只见妈妈正凝视着我，原来那枪声是妈妈的一指弹呀。那本会魔法的书静静地躺在我的枕边……

请这篇文章的小作者朗读自己的作文，其他学生评析优点。

学生：从现实过渡到想象；反向想象，创造新物。

（3）鉴赏片段。请同学们欣赏以下几个学生优秀的习作片段：

　　一些大人们的呼噜声，此起彼伏，合成了一曲到春天才能结束的"呼噜交响曲""呼……呼……"动物们可不喜欢这种声音，他们都被吵醒啦！狗熊、蛇、刺猬、小青蛙等一批动物，知道人类要冬眠，纷纷奔走相告：人类要冬眠啦，这个世界属于我们啦！他们走出洞口，来到城市里、游乐场里，尽情享受着原来冬天里人类特有的欢乐。小动物们玩起了滑梯的游戏，他们你连着我，我连着他，从滑梯上"哧溜"一下就滑下来了，别提有多高兴了，跷跷板、摇摇椅……（选自《假如人类可以冬眠》）

　　早晨醒来，我像往常一样伸了个懒腰，突然感觉后背被什么东西撞了一下。转头一看，我吓了一跳，什么情况？我怎么和铅笔、钢笔、圆珠笔、直尺躺在了一起？我低头看了一眼自己，身体方方正正的，什么？我竟然变成了一块橡皮，还躺在了文具盒里！（选自《橡皮的遭遇》）

　　边读边评，感知想象的世界里角色可以互换，人可以变成物，物也可以变成人，而且还可以有神奇的能力，随着意愿成为所想。

　　3.例文引路，合理想象

　　（1）再次审题。请同学们再次读题，关注"奇妙"，作为评改重点。

　　（2）读文学法。读悟习作例文——《一支铅笔的梦想》。学生去寻找题目中的关键词——梦想，然后再引导学生发问：一支铅笔能有什么梦想呢？学生默读例文《一支铅笔的梦想》，提炼梳理故事内容：

多少梦想	怎样实现梦想	梦想是什么
第一个梦想	溜出教室	萌芽　开花
第二个梦想	跳进荷塘	撑伞
第三个梦想	躲到菜园	长成豆角　伪装成丝瓜
第四个梦想	来到小溪边	当船篙　当木筏
第五个梦想	跑到运动场	当撑竿　当标枪

　　学生完成课堂作业任务：关注批注，体会作者为什么这样写？并进行交流。

　　小结：合理的想象往往伴随着与众不同的表达，我们关注本篇习作例文复沓的情节，再思考手罢工后会不会也发生复沓的情节故事？小组内交流，形成新的习作框架。

　　读悟习作例文——《尾巴它有一只猫》。请学生带着自己的疑问去读习作例文，发现里面不同寻常的想法，比如：

　　"用不着关，"这条尾巴得意地说，"我从出生开始，就拥有这只猫，无论它干什么，都听我的话，都跟在我身边。""难道只能是爸爸妈妈有小孩子，不能是小孩子有爸爸妈妈吗？猫可以有一条尾巴，为什么尾巴就不能有一只猫？"……

　　小结：像这样反向想象，尾巴就能有一只猫了，多有意思呀！

　　学生尝试反着想象《手罢工啦》，提示：如果尝试反着想象，那么在想象的世界里往往会发生意想不到的事情。请同学们尝试想象故事中"手"的想法，想象它神奇的功能。

　　请大家关注《我变成了一棵树》和《尾巴它有一只猫》这两篇文章中都出现了人物对话，交流发现及收获。

　　小结：在我们的想象故事中，可以增加角色，利用对话推动情节发展，并展开想象进行修改。

　　（3）提出建议。学生开始给自己的作文提出修改意见，并批注。然后同学两人交换作文，在读中思考，并进一步提出合理化的建议。

　　4.明确标准，深度完善

　　出示习作《赏评标准》，鼓励学生结合着本节课的学习，课后可以进一步修改习作，为下一节赏评课做准备。

（张海芳名师工作室　何明丽　刘晓玲）

★第二课时

（一）学习目标

　　1.根据"赏析标准"，从"习作题目、文章开头、语言表达、想象方法"4个方面欣赏他人习作，在赏析中学方法、增自信。

　　2.边读边找出成为所想、抓住特点、反着想象、表达有思想之处，感受想象的神奇、有趣。

　　3.同伴互助找出优秀习作与片段，并分享。

（二）学习重点

　　根据"赏析标准"，从"习作题目、文章开头、语言表达、想象方法"四个方面，欣赏他人习作，在赏析中学方法、增自信。

（三）学习难点

边读边找出成为所想、抓住特点、反着想象、表达有思想之处，感受想象的神奇、有趣。

活动十四：借助标准，赏析他人"想象"

表 3-3-3　赏析内容与赏析标准

赏析内容	赏析标准
习作题目	醒目、独具匠心
文章开头	根据题目安排一个合理的切入点
语言表达	运用"表述有顺序、运用对话推动情节"等方式，使表达清楚、吸引人
想象方法	结合生活经验，运用"成为所想、抓住特点、反着想象"等方法，展开大胆想象，让想象更神奇、有趣

1.同学们，我们前期学习单元课文之后，基本掌握了想象方法，也明确了习作标准，你们打开了思路，都能写出想象中的世界。上节课，咱们也了解了赏析一篇习作的标准，这节课，咱们就根据标准赏析习作。还记得可以从哪些方面来赏析一篇习作吗？

预设：从"习作题目、文章开头、语言表达、想象方法"4个方面赏析。

3.赏析习作题目：这个单元每篇文章的题目都很有趣，习作要求提供的题目也很有趣。我把同学们起的有趣的题目都放到大屏幕上了，后面缀上了作者姓名，自己读读，找出你最感兴趣的一个题目，猜猜作者可能会写些什么？（读者与作者交流）

小结：首先要恭喜咱班的小作者们，你们用心起的题目一下子吸引了我们；题目起得好，读者就会大胆猜测，还会迫不及待地读你的习作。而作为小读者的你们，在对比中有了思考，在阅读中就与作者产生了共鸣。

4.赏析文章开头：想象作文，需要根据题目安排一个合理的切入点。还记得本单元学习的几篇课文都是用了什么方法引入想象内容吗？

小结：提出一个问题，从现实很自然地引入想象世界；描述一个有趣的情境，引起读者的阅读兴趣；还可以开门见山，直奔主题，等等。

5.赏析语言表达：大家看，这里罗列了咱们同学写的部分精彩片段，你来读读，一会儿说说你最喜欢哪种表达方式？为什么。

6.你们发现了这些片段里语言表达方面的出彩之处，真了不起。通过刚才的交流，我们知道了"表达有顺序、故事角色对话、作者与读者对话"等表达方式，能够推动情节发展，使想象更合理、表达更有条理、读起来感觉身临其境。

7.赏析想象方法：现在，咱们来看完整的3篇习作，有3位小作者分享了自己的习作，咱们看题目：《橡皮的遭遇》《假如人类可以冬眠》《一本有魔法的书》，思考：你想先读哪一篇习作？这篇习作哪里写得有意思？作者是怎样写出它有意思的？

8.赏析习作之"成为所想"。学生交流《橡皮的遭遇》一文时，出示需要思考的问题。

学生交流第3自然段时，顺势引领全班同学：咱们也来读读文中"自己变成橡皮之后的所见所闻"部分，有趣在哪儿呢？

预设：自己成为一块橡皮，能听懂同学们的话，同学们却完全听不懂自己的话。

思考：原来，想象习作在自己变身之后，也会有沟通不便之处。

咱们再来关注橡皮的不同经历，这次有趣在哪儿呢？

预设：一块橡皮竟能感受到被摔、被踩、被戳的疼痛，也能感受到被爱护的欣喜。这种"成为所想"的想象方法多么神奇、有趣呀！

思考：根据自己的亲身经历判断出哪些行为是应该有的，哪些行为是不应该有的？看来，习作中"表达要有思想"这一点很重要呢。

小结：作者是把自己想象成橡皮之后，才体验到了神奇、有趣的经历。由此可见，"成为所想"能体验到变身后的奇异经历。

大屏幕上出示了咱班同学写的"成为所想"的片段，你来给大家介绍一下吧。

9.赏析习作之"反着想象"。学生交流《假如人类可以冬眠》一文时，出示需要思考的问题。

学生找到第3段时，顺势引导全班同学关注此段：这一段有趣在哪儿？

预设：因为想象着游乐园里有一群动物在玩，这种场面是现实中不存在的，所以感觉很有意思。还有，人类冬眠后，原来冬眠的动物们就都出来玩啦，可是因为人类不活动而没有电，也没有食物，最有意思。

思考：咱们可以用汇总表格的方式，转向对表达方法的探究：现实世界中，冬天都是动物冬眠，孩子到游乐场玩，大人们工作；而想象世界呢？自己填写表格，说说你的发现吧！

预设：找到了小作者大胆发挥想象的方法，就是反着想象。

大屏幕上是本次习作中咱们同学写的"反着想象"的片段，请小作者给大家介绍一下。

10.赏析习作之"抓住特点"写。学生交流《一本有魔法的书》一文时，出示需要思考的问题。

预设：有趣在哪儿？

提问：此文与本单元哪篇课文十分类似？（《一支铅笔的梦想》）

思考：两篇文章都是抓住事物的特点，发散思维，大胆想象出有趣的事。

大屏幕上是本次习作中咱们同学写的"抓住特点"的片段，请小作者给大家介绍一下。

活动十五：依据标准，赏析自我"想象"

小结：刚才我们对照赏析标准赏析了他人的习作，现在，再次对照标准，找出自己习作中都有哪些优秀之处，分别在旁边画上星星标记。

表 3-3-4　根据赏析标准为习作评级

赏析内容	赏析标准	赏析星级
习作题目	醒目、独具匠心	★
文章开头	根据题目安排一个合理的切入点	★
语言表达	运用"表述有顺序、运用对话推动情节"等方式，使表达清楚、吸引人	★
想象方法	结合生活经验，运用"成为所想、抓住特点、反着想象"等方法，展开大胆想象，让想象更神奇、有趣	★

1.学生互相赏评他人习作。

2.交流：他人习作有趣的片段及写法特点。

活动十六：习作展评，绘就"想象"星海

1.习作总评获得四颗星的同学请举手，祝贺你们的习作当选为"最具想象力作文"，课后，张贴在墙报的"想象岛"中，你们就是这节课的"想象小达人"。

2.下面，有请"想象小达人们"从小组其他习作中挑选"最亮眼的题目""最自然的开头""最精彩的片段""最独特的表达"，把自己手中的星星志贴在他人习作相应位置上。

3.课后，咱们把这些精彩题目、开头、片段、习作等分类整理，汇编到本期的"星海习作集"，供全班同学、年级同学分享、阅读。

第四章 说明文习作单元

第一节 教学建议

说明文是对事物的状貌、性质、特征、成因等加以说明和解释的一种文体，目的是给人以科学的知识和科学地认识事物的方法。说明文不仅可以给学生普及常识，激发热爱科学的情感，探寻自然奥秘和了解说明方法，还可以提高学生阅读科普类文章的能力。在小学语文教材中，有关说明文的内容并不少见。教学中，我们应当把握统编教材中说明性文章的编排特点，引导学生感受说明文逻辑严谨的魅力，发挥说明文的体裁优势，在说明文中咀嚼浓浓语文味。

一、教材重组以万变应不变

说明性文章与其他文体最大的不同在于它以解说事物、阐明事理为主要目的，语言风格朴实、用词十分精准。教师要引领学生充分感受说明文语言的逻辑性和严密性，离不开自身对本单元教材充分、深入的把握，为学生设置恰当的学习梯度。因此在说明文教学中，采用灵活多样的形式，打破系统常规，激发学生求知欲，在严谨的光辉下增添一抹灵性的风采是十分重要的。

例如：在五年级上册第五单元"说明文以'说明白了'为成功"的教学中，对教材进行了充分的梳理与解读后，为学生重置梯架，建立最佳求知梯度。本单元涉及3种不同特点的说明文，如果按常规教学顺序最后进行习作练习，势必要再次复习前面学过的课文，不仅会错过习作最佳时机，影响学生习作热情，还会拉低教学效益。因此，重在"整体把握"，不仅把握课文内容，了解基本的说明性文章，掌握基本的说明方法，更要根据不同单元的特点阐发文本内容、研究表达形式。本单元的两篇课文和两篇习作例文，按表达风格可以分为一般性说明文(《太阳》《风向袋的制作》)和文艺性说明文(《松鼠》《鲸》)两大类。但同为一般性说明文，《风向袋的制作》属于典型的程序说明文，跟《太阳》有显著区别。"习作5"在教材中出示的5类15种事物基本上都可以分别归类到这3种说明文里。鉴于此，通过"单元加法组合"，把本单元整合为3个板块：程序性说明文、一般性说明文、文艺性说明文。教学从相对容易的程序说明文开始，先写作后阅读，实现板块式授课。

单元教材重组，以万变应不变，不仅让板块教学更加清晰，承担的目标和任务更有条理，还让多次习作成为可能。在各板块的教学中，学生遇到写作困难便会主动回归课文和例文，这样的循环往复，深化了读写结合，造就了更切合学生实际需求的课堂。

二、先写后教不在多而在精

作为习作单元的说明文，它所承担的是提供说明性文章的基本样式，让学生感受到说明文的不同特点，体会到多种说明方法，在此基础上引导学生进一步打开思路，从而认识到说明文的多种形式和特点。在教学中，要让学生去感受语言文字背后的奥秘，将"先写后教"真切地落实到"一课一得"。先写，学生没有经过专门的指导，文字中呈现的问题是最真实的；后教，教师根据学生写作情况，聚焦单元习作目标要求，有针对性地指出大家的共性问题并着重去解决。后"教"，不在多而在精，从而让学生在"一次写"到"三次写"的过程中实现从"不会写"到"会写"，从"写不好"到"写好"的转变。

例如：在五年级上册第五单元的教学中，为了有效落实本单元教学目标，根据新课标与本单元的特点，可以设计"缤纷世界推介会"学习任务群，通过3项活动、12项任务，引导学生以推介人的身份，事先搜集大量有价值的资料为第一轮写作服务。由于五年级的学生对说明文已有一定的了解，在第一轮的习作效果中能发现学生在分段写方面，已有大致框架，但层次不够清晰，角度稍显狭窄。在明确学生写作问题的基础上，开始学习《太阳》《松鼠》两篇文章，在课文学习过程中了解一般性说明文的特点，明确段与段之间内在的逻辑关系，感悟作者选材组材的匠心并能够选择恰当的语言风格。学生边学课文，边习得这些写作方法，通过教师多轮的针对性指点与学生的多次修改，实现在先"写"中明结构，在后"教"中悟表达，体会"说明白了"的内在意义。

先写后教，不在"多"而在"精"，让整个习作单元的教学变成"写作—阅读—修改—阅读—修改"的过程。在这个过程中，师生之间、生生之间彼此分享知识、分享经验、分享智慧，有效落实好本单元语文要素和教学目标，从而前后勾连、有机渗透，让教与学做到"重"而不"复"。

（张海芳名师子工作室 张春秋 李凯悦）

第二节 备课举例

【课标分析】

从课标具体分析与本单元内容有关的第三学段"阅读与鉴赏"课程目标为：阅读说明性文章，能抓住要点，了解文章的基本说明方法。阅读简单的非连续性文本，能从图文等组合材料中找出有价值的信息。

从课程内容组织与呈现方式上看，本单元属于"实用性阅读与交流"学习任务群，该任务群与本单元内容有关的第三学段的学习内容为：学习记笔记、列大纲、写脚本、画思维导图等整理和呈现信息的方法；学习通过口头表述和多种形式的书面表达，分享观察自然、探索科学世界的所见所闻、所思所感。

该任务群对与本单元内容有关的第三学段的学习提示为：（1）应紧扣"实用性"特点，结合日常生活的真实情境进行教学，引导学生关注社会，表达和交流自己在生活中的发现和感受；（2）引导学生提高语言理解与运用能力，逐步增强语言表达的准确性、规范性；（3）评价中，应引导学生注意实用性阅读与表达的目的、对象、情境以及交流效果，注意内容明确、条理清晰、语言简洁明了。

【教材分析】

五年级上册第五单元以说明文组织单元，本单元的课文主要围绕"说明文以'说明白了'为成功"为主题编排的，单元导语页呈现了本单元的两个语文要素。

第一个语文要素是"阅读简单的说明性文章，了解基本的说明方法"。目的是让学生了解基本的说明方法，感受不同的语言风格，突出了语文学习的由浅入深、螺旋上升。在此基础上，为学习用恰当的说明方法突出事物的特点，把某种事物介绍清楚做铺垫。

第二个语文要素是"搜集资料，用恰当的说明方法，把某一种事物介绍清楚"。习作《介绍一种事物》通过搜集资料，用恰当的说明方法把一种事物介绍清楚，对本单元学习的综合运用，让学生感受到说明性文章与现实生活联系紧密。习作和之后的分享交流，让学生感受到练写说明性文章的好处。

本单元主要由《太阳》和《松鼠》两篇精读课文组成，《太阳》语言平实，通俗易懂，通过列数字、举例子、做比较等说明方法从多个方面介绍了太阳远、大、热的特点；《松鼠》语言活泼，描述生动，作者抓住松鼠的主要特点，形象地介绍了松鼠的外形、习性；习作《介绍一种事物》，旨在让学生学以致用，学会用恰当的说明方法将一种事物的特点介绍清楚，鼓励学生大胆表达。这样不仅能让学生体会说明文的不同类型，还能在资料搜集、认识事物、语言表达等方面得到综合发展。

【学情分析】

"说明性"文章的概念虽然在五年级上学期才第一次出现，但是在三四年级，说明性文章学生早有接触。说明性文章除了在四年级下册、五年级上册集中在一个单元，在其他单元主要和其他文体的文章一起落实阅读训练要素。在五年级以前的学习中，学生也已经开始感受说明性语言的准确、清楚。阅读说明性文章，能抓住要点，了解文章的基本说明方法。在本单元的阅读训练要素中还有一个词"简单"。说明性文章较叙事性文章枯燥，学生在生活中接触得相对较少，所以，他们阅读的说明性文章需要简单些。具体来说就是说明语言严谨但不枯燥，说明内容易于理解。

我们可以做到以下几点：（1）阅读简单的说明性文章，知道文章通常抓住事物鲜明的特点进行多方面说明，可以帮助我们认识事物、获取知识。有阅读其他说明性文章的意愿和热情，通过阅读增长知识；（2）感受说明性文章两种不同的语言风格：平实、活泼，能体会两种语言风格在表达上的不同；（3）知道说明性文章为了把抽象、复杂的事物说得清楚明白，会使用一些说明方法：

列数字、举例子、做比较、打比方等。了解基本的说明方法，体会使用说明方法的好处；（4）查找资料，尝试用多种说明方法来说明一种事物。

【单元目标】

基于学习内容的分析、五年级的学情分析以及单元要素、核心任务的分析，本单元的学习目标确定为：

1.正确读写本单元的生字词，正确、流利、有感情地朗读课文。

2.默读课文，把握文章主要内容，能分条记录获取的信息。

3.初步了解列数字、做比较、举例子等基本的说明方法，能结合具体语句体会运用说明方法的好处。

4.能初步体会说明性文章不同的语言风格。

5.能用恰当的说明方法，分段介绍事物的不同方面，写清楚事物的主要特点。

【单元评价】

1.目标1的测评，主要通过完成预习单，课前抽写生字词以及抽读课文达成。

2.目标2和目标3的评价，主要通过课堂上的自主学习、小组交流等学习活动的组织来落实。在这一过程中，教师通过有针对性的问题设置，引导学生思考课文介绍了事物的哪些方面，并从课文中找出相关句子与使用的说明方法，激发学生阅读其他说明性文章的意愿和热情，并通过阅读增长知识。

3.目标2和目标3的评价，主要通过对比阅读，让学生在品评中感受同一事物写法不同，达到的效果就不同，而不同语言风格都有其各自的好处。通过单元习作的审题训练，检验学生是否能初步根据不同事物的性质选择恰当的语言风格，并尝试介绍清楚事物主要特点。

4.通过单元作业检测，评价单元目标达成度，以此修正、调整后续的学习。

【问题系统】

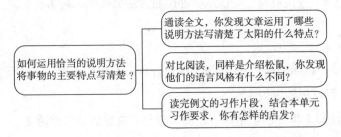

图 3-4-1　如何运用恰当的说明方法将事物的主要特点写清楚

【单元规划】

本单元具体内容见下表：

表 3-4-1　说明文习作单元的具体内容

教学内容	核心任务	课时目标	课时安排
《太阳》	尝试运用说明方法，将事物的特点讲清楚	1.了解一般性说明文的特点，体会运用这些说明方法的好处 2.理清课文层次，学会运用恰当的说明方法分段介绍事物不同方面的特点	2课时
《松鼠》	尝试运用说明方法，将事物的特点讲清楚	1.通过圈画关键词以及想象画面，体会松鼠活泼可爱的形象特点 2.明确段落之间内在的逻辑关系，探寻作者的行文思路，感悟作者选材组材的匠心 3.通过审题训练，能体会说明性文章不同语言风格的特点	2课时
"交流平台"与"初试身手"		1.总结梳理说明性文章的特点，增加学生对说明文的认识 2.通过将散文改写成说明性文章，进一步感受说明性文字的不同	1课时
习作：介绍一种事物		1.通过习作例文的阅读，能思考如何恰当运用说明方法来说清楚事物的特点 2.通过交流互评，能对他人习作提出合理的修改建议，交流想法，同学间互相启发，进一步梳理习作思路，互评互改习作	2课时

本单元的导语："说明文以'说明白了'为成功"

语文要素：阅读简单的说明性文章，了解基本的说明方法；搜集资料，用恰当的说明方法把某一种事物介绍清楚。

核心任务：了解基本的说明方法，能用恰当的说明方法，写清楚事物的主要特点。

单元架构见下图：

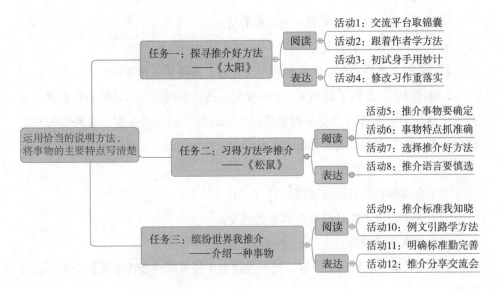

图 3-4-2　说明文的单元架构

【单元备课】

任务一：探寻推介好方法
——《太阳》

★ **第一课时**

（一）学习目标

1.了解一般性说明文的特点，运用恰当的方法介绍事物不同方面的特点。

2.理清课文层次，学会分段介绍事物的特点。

3.结合课文内容了解列数字、做比较等基本的说明方法，体会运用这些说明方法的好处。

（二）学习重点

结合课文内容了解列数字、做比较等基本的说明方法，体会运用这些说明方法的好处。

（三）学习难点

运用恰当的方法介绍事物不同方面的特点。

活动一：交流平台取锦囊

1.同学们，我们之前借助搜集的相关资料，选择了一种事物写了说明文。

2.通过习作，我们了解到美食如何烹饪、物品如何使用、动物植物有什么特点……这说明大家都对"把事物说明白了"进行了初步的探索，为我们的"缤纷世界推介会"做好了充足的准备工作。

3.老师指出习作问题：

（1）介绍事物没有抓住主要的特点。

（2）说明方法不能让读者有真切的感受。

（3）层次不够清晰。

4.快速浏览交流平台的内容，找一找课本中还有哪些能将事物推介明白的锦囊妙计？

5.学生交流。

小结：运用恰当的说明方法，可以将事物介绍得更具体。不要泛泛而谈，抓住特点，才能将其说明白。说明文无论哪种风格，描述都要准确、清楚、有条理。

活动二：跟着作者学方法

1.走进《太阳》，看看作者是如何推介的，力争把事物说明白。

2.请同学们翻开课文，在读通、读顺、读准的基础上在作业单上分条记录你获取的信息。

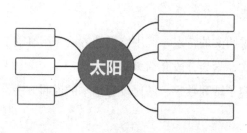

图 3-4-3　太阳的特点及说明方法

3.学生交流。

小结：因此，要想把一种事物说明白了，就要抓住事物鲜明的特点，从不同方面分段进行具体说明，使文章更有层次，也使我们更清楚地了解作者所推介的事物。

4.抓住太阳的3个特点，看看作者是怎样推介太阳的？请大家再读课文，补充表格。

表 3-4-2　太阳的特点归纳

说明对象	特点特征	说明方法
太阳	远	
	大	
	热	

5.重点研讨，深入探究。

（1）出示："其实，太阳离我们约有一亿五千万千米远。到太阳上去，如果步行，日夜不停地走，差不多要走三千五百年；就是坐飞机，也要飞二十几年。"

体会列数字、举例子的好处；体会"约"不能去掉。

小结：说明文不仅要让读者了解事物的特征，还要让读者真切地感受到。

（2）出示："我们看到太阳，觉得它并不大，实际上它大得很，约一百三十万个地球的体积才能抵得上一个太阳。"

比较两种说明方法的使用；让学生感受一下太阳的大。

小结：说明一种事物的特点，可以运用不同的说明方法。

（3）出示："太阳的温度很高，有五千多摄氏度，就是钢铁碰到它，也会变成气体。"

分析说明方法。

小结：因此，想要把说明文说明白了，还要运用恰当的说明方法，才能将代言的事物介绍清楚，也更加准确、生动形象、有条理。

学习反思：刚才，我们一起学习了作者是如何把推介的事物说明白的。我们知道，要想把推介的事物说明白了，就要抓住事物鲜明的特点，从不同方面分段进行具体说明，使文章更有层次，也使我们更清楚地了解事物。还要运用恰当的说明方法，才能将推介的事物介绍清楚、准确、生动形象、有条理。

板书设计：

太阳

说明白了 { 分段写 / 抓特点 / 用方法

★ 第二课时

（一）学习目标

1.选择身边的一种事物，尝试用多种说明方法来说明它的特征。

2.查找资料，试着将散文《白鹭》2～5自然段改写成一段说明性文字。

3.尝试借助把事物说明白的方法，修改作文《介绍一种事物》。

（二）教学重难点

借助资料，运用学到的方法，进行片段描写，修改习作。

活动三：初试身手用妙计

1.片段练写

（1）引导：生活中，有些事物是我们熟悉的，有些是我们感兴趣的。如果让你为"缤纷世界推介会"做准备，选择一种事物介绍给别人，你会选什么？

（2）引导学生观察"初试身手"第一题的图片和文字示例。

小组讨论：图中的电视塔有什么特点？这段文字是怎么介绍它的？

小结：图中的电视塔的特点是高。这段文字用了列数字、打比方的方法，把塔的外形特点介绍得很清楚。

追问：你准备怎样介绍自己选择的事物？

（3）学生动笔进行片段练习。

提醒学生运用多种方法说明事物的特征，而且要符合说明文的基本要求，不能简单地罗列数字，或是单纯地写比喻句，要以把事物说清楚、说明白为根本目的。

（4）根据标准，互相评价。

表3-4-3　根据评价标准评级

评价标准	星级
说清介绍事物	★★★
抓住事物特点	★★★
运用说明方法	★★★

2.片段改写

如果将一篇充满诗情画意的散文改写成说明性的文章，会变得怎样呢？试着将课文《白鹭》2~5自然段改写成说明性文字。

回顾原文，补充资料。

> 色素的配合，身段的大小，一切都很适宜。
>
> 白鹤太大而嫌生硬，即使如粉红的朱鹭或灰色的苍鹭，也觉得大了一些，而且太不寻常了。
>
> 然而白鹭却因为它的常见，而被人忘却了它的美。
>
> 那雪白的蓑毛，那全身的流线型结构，那铁色的长喙，那青色的脚，增之一分则嫌长，减之一分则嫌短，素之一忽则嫌白，黛之一忽则嫌黑。

（1）这几个自然段是从哪些方面来描写白鹭的外形？（颜色、身段、羽毛、喙、脚）

（2）补充资料：学生搜集关于白鹭的资料，如种类、体型、羽毛、颜色、叫声、分布范围、生活习性等。

> 白鹭，亦称"小白鹭""白鹭鸶"。鸟纲，鹭科。体长约60厘米。全身羽毛雪白，生殖期间枕部垂有长翎两根，背和上胸部分披蓬松蓑羽，其后消失。春夏多活动于湖沼岸边或水田中。好群居，主食小鱼等水生动物。白天觅食于水田、沼泽、池塘，夜间栖息于高大乔木林的树冠上。分布于中国长江以南各地和海南。在中部地区为夏候鸟，在南方多为留鸟。蓑羽可供帽饰用。重庆九龙坡区白市驿镇三多桥村，有我国第一个白鹭自然保护区。

（3）筛选资料，尝试改写。

明确要求：结合课文《白鹭》中的描写，按照说明文的写作要求组织成文，写出白鹭的特征，表达对白鹭的喜爱、赞美之情。

（4）交流展示，师生评议。

问题一：不能恰当运用说明方法。

①展示没有恰当运用说明方法的改写片段，让学生说一说问题在哪里。

②教师指导：散文中有些修辞手法可以直接转换为说明方法，比如比喻和打比方，对比和做比较等。你的练笔中，加上哪些说明方法能更清楚地描述白鹭的外形特点？在需要补充修改的地方做标记。

小结：运用恰当的说明方法，可以让我们把白鹭的外形写得更清楚。

问题二：不能恰当筛选资料。

①展示典型习作，引导学生思考：有些同学直接摘录了资料里的文字，但引用的部分，是不是适用于对白鹭的外形描写呢？

②让学生读资料，对照改写单，说一说这些资料都可以用在什么地方。

小结：这种对资料进行整理、选取的方法叫"筛选"。要想将事物介绍清楚，就要学会对应特点，筛选资料。

问题三：介绍白鹭外形时没有条理。

①展示典型习作，师生交流如何有条理地介绍：描写动物外形时，可以按照从上到下，从整体到局部，从点到面等顺序，这样会更具条理性。

②引导学生回顾自己的习作：如果你写的内容不够有条理，在需要修改的地方做好标记。

问题四：语言转变有困难。

①展示典型习作，全班讨论。

②教师出示句子："增之一分则嫌长，减之一分则嫌短，素之一忽则嫌白，黛之一忽则嫌黑。"让学生读一读，把这句话变为直接描述的语句。

③引导学生思考：你的改写，关注说明文的语言风格了吗？在你认为需要修改或者补充的地方做标记。

小结：如果我们能恰当运用说明方法，筛选有用资料，关注写作顺序，转变语言风格，就能把白鹭的外形介绍得更清楚，写出一段合格的说明性文字。请结合自己的标记，继续修改小练笔。

活动四：修改习作重落实

1.回看自己的习作，用学到的方法以及片段练习的积累进行修改。

2.学生修改习作，教师巡视指导。

3.学生分享修改后的习作，对照一般性说明文评价表，自评互评。

表 3-4-4　根据评价内容自评互评

评价内容	星级	自评	互评
特点明确	★		
层次清晰	★		
方法恰当	★		
语句通顺	★		

4.课后作业：

基础性阅览室：《少年史》（选取了全球很多的科学家和设计者，为青少年量身定做的一套杂志）；

发展性习作坊：对照评价表，继续修改完善《介绍一种事物》，为后面的"缤纷世界推介会"做准备；

拓展性小练笔：请你从星星、地球中选一个事物，仿照《太阳》的语言，把它写明白。

学习反思：同学们，学了这篇课文《太阳》，进行了练笔和习作修改，你都有哪些收获？

小结：所以说，抓住事物的特点用恰当的方法加以说明，就能够把事物说明白。

（张海芳名师子工作室　刘婉鸣）

任务二：习得方法学推介
——《松鼠》

★第一课时

（一）学习目标

1.正确读写本课生字新词，了解"驯良、矫健、帽缨"等词语含义。

2.熟读课文，了解作者分段介绍了松鼠的不同特点。

3.通过圈画第一段有关松鼠外形的关键词以及想象画面，体会松鼠活泼可爱的形象特点。

4.通过理清第2和第3自然段有关松鼠活动的方面，明确段与段之间内在的逻辑关系，探寻作者的行文思路，感悟作者选材组材的匠心。

（二）学习重难点

明确段与段之间内在的逻辑关系，理清作者的行文思路，感受松鼠活泼可爱的形象特点，激发对松鼠的喜爱之情。

活动五：推介事物要确定

1.总结上节课《太阳》课后小练笔的完成情况并出示问题：

（1）段与段之间内在的逻辑不够密切，跳跃性大。

（2）语言过于生硬。

2.世界缤纷多彩，值得用心探寻。大家期盼已久的缤纷世界推介会即将举办，为了能够丰盈我们的推介知识，在推介会上大放异彩，今天这堂课，我们继续跟着作者学推介，看看作家布封是如何把松鼠介绍清楚的。齐读课题——《松鼠》。

3.出示作者布封资料，了解把小动物写得像人一样，是他作品的重要特点。

4.如果现在让大家读一篇代言稿，了解一下松鼠的情况，你最想了解它哪些方面的信息？（学生交流）

5.下面，请大家初读课文，把课文读通顺，找到并画出能解答你疑问的信息。

6.谁能按照文章顺序来整理一下？（学生交流）

7.同学们，经过刚刚的交流，我们知道作者共介绍了松鼠的5个方面，下面，请大家默读课文第一段，找一找文章介绍了松鼠外形的哪些方面？找到后可以在书上做好标记，在圈画时不要跳跃。

8.通过这位同学的朗读，你的眼前仿佛看到了一只什么样的小松鼠？

9.是啊，作者把小松鼠当作人来描写，活泼可爱的模样仿佛近在眼前，说得清楚，听得明白，很有画面感。这一点和《太阳》就很不一样。

活动六：事物特点抓准确

1.同学们，你知道松鼠是什么颜色的吗？（棕色）那颜色不应该是显而易见的吗，可是作者并没有介绍，难道是因为作者观察得不如我们仔细？还是说有别的原因？

2.这个问题有点难是吗？别急，我们慢慢到文中去解决。请你快速阅读课本第2和第3自然段，找一找文章介绍了有关松鼠活动的哪些方面？圈点勾画，在文中做好标记。

3.原来是一只行为敏捷、警觉好动的小松鼠呢。听完咱同学对二三段的交流，我眼前仿佛浮现出小松鼠在丛林中穿梭的画面，它们跳来跳去，活泼好动，这是它们很重要的一个行为特征。

4.我们还知道，作者在第一段"松鼠外形"中介绍了松鼠的身体、四肢、尾巴、眼睛，咦，你说，松鼠的身体和它们跳来跳去有关系吗？你是从哪个句子看出来的？说说理由。

5.学生交流。

小结：只有眼睛、身体、四肢、尾巴之间协调配合好，小松鼠才能自在、敏捷地活动。作者在第一段介绍松鼠外形时选取的眼睛、身体、四肢、尾巴，这些都跟松鼠的活动有关系，但是颜色跟活动没有关系。可见选择材料、组织材料不是乱来，而是要抓住事物最主要的特点。相信聪明的你学会了这一点，也能在即将举办的缤纷世界推介会上绽放出属于自己的光芒。

学习反思：通过我们刚刚的交流，你了解了作者介绍松鼠的哪几个方面？体现了松鼠怎样的形象特点？不仅如此，通过今天的学习，我们还对作者的选材思路有了一定的了解，这对你之后的习作有着怎样的启发呢？

小结：作者分别逐段介绍了松鼠的外形、习性、行动特征、繁殖、搭窝五个方面的特点；体现了松鼠活泼可爱、行动敏捷的特点；在之后的习作中，我在选材上应该多下功夫，明确自己全文的行文思路，让文章脉络更清晰，结构更完整。

板书设计：

松鼠

每段从不同方面介绍松鼠 {
外形
习性
行动特征
繁殖
搭窝

★ **第二课时**

（一）学习目标

1.通过对比阅读，初步感受这一活泼的语言对于介绍松鼠这一活泼的小动物的好处，能体会说明性文章不同语言风格的特点。

2.通过审题训练，能针对不同事物的特点选择恰当的语言风格。

3.能用较准确、生动的文字对某一种动物的特点进行说明。

（二）教学重难点

能针对不同事物的特点选择恰当的语言风格；能用较准确、生动的文字对某一种动物的特点进行说明。

活动七：选择推介好方法

1.同学们，通过前面的交流，我们能明显感受到，作者布封极擅长把小动物当成人来写。在第一段，作者把松鼠的外形写得那样活泼，那在第二、三段里还有没有活泼的语句？下面，请大家再读《松鼠》二、三段，画出文中能体现"松鼠像一个活泼可爱的孩子"的语句，在文中做好批注。

2.学生交流。

3.大家把句子几乎找全了，松鼠们你追我赶，特别像个小孩，热闹极了，像极了咱们课间时候的欢乐场景。

4.出示课后资料袋《大百科全书》中描写松鼠的句子，与刚刚交流的句子对比阅读，这两个句子给你的感受一样吗？谁来说说你的想法。（学生交流）

小结：第一个句子中运用了很多列数字的说明方法来介绍松鼠的体长、尾长、具体体重，而第二组句子是通过描写来介绍松鼠的外形特点。不仅如此，第二句语言风格活泼生动，而第一句语言风格很平实，更严谨一些。你看，同样一种事物，用不同的语言风格介绍，产生的效果也不一样，看来要想真正做到"说明白了"，还真是一门学问。

5.其实在第4和第5自然段也有很多活泼的描写。下面，请你对照老师屏幕上出示的两个句子（课后资料袋剩下的两个句子），任选其中一句和课文中相关内容进行比较，然后把你的感受分享给同桌。（学生交流）

小结：在第四小节中，有这样一句"这样，他们带着儿女住在里面既舒适又安全"，作者在这儿又把小松鼠当成人来写了，字里行间都可以看出作者对小松鼠深深的——（引读）喜爱，而屏幕出示的这句没有掺杂任何情感，只是直接描述。再看这一句，黑板上第二句话运用的是列数字的方法，文中第五小节，一、二句用了做比较的方法把以前的毛和新换的毛的颜色做比较。单单列举一些数字，或者说只是单单讲到它"换毛"还真不知道它到底怎么换，换成什么样子，现在第五小节把这个问题讲清楚了。

6.我要告诉大家，虽然屏幕上的两个句子会让你觉得有点单调、无趣，但它也有适用于它的地方，比如说，它经常会出现在百科全书、字典。

小结：同样是介绍一种事物，有时候我们可以用平实的语言，有时候我们可以用活泼的语言。但是，一切还要以说明对象本身的性质为准，只有这样，才能将事物"说明白了"。相信你只要学会如何选择恰当的推介方法，在缤纷世界推介会中一定能有精彩的表现。

活动八：推介语言要慎选

1.看！本单元最后的习作，向我们出示了不少可供我们选择代言的事物。你能结合刚刚所学，说说哪些事物更适合用平实的语言来写，哪些又更适用于活泼的语言吗？可以在事物旁边写下你的想法，完成推介手册。（学生交流）

2.是啊，看来对于我们有一些距离的事物，还是用平实的语言更合适。

3.看来，有时题目往往也暗藏了很多信息。

4.联系了我们前面学习过的《太阳》，能够联系学过的内容来判断语言风格，是个好方法。

5.同学们，老师有个问题，难道我们在介绍事物的时候只能泾渭分明，难道用了平实的语言，文中就不能出现生动形象的句子？用了活泼的语言，就无法出现准确平实的句子吗？（学生交流）

小结：平实的语言有平实语言的好处，活泼的语言有活泼语言的好处，在介绍事物时，如果能把它们结合起来灵活使用，那会是最佳状态。

6.各位小代言人们，今天这堂课，我们通过《松鼠》这篇文章了解到，要想真正把一种事物说明白，不仅要在选材上仔细考量，增强段落之间的关联性，还要在语言风格上下功夫，让文章的语言生动起来。但无论选择哪种语言风格，我们的表述都要准确清楚有条理。

7.课后作业。基础性作业：将《松鼠》课后生字词书写两遍。发展性作业：推荐阅读布封的《自然史》。选取自己最喜欢的小动物，认真观察，搜集资料，根据本节课所学，选择恰当的推介方法来推介。

学习反思：同学们，通过学习课文《松鼠》，我们了解了作者布封的推介方法，对此你有哪些收获？

小结：在介绍一种事物时，选材上要仔细推敲，要有关联；在语言风格方面，平实的语言与活泼的语言各有好处，它们结合起来使用的话，是最佳状态；无论选择哪种语言风格，我们的表述都要准确清楚有条理；可以分段介绍事物的不同方面，这样文章内容更清晰。

松鼠

说明白了 { 选材组材 紧关联

表述清楚 有条理

语言风格 灵活用

（张海芳名师子工作室　李凯悦）

任务三：缤纷世界我推介

——介绍一种事物

学习目标

1.乐于与同学分享习作，学会抓住事物的特点，分段落介绍事物的不同方面，同时感受分享的乐趣。

2.通过习作例文的阅读，思考如何恰当运用说明方法来说清楚事物的特点，然后再交流互评，能对他人习作提出合理的修改建议。

3.能根据自己或他人提出的建议，结合习作标准，进一步修改自己的习作。

★第一课时

活动九：推介标准我知晓

1.抛出问题，引发思考：同学们，介绍一种事物，如何才算是"说明白了"呢？怎样才有资格参加"缤纷世界推介会"呢？（学生交流）

2.教师出示评价标准。

表 3-4-5　评价内容与评价标准

评价内容	评价标准
习作题目	醒目、匠心独运
能抓住事物的特点	要根据需要（写作目的、读者对象），确定重点，选好想写的事物的不同的方面，详略得当地进行说明
能恰当使用说明方法	合理运用各种说明方法，使文章生动形象，使读者对所介绍事物的认识和理解更深刻
能分段介绍事物的不同方面	段落清晰，每个段落都可以说明事物的一个方面

活动十：例文引路掌方法

1.鉴赏题目。出示学生习作的题目，学生交流感受，总结所得。

2.鉴赏文章。在共同鉴赏中，进一步学习如何灵活运用恰当的说明方法。

（1）出示学生例文《猫》。请这篇文章的小作者朗读自己的作文，引导其他学生评析优点。

（2）鉴赏片段出示几个学生优秀的习作片段：片段《酸菜鱼》和《扫地机器人》。交流感悟，明白优秀习作要条理清晰，说明方法恰当，才能把事物介绍清楚。

3.再次审题。出示本单元的习作要求：

（1）要写清楚事物的主要特点。

（2）用恰当的说明方法。

（3）分段落介绍事物的不同方面。

4.读文学法

（1）读悟习作例文《鲸》。

学生阅读习作例文《鲸》，交流例文《鲸》都讲了哪几个方面的内容？写到了鲸的哪些特点？读后有什么启发？

小结：分段落介绍事物的不同方面的特点，可以把要说明的事物介绍得更清楚。

引导学生阅读习作片段一（习作介绍比较笼统）。与《鲸》进行对比，说一说你的发现。你能给出修改建议吗？

出示习作片段二（习作说明方法单一或没有）。习作片段二存在什么问题？小组讨论给出修改建议。

小结：介绍事物时合理运用恰当的说明方法，能使所说明的事物的特点更加鲜明。

（2）读悟习作例文《风向标的制作》。

学生阅读例文《风向标的制作》，然后交流《风向标的制作》都讲了什么内容？注意看批注的内容，想想在介绍事物的制作过程的时候，我们还能用上哪些方法？

小结：这一类说明文要想写得清楚，就要注意事物的制作流程要写完整，可以用上表示次序的词语，注意制作步骤前后顺序不能调换，不能遗漏。介绍一种事物，不仅要有一定的说明顺序，还要能用各种说明方法分段落抓住事物不同方面把特点写清楚，这样的说明性文章才能吸引人。

3.互评互改。自我评价修改。同桌两人交换作文，在读中思考，并进一步提出合理化的建议。

活动十一：明确标准勤完善

出示习作《赏评标准》，结合本节课的学习，课后可以进一步更好地修改习作，为下一节课的"缤纷世界推介会"做准备。

表 3-4-6　赏析内容与赏析标准

赏评内容	赏评标准
习作题目	醒目、匠心独运
能抓住事物的特点	要根据需要（写作目的、读者对象），确定重点，选好想写的事物的不同的方面，详略得当地进行说明
能恰当使用说明方法	合理运用各种说明方法，使文章生动形象，使读者对所介绍事物的认识和理解更深刻
能分段介绍事物的不同方面	段落清晰，每个段落都可以说明事物的一个方面
合理安排说明顺序	在符合认识规律的前下，根据事物的特点采取便于说清楚让人看明白的说明顺序
语言表达	语言要注意质朴、平实、简洁

★第二课时

活动十二：推介分享交流会

1.请同学们把自己代言的事物多读几遍，用学过的修改符号把有明显错误的地方改过来。

2.谁愿意把你参加"缤纷世界推介会"的代言事物分享给大家听？

3.出示"缤纷世界推介会"赏评标准，集体赏评是否达成代言标准。

4.学生互动分享，教师随机梳理指导。

（1）从抓住事物的特点角度，指导将事物代言明白。

（2）从进行分段描写的角度，指导将事物代言明白。

（3）从恰当运用说明方法的角度，指导将事物代言明白。

5.听了同学们的分享与交流，请大家结合自己所写的故事，再次进行修改。也可以同桌交换，互评互改。

6.请小组内分享交流，并推荐一份优秀习作，参加"缤纷世界推介会"。

（张海芳名师子工作室　张春秋）

【单元作业】

单元作业与检测

一、基础性作业

（一）看拼音写词语

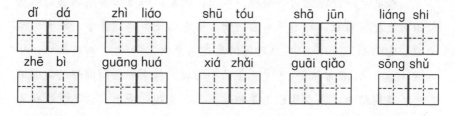

dǐ dá　　zhì liáo　　shū tóu　　shā jūn　　liáng shi

zhē bì　　guāng huá　　xiá zhǎi　　guāi qiǎo　　sōng shǔ

（二）选词填空

轻松　　　轻快

1.松鼠身体矫健，四肢（　　　），从这棵树跳到另一棵树就像人在平地走路一样（　　　）。

宽敞　　　狭窄

2.松鼠会把苔藓踏平、挤紧，使自己的窝足够（　　　），但是窝口很（　　　），勉强可以挤进去。

（三）根据本单元所学，用自己的话简单介绍下列词语含义

驯良：＿＿＿＿＿＿＿＿＿＿＿＿＿＿＿＿＿＿＿＿＿＿＿＿＿＿＿

帽缨：＿＿＿＿＿＿＿＿＿＿＿＿＿＿＿＿＿＿＿＿＿＿＿＿＿＿＿

煤炭：＿＿＿＿＿＿＿＿＿＿＿＿＿＿＿＿＿＿＿＿＿＿＿＿＿＿＿

敏捷：＿＿＿＿＿＿＿＿＿＿＿＿＿＿＿＿＿＿＿＿＿＿＿＿＿＿＿

摄氏度：＿＿＿＿＿＿＿＿＿＿＿＿＿＿＿＿＿＿＿＿＿＿＿＿＿＿

二、发展性作业

（一）课文对对碰

①《太阳》一文介绍了太阳具有＿＿＿＿＿、＿＿＿＿＿、会发热的特点，它和地球的关系十分＿＿＿＿＿，地球上的＿＿＿＿＿和＿＿＿＿＿都是太阳送来的。课文中作者主要用了＿＿＿＿＿、＿＿＿＿＿、＿＿＿＿＿和＿＿＿＿＿的说明方法。

②《松鼠》的作者是＿＿＿＿＿国作家＿＿＿＿＿，作者用＿＿＿＿＿的语言，以形象化描写为手段，每段分别介绍了松鼠的＿＿＿＿＿、＿＿＿＿＿、＿＿＿＿＿、＿＿＿＿＿、＿＿＿＿＿。

（二）课内阅读

《松鼠》片段

松鼠是一种漂亮的小动物，乖巧，驯良，很讨人喜欢。它们虽然有时也捕捉鸟雀，却不是肉食动物，常吃的是杏仁、榛子、榉实和橡栗。它们面容（　　　），眼睛闪闪发光，身体（　　　），四肢轻快，非常（　　　），非常机警。（　　　）的小面孔，衬上一条帽缨形的美丽尾巴，显得格外漂亮。尾巴老是翘起来，一直翘到头上，自己就躲在尾巴底下歇凉。它们常常直竖着身子坐着，像人们用手一样，用前爪往嘴里送东西吃。可以说，松鼠最不像四足兽了。

1.给文段中的括号处选择恰当的词语。（填序号）

A.矫健　　B.玲珑　　C.敏捷　　D.清秀

2.请你写出与"闪闪发光"结构相同的词语：＿＿＿＿＿、＿＿＿＿＿。

3.文段中最能概括松鼠特点的3个词语是＿＿＿＿＿、＿＿＿＿＿、＿＿＿＿＿。这3个词语分别从外形、＿＿＿＿＿两方面做了概括。

4.请用"＿＿＿＿＿"画出这段话的中心句。

5.文中说"松鼠最不像四足兽",其原因是（　　）（多选）。

A.它们的尾巴老是翘起来　　　　B.它们非常敏捷,非常机警

C.它们用前爪往嘴里送东西吃　　D.它们常常直竖着身子坐着

6.试比较下面两种表述,你更喜欢哪一种?为什么?

A.（松鼠）衬一条帽缨形的美丽尾巴,显得格外漂亮。

B.松鼠尾巴蓬松,长16~24厘米,超过体长的一半,密生棕黑色长毛。

___

三、拓展性作业

（一）根据要求完成下列句子练习

1.太阳离我们很远很远。它和我们的关系非常密切。（用关联词连接句子。）

___

2.试着用一种说明方法改写下面这句话:这棵树很粗。

___

3.埋在地下的煤炭,看起来好像跟太阳没有关系,其实离开太阳也不能形成。（用加点词造句）

___

4.松鼠不像山鼠那样,一到冬天就蛰伏不动。它们是十分警觉的。

这两句话运用了做比较的说明方法,说明松鼠的警觉性很高。用这种方法写一个句子:

___

5.它们在树上做窝,摘果实,喝露水,只有树被风刮得太厉害了,才到地上来。（观察加点的词,仿写句子）

___

（二）课外阅读

蛛网奥秘新探

天生蜘蛛是人间的一幸。要是没有那么多的蜘蛛,蚊、蝇及一些令人烦恼的虫子将会异常猖獗。据估计,英国的蜘蛛一年之中消灭的

昆虫，总重量要大于全体英国人的体重。

世界上大约有4万种蜘蛛，七大洲均有分布。大多数的蜘蛛以网立世，凭勤劳和猎技度日。蛛网大小不一，形态各异，似笼、似棚、似钟、似吊床的都有；有圆形的网，也有矩形的和三角形的网。蛛丝是一种骨蛋白，在蜘蛛体内呈液体状，排出体外遇到空气后便硬化为丝。最细的蛛丝只有1／1000000英寸粗，然而它并不如人们想象的那般柔弱，和蛛丝同样粗细的钢丝远没有蛛丝结实。

蛛网是一种奇妙的天然艺术结晶，不少研究人员都企望着能透过那晶莹的蛛丝看到一些新的科学奇观。如今，英国牛津大学的研究人员在蛛网研究上又有了突破。

圆蛛是常见的一种蜘蛛，它常在园子里、树木间结网。这种蛛网由两种类型的蛛丝构成，即干丝和湿丝。网的外沿牵引线和放射状的半径线是干丝，它们基本上不具黏性，只是组成一个大框架，用来固定和支撑猎网。牵引线很粗，可称为主导索。在这个骨架上的那一圈一周的螺旋线是湿丝，它们不仅具有很强的黏滞性，而且也极富弹性，这是一种真正的猎网。蛛网正中心的那一小块地方不具黏滞性，那是蜘蛛休息的地方。干丝弹性不大，经过拉长，长度增加约20％时，它就会断裂。湿丝则大不一样，长度增加3倍，它仍然可以弹回，恢复原状。因此，落网的蚊蝇之类是很难破网而逃的。

湿丝为什么具有那么好的弹性呢？科学家们在扫描电子显微镜下观察，发现蜘蛛的湿丝并不是单丝。湿丝上布有一滴一滴细小的珠状胶粘液体，它的成分80％是水，其余为氨基酸、油类、盐的混合物。更令人惊奇的是，每一滴珠状体内都含有一卷丝线。当蛛网上的猎物挣扎时，那一卷卷丝线随之松开伸直，这就大大增加了丝线的长度。当猎物被网征服以后，蛛丝仍会弹回，又成了线圈。

具有独特构造的蛛丝，堪称是一种精巧绝伦的弹簧。可以预料，这一蛛网奥秘的新发现，将会给仿生学带来贡献。

1.为什么说"天生蜘蛛是人间的一幸"？

2.介绍对蛛网奥秘新的探索，为什么要以圆蛛为例呢？

_____

3.蛛网是由_____和_____这两种类型的蛛丝构成的，它们的作用分别是_____。

4."最细的蛛丝只有1／1000000英寸粗，然而它并不如人们想象的那般柔弱，和蛛丝同样粗细的钢丝远没有蛛丝结实"一句使用了_____和_____的说明方法，作用是_____。

5.科学家对蛛网奥秘新的发现指什么？

_____

[学习资源]

1.补充白鹭的相关资料：如种类、体型、羽毛、颜色、叫声、分布范围、生活习性等。

白鹭，亦称"小白鹭""白鹭鸶"。鸟纲，鹭科。体长约60厘米。全身羽毛雪白，生殖期间枕部垂有长翎两根，背和上胸部分披蓬松蓑羽，其后消失。春夏多活动于湖沼岸边或水田中。好群居，主食小鱼等水生动物。白天觅食于水田、沼泽、池塘，夜间栖息于高大乔木林的树冠上。分布于中国长江以南各地和海南。在中部地区为夏候鸟，在南方多为留鸟。蓑羽可供帽饰用。重庆九龙坡区白市驿镇三多桥村，有我国第一个白鹭自然保护区。

2.出示《中国大百科全书》中相关内容。

松鼠体形细长，体长17～26厘米，尾长15～21厘米，体重300～400克。

松鼠在树上筑巢或利用树洞栖居，巢以树的干枝条及杂物构成，直径约50厘米。

松鼠每年春、秋季换毛。年产仔2～3次，一般在4～6月产仔较多。

3.拓展阅读《少年史》《自然史》(布封)《中国大百科全书》整本书。

第五章　人物单元

第一节　教学建议

人物是写人记事类文章的核心。人物描写的目的是刻画人物的性格，表现人物特点，同时也能更深刻地表达文章的中心。所以，学习理解人物、描写人物是训练学生阅读和写作的重要组成部分。学习理解人物形象和描写人物方法，能够训练学生的语文能力，提升学生的语文素养。在教学中应以"语用"为核心，让学生在充分阅读和个性化理解的基础上，掌握具体表现人物特点的写作方法。

一、培养学生写人能力的教学策略

（一）以理解人物形象为引子，培养学生写人能力

1.学习任务指向培养写人能力

人物主题单元的教学和其他主题单元教学略有不同，最终目标是培养学生习作能力，熟练运用写人的基本方法来表现人物的特点。在教学中应以"能具体写出一个人的特点"作为任务来驱动学生进行学习活动。在教学精读课文时，引导学生发现体现人物特点的语句，然后细读分析，提炼描写人物的方法。在略读课文教学中进一步学习写法，然后在交流平台或习作例文教学中梳理总结描写人物的方法，并进行初步实践。最后通过单元习作进行综合运用实践。

2.学习目标围绕培养写人能力

人物单元最终指向的都是培养学生写作技能，所以在教学人物单元时，从确定单元整体教学目标到每节课教学目标的落实，都应落脚在培养学生习作能力上。

（二）搭建思维支架，让人物形象可视化

"思维支架"指的是在教学时，教师在以问题为基础的学习活动中进行有针

对性的提示，或给学生呈现思维模型，借以指导学生完成思维过程或学习任务。常用的思维支架有：思维导图、结构图、概念图、表格、图片等。在教学中，恰当使用思维支架可以让学生快速有效地抓住关键概念，领会学习方法。比如在教学《人物描写一组》时，可以运用表格通过小组合作学习的方式，让学生发现3个片段之间的联系，体会不同的人物形象，感受具体描写人物的方法。

（三）借助课外资料，使课文中的人物形象更真实

教学中教师要准确了解课文难点，把握学情。有些课文内容距离学生生活较远，学生对相关的人名、事件等了解得非常少。这就导致学生在阅读时会遇到很大的困难，也很难体会到课文中的人物形象。比如《黄继光》《青山处处埋忠骨》《清贫》等，哪怕是写儿童生活的《牛和鹅》，也会因为学生缺乏相应的农村生活而难以理解课文内容。所以在教学中，教师要有针对性地补充背景资料，让学生了解文中人物的生活经历，这样就会扫除学生的阅读障碍。而且学生在接触课外资料的过程中，也会促进学生从不同方面对课文中的人物有更加深入的了解，有效避免在学生心中的人物形象单一化、标签化。

下面就以五年级下册第四单元为例，谈谈其具体的教学策略。

二、具体的教学建议

（一）借助教材编排特点，引导学生由读到写，读写结合

五年级下册第四单元是小学阶段最后一个习作单元。本单元习作要求是"初步运用描写人物的基本方法，具体地表现一个人的特点"。前两篇为精读课文：《人物描写一组》和《刷子李》，这两篇课文都是描写人物的。其中《人物描写一组》编排比较特殊，由3个写人的片段组成，分别是《摔跤》《他像一棵挺脱的树》《两茎灯草》，这和以前学过的有所不同。教学中可以把3篇短文当作一个整体，指导学生进行对比阅读。"交流平台"则依据本单元课文内容，梳理总结了写人的基本方法，即"选用典型事例，把它写具体""用多种方法表现人物的特点"和"间接写出人物的特点"。第三部分是"初试身手"，要求学生观察生活中的同学或家人并写一写他们的特点。第四部分是"习作例文"，选取了《我的朋友容容》《小守门员和他的观众们》，引导学生在具体的文章中进一步总结如何运用具体的方法表现人物特点。在这些练习的基础上，最后安排了习作"形形色色的人"。

从以上概括中不难看出，本单元教材编排体现了由阅读到写作的学习过程，先在课文中学习描写人物的基本方法，然后进行片段练习，最后结合例文进一步理解写作方法。教师在教学中遵循这样的规律，指导学生按照"阅读课文—总结方法—实践练习—最终应用"的步骤进行人物描写训练。

（二）以关键语句为抓手，借助表格梳理人物描写的方法

学生在以往的学习中，已经有了通过描写人物的语句体会人物心情、品质的经验。在教学本单元时，教师可以给学生充分的时间，让学生自主阅读课文。比如在教学《人物描写一组》时，在学生初读课文的基础上，可以借助表格作为思维支架，让学生带着"3个片段中的人物分别给你留下了什么印象""你是从哪些语句体会到的"这两个问题阅读课文，边读边批注，再和同学交流完成表格。

表 3-5-1　人物的描写方法与特点

人物	描写方法	特点	关键词句
嘎子	动作描写		手疾眼快、蹦来蹦去
祥子		健壮有力	
严监生		吝啬	

教师指导学生找到这些片段中描写人物动作、外貌的语句细细品读，体会人物的特点。从动作描写中，体会到小嘎子的机灵；从外貌描写中，体会到祥子的健壮和活力；从动作描写中，体会到严监生的极度吝啬。

（三）勾连单元内容，从整体上总结表达方法

本单元"交流平台"与课文联系十分密切，在教学中应该紧紧抓住这一点，将课文与单元中其他内容密切勾连，引导学生从单元整体上进行回顾总结，梳理出描写人物的具体方法及作用。

比如在学《刷子李》时，教师可以引导学生思考：《刷子李》和《人物描写一组》两篇课文在具体表现人物特点上用了哪些类似和不同的方法？进而让学生了解《刷子李》一课，除了动作、外貌，还介绍了主要人物的语言以及旁观者的心理和感受，让学生明白还可以从侧面描写表现主要人物的特点。

（张海芳名师工作室　陈波）

第二节　备课举例

【课标分析】

《义务教育语文课程标准（2022年版）》与本单元内容有关的第三学段"表达与交流"的要求："养成留心观察周围事物的习惯，有意识地丰富自己的见闻，珍视个人的独特感受，积累写作素材。"本次习作单元中的课文直接指向表达，强调在阅读中学会表达方法，最终落脚到提高学生习作能力上。

从课程内容组织与呈现方式上看，本单元属于"发展型学习任务群"中的"实用性阅读与交流"学习任务群。该任务群提出了和本单元有关的内容："观察思考、日常生活，阅读写人叙事的优秀文本，学习通过口头表达，书面叙写，与他人交流身边令人感动、难忘的人和事。"

课标中提到，学习活动可以采用朗读、复述、游戏、表演、讲故事、情景对话、现场报道等学生喜闻乐见的形式，将识字、写字、阅读、写作、口语交际、搜集处理信息等融为一体；应加强对跨媒介阅读与交流的指导，充分利用数字资源和信息化平台，引导学生提高语言理解与运用能力，逐步增强语言表达的准确性、规范性。

【教材分析】

本单元为习作单元，语文要素是"学习描写人物的基本方法"，习作要求是"初步运用描写人物的基本方法，具体地表现一个人的特点"。本单元在上一单元的基础上，引导学生进一步学习写人的方法，即选择典型事例，通过对人物语言、动作、外貌、神态、心理等的细致描写，具体地表现人物的特点。

基于以上要求，本单元编排了《人物描写一组》《刷子李》两篇精读课文和《我的朋友容容》《小守门员和他的观众们》两篇习作例文，以及单元作文"形形色色的人"；"交流平台""初试身手"安排在精读课文与习作例文之间。

《人物描写一组》一课由3个片段组成，分别是《摔跤》《他像一棵挺脱的树》《两茎灯草》，分别节选自小说《小兵张嘎》《骆驼祥子》《儒林外史》。这3个片段，从不同的角度描绘出了鲜明的人物特点：《摔跤》主要通过动作描写，表现了小嘎子机灵敏捷；《他像一棵挺脱的树》主要通过外貌描写，表现了祥子身材健壮，生命力旺盛；《两茎灯草》主要通过极具讽刺性的故事情节和细致入微的动作描写，刻画了极度吝啬的严监生。《刷子李》一文，主要通过刷子李的动作、语言，及徒弟曹小三的行为与心理变化，从正面与侧面写出了刷子李精湛的技艺。

"交流平台"的内容与这几篇课文密切联系，引导学生深入掌握写人的基本方法，帮助学生联系以往的学习经验，梳理、总结具体表现人物特点的基本方法。

"初试身手"设计了可供选择的两个任务。第一个任务，在课间十分钟，通过观察一名小学生，尝试利用学过的写人的方式进行练写；第二个任务，分析家人的特点，列举出能表现他们特点的典型事例。教材旨在指导学生进行写法实践，在实践活动中学会应用，为单元习作做好准备。

两篇习作例文为《我的朋友容容》《小守门员和他的观众们》，作者从不同的角度示范了写人的方法，并以批注的形式引导学生进一步体会表达效果。单元习作则要求学生选择典型事例，并通过描写语言、动作、外貌、神态、心理状态等，从正面和侧面具体地表现一个人的特点。

【学情分析】

五年级学生已有较丰富的阅读经验和较强的阅读能力，在阅读中也认识了不少文学作品中的人物。从三年下册第六单元开始，每一册教材都有引导学生关注人物的内容编排，所以学生在"描写人物的基本方法"和"具体表现人物的特点"方面有较好的基础。本单元教学旨在引导学生明确描写方法，进行习作训练，由读到写，提升学生语文素养。

【单元目标】

基于本单元文本特点、语文要素、核心任务，结合学生的实际情况，把本单元的学习目标确定为：

1.正确读写本单元的生字词，通顺、流利、有感情地朗读课文。

2.了解可以通过语言、动作、外貌、神态以及侧面描写等表现人物的特点，并能结合相关语句，体会人物特点。

3.能结合例文和批注，归纳、交流写人的基本方法，并试着用这些方法写一写身边的人。

4.在文学习作中，能选择典型事例，并通过描写人物的语言、动作、神态、外貌、心理状态等，具体地表现人物的性格特点。

【单元评价】

1.通过词语检测、指名朗读和齐读等多种方式检测学生的生字生词掌握情况，达成单元目标1。

2.通过学生在课堂上的交流、小组合作学习活动参与度、做批注的情况等，评价教学目标2的达成情况。

3.通过开展"我是'他'的代言人"习作分享活动，评价学生是否能结合例文和批注，运用写人的基本方法，达成目标3和目标4。

4.通过单元习作检测，评价习作目标达成度，达成目标4。

【问题系统】

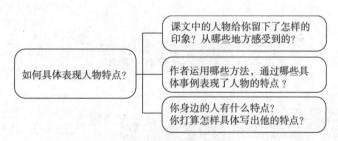

图 3-5-1 如何具体表现人物特点

【单元规划】

本单元具体内容见下表：

表 3-5-2 人物单元的具体内容

教学内容	核心任务	课时目标	课时安排
《人物描写一组》	抓取典型事例，表现人物特点	1.分别找一找3个片段中描写人物的语句，感受人物特点 2.小组合作讨论：3个片段分别用什么方法具体地表现了人物的特点 3.尝试运用本课学到的方法，写一写自己身边的人	2课时

续表

教学内容	核心任务	课时目标	课时安排
《刷子李》	抓取典型事例，表现人物特点	1.细读具体语句，了解刷子李的人物特点 2.关注其他人物，抓住细节，梳理曹小三的心理变化线索 3.完成"初试身手"中的小练笔	2课时
习作例文与习作		1.回顾本单元课文，总结归纳具体表现人物特点的方法 2.自主阅读"习作例文"，结合习作要求，探讨怎样选择典型事例 3.完成习作提纲，进行习作实践	1课时

本单元的导语：字里行间众生相，大千世界你我他。

语文要素：学习描写人物的基本方法。初步运用描写人物的基本方法，具体地表现一个人的特点。

核心任务：学习描写人物的基本方法，选择典型事例，通过语言、心理、动作、外貌、神态等，具体地表现一个人的特点。

单元架构见下图：

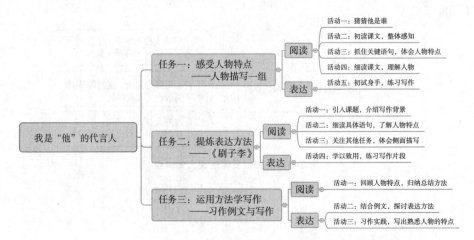

图 3-5-2　人物单元的单元架构

【单元备课】

任务一：感受人物特点
——《人物描写一组》

★第一课时

（一）学习目标

1.正确识记本课"嘎、绊"等10个生字，读准多音字"监"，会写"手疾眼快、绊子"等词语；能够正确、通顺、流利地朗读课文。

2.通过小组合作学习，能结合前两个片段中的重点语句，体会并说出人物的特点。

3.初步了解可以通过人物的动作、外貌等表现人物特点，体会表达效果。

（二）学习重点

能结合3个片段中的重点语句，体会并说出人物的特点。

（三）学习难点

了解可以通过人物的动作、外貌等表现人物特点，体会表达效果。

活动一：游戏激趣，初识单元重点

1.游戏规则：找一位同学，随机说一说某位同学的语言、动作和外貌等。其他同学猜猜这是哪位同学，并且说一说是怎么猜出来的。

小结：如果能准确描述同学的特点，我们就容易猜得出来，如果没有写出同学的特点，就不太容易猜。那怎么才能更好地表现出人物特点呢？这节课一起学习《人物描写一组》。齐读课题，思考这个题目和以前学过的有什么不同？

引导：这节课我们就一起学这3篇短文，看看它们是怎样描写人物的。

活动二：初读课文，整体感知

1.引导：这组课文由哪3个片段组成？每一篇的主要人物分别是谁？（学生交流）

《摔跤》《他像一棵挺脱的树》《两茎灯草》，主要人物分别是嘎子、祥子和严监生。

教师抓住时机纠正"监生"的读音和意思。"监生、国子监"读jiàn，"监督、监护"读jiān。

2.引导：这3个片段分别选自哪本小说？读过或搜集过相关资料的同学交流一下。

学生交流3个片段的出处，教师适当补充《小兵张嘎》《骆驼祥子》《儒林外史》3部小说的大致情节。

3.课件出示词语，同学领读。老师及时纠正读错的词语。引导：仔细观察每组词语，你发现了什么？

第一组：叉着腰　蹦来蹦去　推拉拽顶　下冷绊子

第二组：挺脱　直硬的背　圆脸　红扑扑

第三组：摇了几摇　越发指得紧　指着不动　把手垂下

学生交流：第一组写嘎子的动作，第二组写祥子的外貌，第三组写严监生的动作。

小结：这3个片段就是从不同的方面关注了人物的动作、外貌，从而表现出人物的特点。

活动三：抓住关键语句，体会人物特点

1.下面请大家快速默读课文，思考3个片段中的人物分别给你留下什么印象？从哪些语句体会到的？可以边读边画或者写写批注。（小组内讨论）

预设：嘎子灵活机敏；祥子体格强健；严监生吝啬。

如果学生认为严监生是节约。教师引导：吝啬就是过分爱惜自己的财物，严监生过分到什么程度？从短文中找找相关句子。严监生临死前还不舍得烧两茎灯草的典型事例，体现出他吝啬的特点。还可以去读一读《儒林外史》，了解人物背景。

2.引导：仔细阅读《摔跤》，画一画描写嘎子和小胖墩动作描写的句子，想一想他们的动作怎么样？

①起初，小嘎子抖擞精神，欺负的对手却傻大黑粗，动转不灵，围着他猴儿一样的身体蹦来蹦去，总要使些巧招，下个冷绊子，似乎很快就占了优势。

演一演，从哪些动作中看出嘎子灵活敏捷，小胖墩动作笨拙、力气大？两名学生上台表演这句话中描写的场景，其他同学边看边思考。

学生交流："傻大黑粗、动转不灵"看出小胖墩动作笨拙；从"猴儿似的蹦来蹦去、下冷绊子"看出嘎子动作机灵。

②小胖墩儿膀大腰粗，一身牛劲儿，任你怎样推拉拽顶，硬是扳他不动。

引导：这句话中写了嘎子的几个动作？（推拉拽顶）课文把嘎子想把小胖墩摔倒的大动作分解成了4个小动作，嘎子可能还有哪些动作？

学生交流：可能还有拽、摔、绊、抱等很多动作。

小结：《摔跤》这个片段主要运用了动作描写，表现了嘎子的动作灵活机灵和小胖墩的笨拙力气大。可见，巧妙运用恰当的动作描写可以体现人物的特点。

3.引导：那么，外貌描写是怎样突出人物特点的呢？我们一起来看看《他像一棵挺脱的树》，运用刚才使用的学习方法，小组合作，画出外貌描写的句子，在小组内交流。

学习反思：刚才，我们一起自主学习了第二个片段，来，说说你的学习收获吧。

小结：可以用多种方法来表现人物的特点，比如描写人物的神态、语言、动作等，这样可以更加具体地表现人物特点，使人物形象更加鲜活生动。

★ **第二课时**

（一）学习目标

1.能结合《两茎灯草》中的重点语句，感受严监生的吝啬。

2.能够结合"交流平台"，梳理归纳出写人的基本方法。

3.能够结合"初试身手"，尝试写出同学或家人的特点。

（二）教学重难点

能够结合初试身手，尝试写出同学或家人的特点。

活动四：细读课文，理解人物

1.引导：默读课文，你觉得严监生是一个怎样的人？找一找依据，画出相关的语句，然后用一两个词语概括严监生的特点。

学生：有钱、小气的人。

2.引导：严监生此时身体状况怎么样？（很差，快死了）一个将死之人，最可能惦念的是什么？

学生：亲人、孩子、钱财等。

师：严监生惦记的是这些吗？（不是）从哪里看出来的？

学生：把头摇了两三摇、又狠狠摇了几摇、指得越发紧了、把眼闭着摇头。

师：这些都是动作描写，我们从这些动作看出严监生惦记的既不是亲人也不是钱财，那他惦记的是什么？

学生：两茎灯草。

引导：难道严监生家里真那么穷吗？请看《儒林外史》中提到的严监生的家产。（课件出示：这严致和是个监生，家里就有十几万银子。真个是钱过北斗，米烂陈仓，阡陌成群，牛马成行。）这么有钱的人，到了生命最后一刻仍然惦念灯草。作者选取了这样一个典型的事例，再加上对严监生动作细致入微的描写，一个活脱脱的吝啬鬼便呈现在我们面前。

小结：看来，要表现人物的特点不仅要具体描写动作、外貌等，还要尽量选取典型事例。

活动五：初试身手，练习写作

引导：生活中你熟悉的人有很多，他们也是各有特点，想一想哪些事例可以表现他们的特点，写一写，然后和同桌互相交流。

学习反思：同学们，读了这组课文，你都有哪些收获？

（陈波子工作室　柳虎成）

任务二：提炼表达方法
——《刷子李》

（一）学习目标

1.认识"傅、浆"等生字，会写"粉刷、师傅"等词语；能够通顺流利地朗读课文。

2.能够结合课文相关语句，体会刷子李技艺高超的特点。

3.梳理总结表现人物特点的基本方法，了解还可以通过从侧面描写表现人物特点，并体会其中的表达效果。

（二）教学重点

能够结合课文相关语句，体会刷子李技艺高超的特点。

（三）教学难点

梳理总结表现人物特点的基本方法，了解还可以通过侧面描写表现人物特点，并体会其中的表达效果。

活动一：引入课题，介绍写作背景

引导：前几节课，我们认识了动作灵活的嘎子、身体健壮的祥子和极度吝啬的严监生。今天我们要了解一位完全不一样的手艺人，他就叫刷子李。齐读课题。读了这个题目，你有什么疑问？

学生交流：为什么叫"刷子李"？他是干什么的？他有什么特点？

小结：这篇课文选自著名作家冯骥才的短篇小说集《俗世奇人》。这本书记录了清末民国初年天津码头的奇人异事。天津人很爱把拿手的本事与他的姓连在一起称呼。比如，有一个姓张的人捏泥人非常厉害，所以人们都叫他"泥人张"。

活动二：细读具体语句，了解人物特点

1.学生自由朗读课文，读通句子，了解课文的主要内容。从哪些语句中可以看出刷子李技艺高超？画出相关句子。

①最让人叫绝的是，他刷浆时必穿一身黑，干完活，身上绝没有一个白点。别不信！他还给自己立下一个规矩，只要身上有白点，白刷不要钱。

师：穿上一身黑衣，刷白浆，但身上绝对没有一个白点。你信不信有这样的人？为什么？

预设：不太相信，因为这太难了。

师：刷子李还为自己立了个规矩，就是如果身上有小白点，就白刷不要钱。他为什么要立这个规矩呢？

预设：自信，知道自己有这个本事。

小结：从这些奇特的规矩中，我们可以体会到刷子李不仅技艺高超而且非常自信。

②只见师傅的手臂悠然摆来，悠然地摆去，就如同伴的鼓点，和着琴声，每一摆刷，那长长的带浆的毛刷就在墙面上啪的脆生了一响，极是好听。

师："摆"是写刷子李的动作，如果把前面的"悠然"去掉，改成"只见师傅的手臂摆来摆去"在表达效果上有何不同？

预设：有"悠然"更能看出刷子李动作轻松自如，表现出他技艺高超。

小结：从"悠然摆来，悠然摆去""如同伴着鼓点，和着琴音"可以体会到刷子李动作优美娴熟，干脆自如，这些动作描写让我们感受到刷子李刷墙的技艺高超。

③但刷子划过屋顶，立时匀匀实实一道白，白得透亮，白得清爽。啪啪声里，一道道浆，衔接得天衣无缝，刷过去的墙面，真好比平平整整打开一面雪白的屏障。

师：哪些词语看出刷墙效果好？

预设："匀匀实实、透亮、清爽、天衣无缝、雪白的屏障"等词语看出刷子李刷墙效果非常好。

小结：这也从侧面体现出了刷子李刷墙的本领确实高超。作者通过描写刷墙的动作和效果表现人物形象——技艺高超。他真可以算得上是个奇人了。

2.引导：前几节课学过的描写人物的方法有哪些？冯骥才先生是怎么写出刷子李技艺高超的特点的呢？

果然一身黑衣黑裤，一双黑布鞋——外貌描写

只见师傅的手臂悠然摆来，悠然摆去——动作描写

刷子李忽然朝他说话："小三，你瞧见我裤子上的白点了吧？你以为师傅的能耐有假，名气有诈，是吧。傻小子，你再仔细瞧瞧吧？"——语言描写

小结：作者用了多种方法表现刷子李的技艺高超，下节课我们继续关注本课的另一个人物曹小三，继续研读作者表现人物特点的方法。

★第二课时

（一）学习目标

1.能够结合课文内容梳理曹小三的心理变化过程。

2.了解通过描写他人的反应表现主要人物特点的方法，并练习写作片段。

（二）教学重难点

了解通过描写他人的反应表现主要人物特点的方法。

活动三：关注其他人物，体会侧面描写

1.引导：除了刷子李，这篇课文还有另外一个人物曹小三，读读描写曹小三的语句，想一想作者描写曹小三和前面描写刷子李所用的方法有什么不同？

学生：描写曹小三主要用了心理描写的方法。

2.再读课文，仔细找一找课文中曹小三心理的关键词语。完成曹小三心理变化图。

开始，曹小三听说师傅的绝活，他一直＿＿＿＿＿＿；当看到刷子李把墙刷得平整雪白时，他心里对师傅充满了＿＿＿＿＿＿；然后他不小心看到师傅裤子上的小白点，不由得＿＿＿＿＿＿；最后他得知那个白点是裤子上的小洞时，对师傅由衷＿＿＿＿＿＿。

小结：作者详细描写了曹小三从半信半疑到崇敬再到质疑，到最后由衷佩服的心理变化，从而反映出刷子李的高超技艺。通过描写周围人的反应也能体现主要人物的性格特点，这就叫侧面描写。

活动四：学以致用，练习写作片段

1.引导：我们在前面的学习中了解了要写好一个人物，写出人物的特点，不仅要细致观察，还要巧妙运用一些写人的基本方法，比如动作描写、语言描写、外貌描写、侧面描写等。相信同学们的生活中也有很多像刷子李这样特点鲜明的人，请从课本第67页"初试身手"里选取其中一个进行写作。写作之前先想一想这人有什么特点，你打算用哪些方法写出他的特点，想好以后就可以开始写。

2.学生可以自己随作文小练笔，由老师做个别指导。

（陈波子工作室　王媛媛）

任务三：运用方法写人物
——习作例文与习作

（一）学习目标

1.能结合例文和批注，进一步感知写人的基本方法。

2.能选择典型事例，通过描写语言、神态、动作、外貌、心理等，具体地表现人物的特点。

（二）教学重难点

能选择典型事例，通过描写语言、神态、动作、外貌、心理等，具体地表现人物的特点。

活动一：回顾人物特点，归纳总结方法。

1.引导：回想本单元的课文，我们认识了哪些人物？他们各有什么特点？

学生：聪明机灵的嘎子，身体健壮的祥子，技艺高超的刷子李。

2.作者通过哪些方法表现了他们的特点？

学生：作者运用了动作描写、外貌描写、语言描写、心理描写、侧面描写等写出了他们的特点。

小结：对，这就是常用的描写人物的基本方法，我们今天的习作就要用到这些方法。

2.引导：在作家笔下的人物特点鲜明，给我们留下了深刻的印象，其实在我们的身边也生活着许多形形色色的人，比如小区里每天锻炼身体的爷爷奶奶；校园里熟悉的老师、同学们；还有超市里常见的售货员阿姨等。在这些人里，一定有你印象深刻的一个，我们来交流一下。

师：今天我们就来写写他们。（出示作文题目）

活动二：结合例文，探讨表达方法

1.人和事是密不可分的，一个人往往在做事以及和他人的交往中，会表现出独特的性格特点。所以，要表现人物的特点还要选择典型的事例。自由读习作例文《我的朋友容容》，说说容容有什么特点？课文是通过哪些典型事例表现出来的？

预设：容容给"我"取报纸表现了她助人为乐、忠于职守的特点；给"我"寄信，则表现了她好奇、天真、活泼可爱的特性。

2.看来，要表现人物的特点，除了要学习描写人物的基本方法，选取典型事例也很重要。打开课本第72页，认真阅读中间部分，思考：这四个事例中，哪些能体现叔叔记忆力超群的特点？

预设：事例一，他在读完了一本故事书之后，就能把里面所有的细节都记住下来；事例四，那幅地图他只看了一遍，就能一点不差地画下来。这两个事例表现出叔叔记忆力超群的特点。

小结：像这样，能够直接表现人物特点的典型事例要详写，其他事例可以略写。

3.找到了典型事例，安排好了详略，我们还要把人物写得更具体。仔细读一读第二篇习作例文《小守门员和他的观众们》，并结合批注思考：这篇例文里使用了哪些描写人物的方法？

预设：对小守门员动作、神态的描写表现了他尽职尽责的特点；对观众们外貌、神态、动作的描写，侧面表现了比赛很激烈。

小结：通过本单元的课文和习作例文，我们了解了选择具体事例，通过人物的动作、语言、神态、心理描写等把人物的特点写具体的方法。

活动三：习作实践，尝试刻画人物

师：接下来赶快拿起你手中的笔，借助习作提纲，运用本单元所学的描写人物的基本方法，把你心中特点鲜明的人物写出来吧！

小结：好的文章，是经过无数次修改才得来的。完成习作后可以读给同学听一听，根据交流情况再次修改自己的习作。相信掌握了这些写人的方法，你笔下的人物也可以栩栩如生，跃然纸上。

（陈波子工作室 王芳）

【单元作业】

单元作业与检测

一、基础性作业

（一）读拼音，写词语

gé jú　　hóu lóng　　xián jiē　　píng zhàng　　sōu suǒ

（二）"绝"字在字典中有以下解释

①独一无二的，无人能及的；②断；③一定，无论如何；④极，极端的。请给下面句子中的"绝"字选择正确的解释，把序号填到后面的括号里。

最让人叫绝（　　）的是，刷子李刷墙时必穿一身黑，干完活，身上绝对（　　）没有一个白点。这是刷子李的绝活（　　），现在已经绝迹（　　）了。

（三）根据本单元所学知识填空

本单元中特点鲜明的人物给我们留下了深刻的印象，从_____描写中，我感受到了小嘎子的机灵；从外貌描写中，我体会到祥子_____；从_____描写中，我又认识了吝啬的严监生和_____的刷子李。

（四）请结合下面的四字词语，用一两句话，具体写出人物的动作、外貌和心理

眼疾手快：_____

鹤发童颜：_____

半信半疑：_____

二、发展性作业

（一）结合本单元学到的知识，分析以下人物描写的语句

1.他头上是一顶破毡帽，身上只一件极薄的棉衣，浑身瑟缩着；手里提着一个纸包和一支长烟管，那手也不是我所记得的红活圆实的手，却又粗又笨而且开裂，像是松树皮了。

这里运用了_____描写，表现了他_____。

2.说时迟，那时快。那个摔倒在地上的运动员，手一撑，脚一跐，猛地爬了起来。左脚尖顶住起跑线，膝盖一弯，稳稳地蹲着。两手就像两根木柱插在地上，整个身体微微前倾，那架势，就像一只起飞的雄鹰。

这里运用了_____描写，表现了运动员_____。

3.他两眼发直，连连自语，又惊又怕，双腿也不听使唤，像筛糠似的乱颤起来。

这里运用了_____描写，表现了他_____。

（二）我会阅读

认　牙

治牙的华大夫，医术可谓顶天了。您朝他一张嘴，不用说哪个牙疼、哪个牙酸、哪个牙活动，他往里瞅一眼全知道。他能把真牙修理得赛假牙一样漂亮，也能把假牙做得赛真牙一样得用。他哪来的这么大的能耐，费猜！

华大夫人善、正派、规矩，可有个毛病，便是记性差，记不住人，见过就忘，忘得干干净净。您昨天刚去他的诊所瞧虫子牙，今儿在街头碰上，一打招呼，他不认得您，您恼不恼？要说他眼神差，他从不戴镜子，可为吗记性这么差？也是费猜！

后来，华大夫出了一件事，把这两个费猜的问题全解开了。

一天下晌，巡捕房来了两位便衣侦探，进门就问，今儿上午有没有一个黑脸汉子到诊所来？长相是络腮胡子，挨着右嘴角一颗大黑痣。华大夫说："记不得了。"

侦探问："您一上午看几号？"

华大夫回答："半天只看六号。"

侦探说："这就奇了！总共一上午才六个人，怎么会记不住？再说这人的长相，就是在大街上扫一眼，保管也会记一年。告明白你吧，这人上个月在估衣街持枪抢了一家首饰店，是通缉的要犯，您不说，难道跟他有瓜葛？"

华大夫平时没脾气，一听这话登时火起，这气极的样子活像一个马上就要爆炸的气球。"啪！"一拍桌子，拔牙的钳子在桌面上蹦得老高。他说："我华家三代行医，治病救人，从不做违背良心的事。记不得就是记不得！我也明白告诉你们，那祸害人的家伙要给我瞧见，甭你们来找我，我找你们去！"

两位侦探见牙医动怒，龇着白牙，露着牙花，不像装假。他们迟疑片刻，扭身走了。

天冷了的一天，华大夫真的急慌慌跑到巡捕房来，他说那抢首饰店的家伙正在开封道上的"一壶春酒楼"喝酒呢！巡捕闻知马上赶去，居然把这黑脸巨匪捉拿归案了。

侦探说："华大夫，您怎么认出他来的？"

华大夫说："当时我也在'一壶春酒楼'吃饭，看见这家伙正跟人喝酒。我先认出他嘴角那颗黑痣，这长相是你们告诉我的，可我还不敢断定就是他，天下不会只有一个嘴角长痣的，万万不能弄错！但等到他咧嘴一笑，露出那颗虎牙，这牙我给他看过，记得，没错！我便赶紧报信来了！"

侦探说："我还是不明白，怎么一看牙就认出来了呢？"

华大夫哈哈大笑，说："我是治牙的呀，我不认识人，可认识牙呀！"

侦探听罢，惊奇不已。

1.华大夫哪些事令人费猜？请逐条列举出来。

_____

2.文中画"～～"的句子，作者运用了____的写法，将华大夫比作了____，突出了华大夫当时的____的心情。我也能用这样的写法，将文中画横线部分填充完整，写出人物的动作、语言或神态等，体现出人物当时内心活动。

3.选文主要通过_____、_____描写，为我们塑造了一个_____的华大夫。请你仿照这样的描写手法，写一个场景来表现一个人的性格特点吧！

（三）拓展阅读

推荐大家利用课余时间阅读冯骥才的《俗世奇人》，进一步感受特点鲜明的人物。可以学习其中的表达方法，写一写自己熟悉的人。

【学习资源】

拓展阅读作家出版社出版的《俗世奇人》。

第六章　童话单元

第一节　教学建议

童话充满神奇的想象，拟人与夸张是童话最常用的表现手法。作家通过拟人手法，给花草树木、鸟兽虫鱼赋予生命，让他们拥有人类的表情、动作、语言、思想，和人类一样知冷暖、懂喜乐。通过鲜活的语言，为儿童的语言发展提供源泉，激发其想象力和创造力。教学中，我们可以多角度品味语言、发展语言能力。

童话学习能激发儿童阅读兴趣、陶冶情操、培养创造性思维。童话文体主要有以下特征：一是童话有着丰富的想象，没有想象就没有童话故事；二是童话蕴含着一个道理或启示；三是童话塑造了很多鲜明的形象；四是童话的情节曲折生动、引人入胜。汪潮教授在《不同文体教学》一书中指出："文学作品具有3个层次：语言符号—文学形象—文学蕴含。"因此，我们在教学童话单元时，要用契合童话文体特征的方式，以教材当例子，激活学生丰富的想象，学习掌握阅读童话的一些方法。

一、围绕语文要素，精准定位单元目标

本单元的语文要素要求我们落实"想象丰富"的特点，这也充分体现了统编教材语文要素教学的序列性、阶梯性。一二年级学生读童话时，更多的是从感性方面去感受童话有趣的情节与蕴含的道理；到了三年级，童话作为文体单元出现时，我们应该重点关注童话最重要的特点——丰富的想象；四年级下册，童话单元要求：感受童话的奇妙，体会人物真善美的形象。前后勾连，可以明确把握本单元童话阅读的教学目标——丰富的想象。

本单元包含两篇精读课文、两篇略读课文，它们分别从不同角度，引导学生感受童话丰富的想象。《卖火柴的小女孩》通过问题引领学生展开想象，走进小女孩丰富的内心世界；《在牛肚子里旅行》作者设计让学生通过画出红头旅行的路线复述故事，感受新奇的想象；《那一定会很好》课前导读，让学生用自己的话，说说从一粒种子到阳台上的木地板的生命历程；《一块奶酪》围绕蚂蚁队长吃与不吃奶酪来想象编故事。"交流平台"引导学生回顾前面学到的四篇课文，梳理童话的特点，掌握童话阅读与习作的策略——展开丰富的想象。

这样的编排，教学目标更加凸显童话文体的特点，教学内容更加集中、更为聚焦，指向一致，层层推进，浑然一体。

二、培育想象思维，展开丰富想象

1.角色扮演，激发想象兴趣

学生天生就有扮演的天分，童话中生动的人物形象、活泼的情节设置，本身就很适合扮演。比如，在《在牛肚子里旅行》可以引导学生带上头饰把自己想成童话中的角色，想象自己在红红的舌头和两排大牙交错之间，被黏黏的唾

液包围着拼命地叫，拼命地喊，表演出青头蟋蟀的着急与机智，也品出了红头蟋蟀惊吓、欢喜的心情。边想象边读边表演，读着读着就把自己读成了故事中的角色，在与角色的对话中，感受作者脑洞大开的奇思妙想。

因此，在童话教学中，适当地设置学生角色扮演、即兴表演的环节，让学生直观感受到形象思维，从而激发学生的想象欲望，提高学生的想象兴趣。

2.紧扣特点，搭建想象支架

反复是童话最基本的特点，童话中反复的情节一再出现，一波三折，这种波折不断地冲击学生的心灵，引发想象空间。教材中选取的四篇文章皆有反复的特点，可以引导学生共同学习，体会想象的乐趣。《卖火柴的小女孩》一课，根据文本内容，课堂作业单可以设置这样的问题：小女孩几次擦燃火柴，分别看到了什么，表达了怎样的愿望？先鼓励学生自主学习，层层剥茧找出答案。然后小组合作分享交流，在不断地寻找、补充、交流的过程中，组内形成统一、合理的问题答案，促进逻辑思维的发展。可以设置这样几个板块：（1）画句子，找场景。让学生画出相关的句子。（2）读句子，想象场景。学生找到小女孩划了5次火柴看到的不同场景后，引导他们有感情地朗读，走进女孩内心，体会她对火炉、烤鹅、圣诞树以及奶奶的渴望。（3）想愿望，谈感受。说一说自己印象最深刻的一幕，一边交流一边在头脑中想象画面，把一幕幕场景读成连续的动画。最后还可以问一问：你觉得作者是怎么把故事情节想得这么神奇？学生通过再次品读，找到作者五次擦燃火柴看到的事物，以及火柴中的不同场景，写出了小女孩愿望的变化。在一次次画句子、读句子中反复想象，为学生搭建了想象的支架。

3.文本对话，拓宽想象渠道

童话主要采用拟人、夸张、颠倒、象征等表现手法。结合学段和文本，本单元需要学习的是拟人和夸张两种手法，帮助学生体会童话丰富的想象。《在牛肚子里旅行》是一篇认知类科普童话，教学中引导了学生感受红头蟋蟀惊险神奇的旅行后，问学生：你佩服编故事的人吗？佩服他哪几点？将学生的思维引领到新的高度。学生经过思考、探讨，逐渐明晰张之路先生不是在胡乱编故事，而是依据科普知识和角色的特点来编的，他知道牛有4只胃、牛吃食有反刍的现象。再比如《那一定会很好》，我们可以补充背景资料，了解作者流火当时的真实想法，从而更好地感受童话丰富的想象。作者曾是一名小学语文教师，和我们是同时代的人，他和我们一样，小学时想象初中会更好，初中时想象高中会更好，高中时又想象大学会更好……其实每个阶段都有每个阶段的好，活在当下、做好当下的事最重要。童话中，作者正是根据自己成长的经历，想象出从一粒种子到木地板的历程。

与作者对话，学生知道想象要有依据，编童话时要依据角色特点进行想象，也可以根据科普知识合理想象，还能根据生活经历创造性想象，拓宽想象渠道，让想象千变万化。

4.读写结合，训练想象方法

教学过程中要依据每堂课的教学重点，设计语用环节，读写结合，以读促写。本单元教学要求是：感受童话丰富的想象，试着自己编童话、写童话。编童话是本单元的难点。学生正处于三年级第一学期，刚刚从第一学段的"写话"过渡到第二学段的"习作"。想通过课文的学习，让学生创造出一篇生动、有趣、个性化的童话几乎是不可能的，基于此，在教学设计过程中，可以将童话创作的各个要素融合进每堂课中，最后汇总成一篇童话故事。大致思路为：

童话丰富的想象——调动学生的想象力，天马行空写一个片段或主题；

童话的形象类型——给童话设计超人形象；

童话的结构特点——设计童话一波三折的情节；

童话的表现手法——采用拟人、夸张让童话更有意思；

童话的本质精神——为童话编选恰当的道理。

最后设置一节修改课，引导学生用本单元学习的3种修改符号，修改自己的童话。

5.凝练总结，提升想象能力

童话的本质是对世界至善至美的期待，因此，童话的教学不仅要让学生获得认知的提升，更要关注学生精神的成长，让学生感受乐观、温情与爱。《在牛肚子里旅行》主旨在友情，《那一定会很好》主旨在奉献，《一块奶酪》主旨在守纪，皆符合童话的本质精神，可以合并学习，温暖学生的心灵。为此，我们可以教育并引导学生绘制每课的思维导图，也可以绘制单元思维导图，帮助学生进一步培育思维生长，不断提升想象能力。

6.多元评价，培育想象思维

通过课后作业反馈的问题进行教学反思，通过生生评价、师生评价、自己评、小组评等多种方式检查学习效果，培育想象思维，养成良好的阅读习惯。

（张海芳工作室成员　王丽娟）

第二节　备课举例

【课标分析】

从课标具体分析，与本单元内容有关的"阅读与鉴赏"课程目标为：能初步感受作品中生动的形象和优美的语言，关心作品中人物的命运和喜怒哀乐，并与他人交流自己的阅读。

从课程内容组织与呈现方式上看，本单元属于"文学阅读与创意表达"学习任务群，该任务群与本单元内容有关的第二学段的学习内容为：阅读富有想象力和表现力的儿童文学作品，欣赏富有童趣的语言与形象，感受纯真美好的童心，学习用口头或者图文结合的方式创编儿童诗和有趣的故事，发展想象力。

该任务群对与本单元内容有关的第二学段的学习提示为：（1）注意整合听说读写，引导学生综合运用朗读、默读、诵读、复述、评述等方法学习作品；（2）鼓励学生在口头交流和书面创作中，运用多样的形式呈现作品，发挥自己的创造性；（3）引导学生成长为主动的阅读者、积极的分享者和有创意的表达者；（4）评价应围绕学生阅读文学作品的过程性表现进行。第二学段在阅读全文基础上，侧重考查学生对重要段落和语句的理解，以及对作品的语言和形象的具体感受。

【教材分析】

单元导语页呈现了本单元的两个语文要素。第一个语文要素是"感受童话丰富的想象"。想象是童话最主要的特点。本单元引导学生采取不同的方法展开丰富的想象，感受童话的魅力。第二个要素是"试着自己编童话，写童话"。本要素指向习作训练"我来编童话"让学生自己选择角色、时间、地点想象创编故事，致力于提高学生的表达与想象能力。

《卖火柴的小女孩》通过找出小女孩5次擦燃火柴看到的神奇幻象，感受她自己的心愿；《在牛肚子里旅行》让学生画出红头小蟋蟀在牛肚子里惊险旅行的路线，并借助路线图复述童话；《那一定会很好》把自己当成主人公，想象从种子到阳台上的木地板的生命历程，感受心怀美好和愿望得以实现的喜悦；《一块奶酪》中蚂蚁队长内心经历了吃与不吃的激烈思想斗争。精读课文教给学生通过支架，激发想象欲望：比如找句子，看幻象，知愿望，谈感受；画路线图，复述故事等多种途径展开想象，感知方法。两篇略读课文则抓住童话情节"反复"这一特点，抓住细节描写，图文对照，练习边想象边阅读，体验生命的历程，帮助学生树立坦然、乐观、积极的人生态度。

习作主题是"试着自己编童话、写童话"。明确了本次习作立足于三年级习作起步阶段，目的在于降低习作难度，激发创作兴趣。从"读童话学想象"到"写童话展开想象"，落实了由阅读指向习作、阅读铺路、由读到写的过程。

"快乐读书吧"为学生推荐了《安徒生童话》等经典童话书，由单篇童话到整本书阅读，目的在于进一步激发学生读书的兴趣，养成良好的阅读的习惯。

【学情分析】

统编小学语文教材中，童话文体占整个教材的17%左右，低年级童话篇目较中高年级多，一二年级通过阅读浅显的童话，获得初步的体验。这是第一次以童话这种文学体裁编排的文体组元，旨在引导学生进一步体会童话丰富而奇特的想象，初步认识童话文体。而本单元四篇童话，作者不同、风格不同、国度不同，且运用多种方式，引导学生去体会、感受其中丰富的想象。

【单元目标】

基于对本单元教材的分析以及学情，我们确定了本单元的学习目标：

1.认识44个生字，会写34个词语，读准9个多音字。

2.初步感知童话文体的特点，了解童话内容，体会心情变化，感受想象的神奇。

3.学习运用借助关键句子、路线图、列图表等方法进行大胆想象，乐于与人交流感受。

4.试着借助提示，搭配角色，发挥想象编童话，并尝试用改正、增补、删除符号修改童话。

【单元评价】

1.通过抽查生字词的书写以及课文的朗读，达成单元目标1。

2.通过课堂上的探究、实践、交流等学习活动，引导学生根据童话文体的特点，展开丰富的想象，达成单元目标2和目标3。

3.通过开展童话故事会，达成目标4。

4.通过单元作业检测，评价单元目标达成度，以此修正、调整后续的学习。

【问题系统】

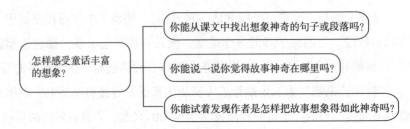

图 3-6-1　怎样感受童话丰富的想象

【单元规划】

本单元具体内容见下表：

表 3-6-1　童话单元的具体内容

教学内容	核心任务	课时目标	课时安排
《卖火柴的小女孩》	感受童话丰富的想象，尝试创编童话	1.朗读课文，画出小女孩五次擦燃火柴后看到的景象 2.知道5次幻象背后，表达了她怎样的愿望 3.能和同学交流自己认为最神奇的场景，说出自己的感受	2课时
《那一定会很好》		1.默读课文，想象作者描写从一粒种子到木地板的历程的句子 2.能试着用自己的话说说种子的神奇经历	1课时
《在牛肚子里旅行》		1.默读课文，至少能找到3处可以看出青头和红头是"非常要好的朋友"的地方 2.能分角色朗读课文，并展开想象体会青头和红头当时的心情，读出语气 3.试着把故事讲给别人听	2课时

续表

教学内容	核心任务	课时目标	课时安排
《一块奶酪》	感受童话丰富的想象，尝试创编童话	边读边想象蚂蚁队长的言行，能说出自己对蚂蚁队长的看法和理由	1课时
"交流平台"与"词句段运用""日积月累"		1.总结梳理对童话特点的认识，激发阅读童话的兴趣 2.通过积累关于"理"的名言，努力争做一个有理有据的人	1课时
习作： 我来编童话		1.在感受童话神奇想象的基础上，自己选择一个或几个角色、确定故事发生的时间、地点、事件想象编童话 2.小组交流想法，同学间互相启发，进一步梳理习作思路，互评互改习作	3课时

本单元的导语：乘着想象的翅膀，游历奇妙的童话王国，看花儿跳舞，听星星歌唱。

语文要素：感受童话丰富的想象。试着自己编童话，写童话。

核心任务：感受丰富的想象，激发想象的兴趣，大胆想象，编童话。

单元架构见下图：

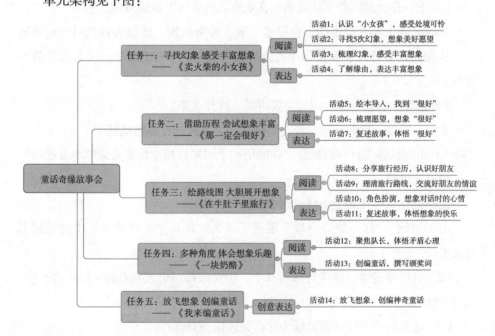

图 3-6-2　童话单元的单元架构

【单元备课】

任务一: 寻找幻象, 感受丰富想象
——《卖火柴的小女孩》

★ **第一课时**

(一) 学习目标

1.认识"旧"等11个生字,读准4个多音字,会写13个生字。

2.能说出小女孩5次擦火柴后看到的情形及表达的愿望。

3.能和同学交流印象深刻的部分,说出自己的感受。

(二) 学习重点

能说出小女孩5次擦火柴的情形及体会表达的愿望。

(三) 学习难点

能和同学交流印象深刻的部分,说出自己的感受。

活动一: 认识"小女孩",感受处境可怜

1.以前,你读过哪些童话故事?喜欢童话故事吗?说说理由。

童话故事主人公会说话、会思考,情节神奇曲折,还能告诉我们深刻的道理,让我们跟着丹麦作家安徒生走进一篇与火柴有关的童话——《卖火柴的小女孩》。

2.默读课文,想一想:课文主要讲了一件什么事?

小结:抓住故事的起因、经过、结果几个方面进行总结概括。

3.自由朗读课文1~4自然段,你能用一个词来概括这位卖火柴的小女孩吗?

预设:可怜。

说一说你从哪些句子中感受到小女孩很可怜?

(1)追问:"红一块青一块"说明了什么?你从"哆哆嗦嗦"中感觉到了什么?

(2)这样冷的夜,这样特殊的日子,小女孩却一个人光着脚在街上卖火柴,这是为什么呢?

(3)这是一双怎样的鞋?她为什么穿这样一双鞋?

（4）想一想，从"又冷又饿、烤鹅的香味"中，你还能从中体会到什么？能用你的朗读，读出你的感受吗？

预设：悲惨。

小结：我们通过品读相关句子，在大年夜认识了一个"孤单、悲惨、可怜"的卖火柴的小女孩。

活动二：寻找5次幻象，想象美好愿望

1.默读课文5～9自然段，画出小女孩擦燃了几次火柴？每次擦燃后看到了什么，想想此时她有着怎样的愿望？

2.请你先读句子，然后用上"因为……所以……"来说说小女孩每次擦燃火柴后的愿望与看到的幻象。

第一次：哧！火柴燃起来了。因为她感到了寒冷，太渴望温暖了，所以，她好像看到了大火炉。

第二次：她又擦了一根。因为饥饿，太想吃食物了，所以，她看到肚子里填满苹果和冒着香气的烤鹅。

第三次：她又擦着了一根火柴。因为感到痛苦，渴望快乐，所以，眼前出现了美丽的圣诞树。

第四次：她在墙上又擦着了一根火柴。因为孤单，想念奶奶，所以，奶奶出现在亮光里。

第五次：她赶紧擦着了一大把火柴。因为痛苦，渴望疼爱。和奶奶一起在光明和快乐中飞走了。

你知道"在光明和快乐中飞走了"是什么意思吗？

小结：刚才，我们通过划出小女孩5次擦燃火柴的句子，找到幻象，通过读句子，明白了小女孩每一次擦燃火柴的愿望。

3.朗读课文10～11自然段，说说两个"幸福"的含义。

学习反思：刚才，我们一起学习了童话《卖火柴的小女孩》，说说你的学习收获吧。

小结：我们一起通过学习小女孩5次擦燃火柴的句子，边读边想象，明白了她每次擦燃火柴时心中的愿望。找到故事反复的情节，展开想象，能帮助我们感受童话故事的神奇。

★第二课时

（一）学习目标

1.再读课文，想象小女孩5次擦燃火柴看到的幻象，进一步感受童话丰富的想象。

2.借助关键句子，试着复述故事，感受童话想象的神奇。

（二）教学重难点

借助关键句子，试着复述故事，感受童话想象的神奇。

活动三：梳理幻象，感受丰富想象

1.今天这节课，我们继续阅读童话作家安徒生给我们带来的神奇故事——《卖火柴的小女孩》。

2.你能在括号里填上合适的词语，来概括这篇童话的内容吗？

大年夜，一个穿着（　　）的小女孩在街上卖（　　）。这个（　　）的小女孩又（　　）又（　　），但没有卖掉一根（　　），也不敢回家。她反复擦燃（　　），在光亮中看到了很多美好的幻象，最后冻死在街头。

3.童话故事的情节深深打动着大家，你能用表格形式，梳理小女孩5次擦燃火柴的场景吗？

表3-6-2　小女孩五次擦燃火柴的梳理

擦燃火柴的次数	相关句子	看到的幻象	心中的愿望	你的感受
第一次				
第二次				
第三次				
第四次				
第五次				

小结：一根火柴竟然能够引发这么多奇妙的想象，表达了这么多愿望，童话世界的想象多么丰富啊！

活动四：了解缘由，表达丰富想象

1.课文读到这里，你们知道这个故事是怎么来的吗？

一位朋友寄给安徒生一张明信片，明信片上有这样一个小女孩。安徒生联想到了自己的奶奶，把自己的家庭情况融进了这个故事，创作了《卖火柴的小女孩》。

2.那这个故事中，让你印象最深刻的是什么？带给了你怎样的感受？你愿意和大家一起分享吗？注意要把你的感受说具体、说明白。

小结：通过自己印象深刻的情节联想到小女孩的心情，感受到小女孩的可怜，说得真清楚！我们继续结合故事中具体的情节展开联想，交流阅读感受。比起小女孩，我们的生活是多么的美好，所以，我们要珍惜现在的生活！

3.借助图表，试着在小组内讲讲这个故事吧？比比谁的讲述最神奇？

表 3-6-3　评价项目与标准

评价项目及标准		评价结果
有动作、有表情		☆☆☆☆☆
语言丰富、适当想象，表达顺畅		☆☆☆☆☆
有吸引人的情节，能引起听者兴趣		☆☆☆☆☆
总评标准	优秀：14～15☆； 良好：12～13☆； 合格：10☆	总评

对照表格同桌评一评，看看谁得的星星最多，谁就是今天的故事大王！

课后，我们就用这两种方法来继续读一读《安徒生童话》吧！也可以借助思维导图，把这个故事讲给家人听，并和他们交流自己的感受。

学习反思：在本课中，我们反复读，边读边想象故事情节，还和同学交流了读故事给我们带来的感受，读着读着我们的阅读能力就提高了。

小结：借助童话中反复出现的故事情节，展开想象，是读童话的好方法，课后大家阅读《勇敢的小裁缝》《灰姑娘》《巨人的花园》《丑小鸭》等童话时，就可以这样来想象。

板书设计：

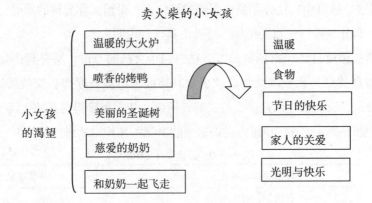

卖火柴的小女孩

小女孩的渴望	温暖的大火炉	温暖
喷香的烤鸭	食物
美丽的圣诞树	节日的快乐
慈爱的奶奶	家人的关爱
和奶奶一起飞走	光明与快乐

任务二：借助历程 尝试想象丰富
——《那一定会很好》

（一）学习目标

1.借助阅读提示，默读课文，能说出从一粒种子到阳台上的木地板的生命历程。

2.能借助关键词句，讲述故事。体会主人公心怀美好，享受生命的态度。

（二）学习重点

能说出种子的变化历程，展开想象。

（三）学习难点

能借助关键词句，讲述故事，体会"梦想成就未来"的力量。

活动五：绘本导入，找到"很好"

1.教师讲述绘本故事《爷爷一定有办法》。

2.你听出来了吗？故事中反复出现的一句"爷爷一定有办法！"随着这句话的反复出现，那条奇妙的毯子分别发生了什么样的变化？

3.你还记得以前学习《听听，秋的声音》时，学了什么方法？

预设：借助课前阅读提示。

4.有粒种子它也有心愿，今天我们一起走进童话故事《那一定会很好》。

5.默读课文，用横线画出文中反复出现的一句话。

预设："那一定会很好"反复出现了4次。

活动六：梳理愿望，想象"很好"

1.引导：你能说说种子经历了哪几个阶段吗（历程）？请你借助示意图，试着说清种子的生命历程。

预设：种子→大树→手推车→椅子→木地板。

2.过渡：让我们跟随这粒种子一起去体会它的生命吧！

（1）快速浏览课文，读一读找出带有"那一定会很好"的句子。圈出四句话分别写了谁的心愿是什么，又是如何实现的。

（2）试着抓住关键词，补充表格。

表 3-6-4　愿望与实现方法

阶段	愿望	如何实现的？
种子		
大树		
手推车		
椅子		
木地板		

（3）集体交流。

愿望1："我一定要站起来……那一定会很好。"

实现途径：努力生长，长成高大的树。

愿望2："要是能做一棵会跑的树，那一定会很好。"

实现途径：树叶向农夫拂动起来，被砍倒做成手推车。

愿望3："要是我能停下来……那一定会很好。"

实现途径：费力地跑来跑去，被做成了把椅子。

愿望4："要是我能躺下，那一定会很好。"

实现途径：吃力地挺直腰背，被做成了木地板。

（4）读读4个"那一定会很好"的句子，联系上下文说说4个"那"分别指的是什么？

预设："那"字代表着种子每一个生命阶段。

3.猜猜看，种子每一阶段实现愿望时的心情是怎样的？

小组合作，抓住关键词"大口大口努力""舒服""吃力""吱呀摇晃"，边读边想象，并体会种子当时的心情。

追问：你喜欢这粒种子吗？能说说自己为什么喜欢它吗？

小组交流，体会内涵。（板书：心怀美好，享受生命历程）把自己当成一粒种子，带着这种心情，读读这几个句子。

4.你也学着作者这样，用"如果……那一定很好"的句式说一句话。

小结：作者用同一种句式："如果……那一定很好"让我们看到了一颗顽强乐观、积极向上的种子为实现目标努力奋斗的过程。

活动七：复述故事，体悟"很好"

1.听完这个故事，你觉得哪些情节特别有意思？

2.试着展开想象，补充"种子的生命历程"内心独白。

预设：我是一粒种子，我站在阳光下，感觉自己的根深深地扎在地下，茎也长成了挺拔的树干，清爽的风轻轻地抚摸着我，我看见……我多想……

3.你觉得作者4次写"如果……那一定很好"有什么好处？

4.请你借助关键句，试着用自己的话把故事讲给好朋友听。

小结：种子为了实现愿望，经历了生长、被砍倒、拆掉、锯开、拼凑的过程，每次迎接新变化，都充满期待，说"那一定会很好"，也让我们感受到种子心怀美好，享受生命。

5.建议大家课下去读一篇关于树的童话《去年的树》或《七只天鹅》，对比着读，找一找它们的不同点。相信大家一定会感受到想象的奇妙，学习到创编童话的秘诀。

板书设计：

那一定会很好

长　　　　砍　　　拆　　　锯铺
种子———→高大的树———→手推车———→椅子———→木地板
站　　　　跑　　　停　　　躺

任务三：绘路线图 大胆展开想象
——《在牛肚子里旅行》

★第一课时

（一）学习目标

1.默读课文，能找出证明青头和红头是"非常要好的朋友"的词句，体会他们之间真挚的友情。

2.能画出红头在牛肚子里旅行的路线图。

（二）学习重点

能找出证明青头和红头是"非常要好的朋友"的词句，展开想象。

（三）学习难点

能画出红头在牛肚子里旅行的路线图。

活动八：分享旅行经历，认识好朋友

1.引导：同学们喜欢旅行吗？你们去过哪些地方？（学生交流）

2.一只可爱的蟋蟀进行了一次特殊的旅行——《在牛肚子里旅行》，让我们一起跟着作者去童话世界里漂流吧。

3.你能猜出这是什么字吗？（出示"旅"的甲骨文图片，了解"旅"字的演变）

你会写"旅"字吗？我们一起来观察，书空：左窄右宽，右半部分要伸展。

4.文中这对好朋友是谁？他们去哪儿旅行了？

学生：一对好朋友青头和红头玩捉迷藏时，红头不小心被牛吞进了肚子里，青头冷静地安慰、鼓励红头，把好朋友救了出来。

活动九：理清旅行路线，交流好朋友的情谊

1.默读课文1～7自然段，想想：谁在哪里旅行？为什么在这儿旅行？

学生：捉迷藏时，红头被大黄牛卷进了嘴里。

2.可怜的红头不得不开始了一场特殊的旅行。你能根据自学提示发现它的旅行路线吗？

（1）默读课文7～19自然段。

（2）圈出红头旅行路线的句子。

（3）小组合作填空。

（牛嘴）→（　　　）→（　　　）→（　　　）→（牛嘴）

请同学展示红头的旅行路线，师生合作完善路线图。谁能根据路线图，用自己的话说一说红头在牛肚子里的旅行。

3.同学们，你们旅行时都做什么？心情怎样？红头旅行时有怎样的表现？

预设：

（1）"救命啊！救命啊！"红头拼命叫起来！

（2）"那我马上就会死掉了！"红头大哭起来。它和草已经一起进了牛的肚子。

（3）"可是，你说这些对我有什么用呢？"红头悲哀地说。

（4）红头在牛肚子里随着草一起运动着。从第一个胃走到第二个胃，又从第二个胃来到了牛嘴里。终于，红头又看见了光明。可是它已经一动也不能动了。

追问：红头为什么拼命地叫？她话里的省略号表达了什么？她为什么感到"悲哀"？她的心情有什么变化？

4.故事中红头小蟋蟀不仅会说话，遇到危险时还会紧张、害怕，甚至求救，更神奇的是它求助的是另一只青头小蟋蟀，青头小蟋蟀是怎么帮助它的呢？我们一起来看。

（1）"躲过它的牙齿……"

（2）红头不要怕。我听说牛肚子里一共有四个胃……只有第四个胃才是管消化的！

（3）牛休息的时候……然后细嚼慢咽……你是勇敢的蟋蟀，你一定能出来的。

（4）青头爬到牛鼻子上，用它的身体在牛鼻孔里蹭来蹭去。

5.原来，青头教红头随着草一起，从牛嘴到第一个胃，再到第二个胃，最后又回到牛嘴。这段神奇的旅程，叫什么呀？

它叫反刍。观察田字格里的"胃"字的结构，一起来看看科学小课堂——"反刍"。（播放视频）

6.此时，你想对小青头说些什么？

是呀，真是一只勇敢冷静的小蟋蟀。再想一想，青头为什么不顾自己的安危去帮助小红头？你从哪儿看出他们是好朋友？

小结：对呀，不顾自己的安危，为了救朋友奋不顾身，在朋友害怕时，及时送去安慰，这就是好朋友。

7.正是有了青头的鼓励，红头才强撑着不让自己失去知觉，有了活下去的希望和勇气，童话有了神奇的结局。齐读第20和21自然段。

红头终于成功脱险了。难怪，课文开头说：他们是一对非常要好的朋友。

8.你觉得这是一场怎样的"旅行"？说说理由。

预设：惊心动魄、离奇曲折。

学习反思：刚才，我们一起读了这篇小童话，来，说说你是怎样想象故事的？

小结：这节课，我们一边读一边画出红头的旅行线路图，根据线路图想象红头的心情，这样想象非常有趣，这就是这节课我们的读书收获。

板书设计：

在牛肚子里旅行

牛嘴里 ⟶ 牛肚子里 ⟶ 第一个胃 ⟶ 第二个胃 ⟶ 牛嘴

★第二课时

（一）学习目标

1.分角色朗读对话，有感情地朗读红头与青头的对话。

2.根据反刍知识，借助路线图复述故事，感受科普童话的知识性与趣味性。

（二）学习重难点

根据反刍知识，借助路线图复述故事。

活动十：角色扮演，想象对话时的心情

1.上节课，我们跟着红头在牛肚里做了一次特殊的旅行，红头到过哪些地方？

2.谁能试着用上表示先后顺序的词语，比如"先……接着……然后……最后"把过程说清楚。

看，这样我们就快速了解了童话故事的主要情节，再用上连接词，我们就能把主要情节记在心里了。看着这个旅行线路图，哪些地方让你觉得很神奇？

预设：

（1）红头会害怕、会说话、会流泪很神奇。

读读这些句子，假如你是红头，你的心情有什么变化？出示重点句子：

"救命啊！救命啊！"红头拼命叫了起来。

红头看见自己的朋友，高兴得流下了眼泪："谢谢你……"

预设：害怕、担心、恐惧、悲哀、无助，甚至绝望……

小结：童话里的主人公像我们人一样会说话、会流泪很神奇。

（2）青头沉着救助朋友很神奇。

红头身处危险境地，作为好朋友的青头做了什么？请用波浪线画出青头的语言、动作的句子。谁能扮演青头来演一演？青头的哪些动作更能让我们体会到他们之间友谊的深厚呢？圈出描写青头动作的词语。谁能读好青头奋不顾身时的动作："蹦""摔""爬""跳""说"。

小结：大家看，关注青头的动作、语言就能揣摩出它的心情。

（3）牛有4个胃很神奇。

同学们，你有几个胃？对，我们人只有一个胃。那牛呢？4个。老师告诉大家，动物的胃也叫肚，所以我们常说猪肚、牛肚、羊肚。关于牛的胃，青头说了这样一段话：我听说牛肚子……谁来给我们读读？

相机学习3个带口的生字"嚼，吞，咽"。这3个字都和口的动作有关，自己做做动作。你还知道哪些这样的字？

预设：啃、咬、叼、含。

牛一开始吃草嚼，都不嚼就咽下去，这是狼吞虎咽，等到休息的时候再把草送回嘴里，慢慢嚼，这叫细嚼慢咽。这样的吃草方式，藏着一个科学知识，叫"反刍"。我们一起读读这段有意思的吃草吧！

小结：红头就随着草一起，从牛嘴，到第一个胃，再到第二个胃，最后又回到牛嘴，经历了一段非常神奇的旅程，很有意思。

3.同桌合作，分别扮演青头和红头，有感情地读读它们的对话，注意语气。

4.从对话中，你感受到什么？联系自己的生活说一说。

红头在青头的帮助下脱离险境，希望在生活中，你们遇到困难也能像青头一样冷静沉着，运用所学知识帮助自己的朋友。

5.读了它们的故事，你觉得要怎样对待自己的朋友？

小结：朋友之间要互相帮助、互相鼓励，运用智慧战胜困难。

活动十一：复述故事，体悟想象的快乐

1.引导：同学们，假如你是红头，得救后，你最想做什么？对呀，想感谢青头。你会对青头说什么呢？

你还想做什么？哦，想把自己在牛肚子里的经历讲给大家听，太棒了！我们可以借助红头的旅行线路来讲故事。如果你能试着加上动作，把握好语气，就能把故事讲得更生动。

2.小组内练习讲故事。

3.指名学生讲故事。

4.学生表演故事。

学习反思：同学们，学完这篇童话，你都有哪些收获？

小结：我知道了牛和骆驼等动物都有反刍现象；我们借助旅行路线图，边读边想象，就把童话读懂了；朋友之间要像红头和青头一样，遇到困难互相帮助，不离不弃。

是呀，红头的旅行真不可思议，我们懂得了青头与红头之间真挚的友谊，还了解了牛反刍的奥秘。张之路爷爷将童话中丰富的想象和科学知识巧妙地结合在一起，才有了这么有趣的故事。如果你也喜欢这样的科普童话，还可以读一读《霹雳贝贝》《肚子里有个火车站》等，到书中感受科学的魅力。

板书设计：

在牛肚子里旅行

红头历险：害怕、悲哀

游戏遇险————————————→好友重聚

青头相助：着急、镇定

任务四：多种角度 体会想象乐趣
——《一块奶酪》

（一）学习目标

1.默读课文，能说出课文围绕一块奶酪讲了一件什么事。

2.找到关于蚂蚁队长语言等细节描写，想象白蚂蚁队长的心理。

3.能对蚂蚁队长做出简单的评价，并说出理由。

4.创编童话，撰写颁奖词。

（二）学习重点

找到关于蚂蚁队长语言等细节描写，体会他的心理。

（三）学习难点

联系上下文对蚂蚁队长做出简单的评价，能说出理由。

活动十二：聚焦队长，体悟矛盾心理

1.同学们，二年级我们学习了《狐狸分奶酪》，今天我们再次走进一篇关于奶酪的童话——《一块奶酪》。

2.这块奶酪的味道到底怎样呢？你能找到关于描写奶酪的句子吗？用横线标出。

①那块奶酪实在太大了，他左抬抬不起，右搬搬不动。

②奶酪多诱人啊！抬着它，不要说吃，单是闻闻，都要淌口水。

③他低下头，嗅嗅那点奶酪渣子，味道真香！

谁能读准字音，把奶酪的美味读给大家听？

3.这篇小童话围绕美味的奶酪写了一件什么事？结果怎样？（学生交流）

故事起因：蚂蚁队长宣布禁令。

故事经过：拽掉一角奶酪，想偷嘴，最后让最小的蚂蚁吃掉。

故事结果：奶酪被大家齐心协力搬回洞里。

4.面对这样一块美味诱人的奶酪，蚂蚁队长是怎样做的呢？请你根据学习提示完成学习任务。

①找一找：蚂蚁队长下过几次命令，用横线画出。

②读一读：试着模仿蚂蚁队长的语气读一读。

③猜一猜：蚂蚁队长在下命令的时候可能是怎么想的？将你的猜想写在相

应的句子旁边。

5.学生自由发言。

预设：

①第一次命令。

"今天搬运粮食，只许出力，不许偷嘴。谁偷了嘴，就要受到处罚。"

"照样要受处罚。"

蚂蚁队长心想：谁都不能偷嘴，我的纪律很严格！

②第二次命令。

"休息一会儿！"

"大家分散开，哪里凉快就到哪里休息。"

蚂蚁队长心里七上八下：奶酪丢掉太可惜了，偷偷吃掉不是违反不许偷嘴的禁令吗？怎么办？让大家休息一下，我再想想。

③第三次命令。

"注意啦，全体都有。稍息！立正！向后——转！齐步——走！"

"立——定！原地休息！"

蚂蚁队长生气了：居然不服从命令，哼！不过奶酪渣真香啊，现在就算我偷吃，大家也不会发现吧？

④第四次命令。

"注意啦，全体都有。稍息！立正！向后——转！齐步——走！"

"这点儿奶酪渣是刚才弄掉的，丢了可惜，你吃掉它吧！"

蚂蚁队长一跺脚，坚定地想：我是队长，要做榜样遵守纪律，不过小蚂蚁最小，奶酪渣就让他来吃掉吧！

小结：原来，蚂蚁队长面对美味的奶酪也曾差点偷吃，但最后还是遵守了自己的禁令。

活动十三：创编童话，撰写颁奖词

1.其他蚂蚁们在抬奶酪时又有什么想法呢？我们一起去采访一下吧！

（1）采访"小蚂蚁们"。

问题1：奶酪那么好吃，你们为什么不偷着舔呢？

问题2：队长下令休息，你们为什么不肯走？

（2）采访"最小的蚂蚁"。

当队长命令你吃掉奶酪渣时，你是怎么想的？

2.同学们，你喜欢这样的蚂蚁队长吗？说说理由。

预设喜欢的理由：蚂蚁队长纪律严明、关爱弱小、爱惜粮食、遵守纪律……

预设不喜欢的理由：蚂蚁队长中间想偷吃，不坚定……

小结：蚂蚁队长纪律严明，面对如此诱人的奶酪渣，虽然有过动摇和犹豫，但是最终战胜了自己，严格遵守纪律，严格要求自己。

3.从这个故事中，你明白了什么？

小结：是啊，要求别人不做某件事，自己也不能做某件事，要以身作则。

4.严于律己的蚂蚁队长被推选为"年度感动人物"，请你用"你是一位……的队长，所以我推荐你，因为你……"的句式给蚂蚁队长写一份颁奖词，并配乐朗读。

学习反思：说说你是怎样读懂了蚂蚁队长？

小结：通过想象蚂蚁队长下命令时内心的想法，读懂蚂蚁队长严于律己、以身作则的珍贵品质。推荐阅读走进《书本里的蚂蚁》，你会读到一只另类蚂蚁的故事。

板书设计：

（马鲁强子工作室成员　于琪）

任务五：放飞想象，创编童话
——《我来编童话》

学习目标

1.能选择教材提供的合适的角色（一个或几个）、时间和地点自由搭配，发挥想象创编童话故事，感受童话故事给我们带来的乐趣。

2.给童话加一个题目。

3.能尝试运用改正、增补、删除符号修改习作，初步养成修改习作的意识。

★第一课时

活动十四：放飞想象，创编神奇童话

1.谈话激趣：同学们，本单元我们乘着想象的翅膀，在奇妙的童话王国遨游，你们想不想像大作家一样，自己来编童话？这节课，我们一起大显身手吧！

2.现在，你就是小作家，要写出自己的童话。在写之前我们先来想一想：

（1）故事里有哪些角色？

（2）事情的发生时间？地点？

（3）他们做了什么？具有什么关系？

引导：教材中以这3个问题提出了本次习作要求，大家用笔画下来，认真想一想。

3.出示课本上的3组词语，读一读，你有什么发现？

国王	黄昏	厨房
啄木鸟	冬天	森林超市
玫瑰花	星期天	小河边

第一列表示角色：人、动物、植物。

第二列表示时间：某个时间点、某个季节、某一天。

第三列表示地点：家里、社会、自然界。

4.拿出记录单，在角色栏中，从老师给的"国王、啄木鸟、玫瑰花"中选出你喜欢的一个或几个，也可以另外添加其他你喜爱的角色。

表3-6-5　童话故事我来编——《　　　　》

角色	时间	地点	情节	道理

用同样的方法，给你的故事安排个时间和地点吧！注意，你的故事可以发生在任何你想要的时间和地点哦！

5.借鉴课文，丰富内容。安徒生想告诉我们卖火柴的小女孩向往光明和温暖，所以让小女孩擦燃的火柴中一次又一次地显示出神奇无比的幻象；张之路先生知道牛会反刍的知识，编出了惊险刺激的牛肚子旅行；流火小学想象着初中会更好，初中想象着高中会更好，把自己变成一粒神奇的种子，你的童话中又会有怎样神奇的故事呢？瞧，这是我的童话表格。

表 3-6-6　我的童话表格

角色	时间	地点	情节	道理
国王	黄昏	森林里		动物、植物和人类都是好朋友，应该和睦相处
玫瑰花				
狮子				

老师根据表格口述童话：有位国王非常爱打猎，常常带着他的卫队去森林里打猎。每次看着猎物们受伤流血，倒在他的眼前，都满足地开怀大笑。森林里的小动物们痛苦不堪，却无能为力，每天出去捕食都提心吊胆，生怕哪天就被国王逮住了。狮子大王看着饿得只剩皮包骨头的动物们，再也忍无可忍了……

接下来，还会发生哪些神奇的事情呢？谁还想接着编？此时，你若是狮子大王，你想做什么？你是怎样和国王斗争呢？你若是玫瑰花，你想对谁说些什么？国王的命运发生了什么变化？遇到危险时，得到称赞时，取得成功时……又会有什么样的心情？在童话王国里，一切皆有可能。大胆放飞你的想象，给你的故事插上神奇的翅膀。

6.学生自愿站起来续编童话，老师适时点拨，激起想象欲望。

7.我们每个人都是童话大王，都有自己的故事，请根据自己的童话表格中的关键信息，把你的故事简要说给同桌或小组的同学听，注意把故事说完整。

8.倾听同伴的故事，说一说他的童话有哪些神奇的地方？

9.试着给自己的故事加个题目。

★第二课时

活动十五：举行童话故事会

1.出示习作要求。

2.选取典型童话分享交流，注意把事情的经过、结果说清楚。

3.其他同学仔细倾听，说说故事中最让你感到神奇的地方。

我觉得故事的人物很神奇，因为_____。

我觉得故事的情节很吸引我，因为_____。

我懂得了故事中的道理：_____。

4.请小作者分享自己是怎样想出这么神奇的故事的？

5.自由交流，把你的童话分享给好朋友听，互相提提意见，让故事更加神奇。

6.学习尝试用改正、增补、删除的符号，修改童话。

（1）出示有代表性的学生习作片段。

（2）学生发现问题，教师指点迷津，共同修改。比如：引号的用法、错别字、句子没说清楚的地方等。

（3）尝试修改自己的习作：修改童话中的错别字、标点、不通顺的句子。修改题目（以主人公命题；以事件命题；以结局命题；以道理命题）。

7.在班级群，上传自己的童话故事，点赞推荐，入选《青青园中葵习作集》。

（张俊华子工作室成员　朱美钰）

【单元作业】

单元作业与检测

一、基础性作业

（一）我会写词语

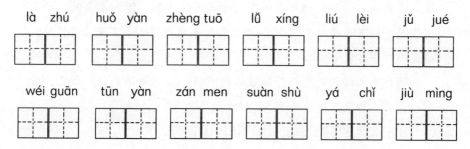

là zhú　　huǒ yàn　　zhèng tuō　　lǚ xíng　　liú lèi　　jǔ jué

wéi guān　　tūn yàn　　zán men　　suàn shù　　yá chǐ　　jiù mìng

（二）照样子写一写

1.暖烘烘_____

2.吱吱嘎嘎_____

（三）补充填空

1.灯不拨不亮，_____。

2.有理走遍天下，_____。

3._____，万古胜负在于理。

这三句话告诉我们，_____。

二、发展性作业

（一）我会阅读

_____

在大森林里，一只豹不小心从树上摔下来，伤得很厉害。它一连好几天躺在床上，哎哟哎哟地叫着："我不能再捕猎了，得赶快想个办法，我要饿死了。"它想啊，想啊，终于想出了一个办法。

豹装出快要死去的样子，对猴子说："亲爱的猴子，你快去通知所有的动物，就说我得了重病，快要死了。让它们一个个来看我，我想和它们作最后的告别。"

猴子很快把豹的口信传给了森林里的动物们。大家都可怜豹，便一个一个地去看望豹。

鹿去了，山羊去了，野兔去了……乌龟（　　）住得远，爬得又慢，（　　）落在了后边。当它慢慢爬到豹的家门口的时候，它突然发现地上动物们的脚印都朝着一个方向只有进去的，没有出来的。乌龟想了想，一下子明白了："噢，原来豹的家是进得去出不来的呀！哼！我还是别去看它吧！"

躺在床上的豹听见门外轻轻的脚步声，心里暗暗高兴。但是，过了一会儿，脚步声却越来越远，终于听不见了。

（1）在短文前的横线上加一个合适的题目。（2分）

（2）在短文中的括号里选填恰当的关联词语。（2分）

因为……所以……　　　　　不但……而且……

（3）短文中共提到了6种动物，分别是_____、_____、_____、_____、

_____、_____。

（4）豹摔伤后，它想了个什么办法？请在文中找到相关的句子画上"____"。

（二）拓展阅读

　　和同学或者爸爸、妈妈一起读《格林童话》或《稻草人》，一边读，一边展开想象，从神奇的故事情节中，感受童话的魅力。

【学习资源】

课外阅读材料名单

教学内容	补充材料
《卖火柴的小女孩》	《勇敢的小裁缝》《灰姑娘》《巨人的花园》《丑小鸭》
《那一定会很好》	《去年的树》《拇指姑娘》《七只天鹅》
《在牛肚子里旅行》	《霹雳贝贝》《肚子里有个火车站》
《一块奶酪》	《书本里的蚂蚁》
整本书阅读	《格林童话》《稻草人》

第七章　神话单元

第一节　教学建议

　　神话，堪称文学的先河、文化的起源，"每一个神话，其实都曾经是一次伟大的创造，都算得上是人类的一个小小奇迹"。透过它，我们得以穿过历史的长河，与古代的先贤对话，重温古人智慧的脉冲。教学中，我们应当把握统编教材中神话文体的编排特点，引领学生畅游神奇的神话世界，助力学生获得精神成长的底色。

一、以读促思，感悟神奇

神话故事以神奇的想象吸引着学生，要引领学生充分感受这份神奇，离不开充分深入的阅读，离不开对具体语言文字的品悟。进行神话文体的教学时，仍应重视学生对文本的细致品读，以有效的核心问题引领学生朗读与思考，引导学生抓住"文中最神奇的描写"，聚焦文本中的关键语句，品读、想象，交流自己的感受，实现"由语言文字想象画面再回归语言文字"的思维成长过程，促进学生对神话神奇想象的感悟，助力单元语文要素的落实。

例如，在四年级上册的《盘古开天地》一课的学习中，教师可以用"善于读书的人能把一篇课文读成一句话"，引导学生在默读课文的基础上思考：文中的哪一句话可以概括课文讲述了一个怎样的故事？帮助学生实现整体把握主要内容的目的；可以用"读书更高的境界是把一篇课文读成一个词语。你读出了哪个词语？"帮助学生聚焦关键词"伟大、创造"，进而引出关键问题串——伟大的巨人盘古为什么要开天地？怎样开天地？结果怎样？从而借助循序渐进、环环相扣的核心问题串，引领学生在对语言文字的细读品悟中，在头脑中生动再现盘古开天地的精彩画面，并最终将感悟通过语言文字再次回归，从而关联起学生阅读整篇神话的逻辑体系，实现学生对神话神奇的深层次把握。

二、回环复沓，品悟形象

个性鲜明的人物形象可以称得上是神话故事的灵魂，他们或顶天立地、英勇无畏，或舍己为人、一心为民。神话故事的学习中，引导学生对神话人物形象和精神品质的感悟，也应成为重要的学习目标。教学中，我们可以遵循"走近人物—感知形象—品悟精神"的思路，采取诗意语文倡导者王崧舟老师的"回环复沓"的方式，引领学生在反复回环的诵读体味中，读出人物鲜明的形象、品出人物独特的个性、悟出人物高尚的情操。

如，在四年级上册文言文《精卫填海》的教学中，对于"常衔西山之木石，以湮于东海"一句的理解，教师可以抓住句中的"常"字，创设这样的阅读情境：在这漫长的岁月中，精卫不停地穿梭在西山与东海之间：烈日当空时，精卫常衔西山之木石，以湮于东海；暴雨倾盆时，精卫常衔西山之木石，以湮于东海；雪花飞舞时，精卫常衔西山之木石，以湮于东海；饥渴难耐时，精卫常衔西山之木石，以湮于东海。引导学生去感知精卫不是一天、两天、一个月、两个月在做这件事，而是日复一日、年复一年、持之以恒地在坚持，从而清晰地感受精卫执着坚韧的伟大形象，感悟精卫不屈不挠的意志品质。同样，在《普罗米修斯》中，也可围绕"普罗米修斯被死死地锁在高加索山上，忍受着风吹雨淋的痛苦"等句子，展开回环诵读，感受普罗米修斯所承受的痛苦，进而感悟他绝不向宙斯屈服的品质，落实升华人物形象、滋养学生心灵的目标。

三、巧借留白，拓展想象

文学作品中的留白引人深思，感动着阅读者，留白也应当成为我们教学中的有效资源。《语文课程标准》明确指出："语文教师应高度重视课程资源的开发与利用，创造性地开展各类活动，通过多种途径提高学生的语文素养。"在神话教学中，我们还可借助故事中宝贵的留白或含义深刻的句子，引导学生展开想象，品味语言，升华对情节和人物的感受，增添神奇色彩，同时，进一步锻炼和发展学生的想象思维，为学生语文素养的提升奠基。

如四年级上册《普罗米修斯》一课的教学中，在学生深刻感受了普罗米修斯所遭受的种种残酷的惩罚后，教师可以适时补白："此时，你觉得普罗米修斯会后悔吗？他会怎么想、怎么做呢？"借此，鼓励学生打开想象的大门，积极进行思考、交流与展示，通过不断的思维碰撞，深化学生对普罗米修斯"为人类造福，有什么错？"坚定决心的感悟，从而实现丰富学生对人物的感受，升华普罗米修斯舍己为人的伟大英雄形象。同时，巧借文本中的留白，为学生提供展示想象的机会，也为学生完成单元习作《我和××过一天》做好铺垫。

（张海芳名师子工作室　侯珊珊）

第二节　备课举例

【课标分析】

从课标具体分析与本单元内容有关的第二学段"阅读与鉴赏"课程目标为：能复述叙事性作品的大意，初步感受作品中生动的形象和优美的语言，关心作品中人物的命运和喜怒哀乐，与他人交流自己的阅读感受。

从课程内容组织与呈现方式上看，本单元属于"文学阅读与创意表达"学习任务群，该任务群与本单元内容有关的第二学段的学习内容为：阅读富有想象力和表现力的儿童文学作品，欣赏富有童趣的语言与形象，感受纯真美好的童心，学习用口头或者图文结合的方式创编儿童诗和有趣的故事，发展想象力。

该任务群对与本单元内容有关的第二学段的学习提示为：（1）注意整合听说读写，引导学生综合运用朗读、默读、诵读、复述、评述等方法学习作品；（2）评价应围绕学生阅读文学作品的过程性表现进行。第二学段在阅读全文基础上，侧重考查学生对重要段落和语句的理解，以及对作品的语言和形象的具体感受。

【教材分析】

四年级上册第四单元以神话组织单元，是继三年级上册童话单元与下册寓言单元之后，第三次以文体组织单元。单元导语页呈现了本单元的3个语文要素。

第一个语文要素是"了解故事的起因、经过、结果，学习把握文章的主要内容"，是在三年级"了解文章的主要内容"基础上的提升，也是为本册第七单元"关注主要人物和事件，学习把握文章的主要内容"做准备，并以精读课文的课后题和略读课文的学习提示为抓手，进行训练和渗透。

第二个语文要素是"感受神话中神奇的想象和鲜明的人物形象"。在此之前，学生通过学习《羿射九日》，已对神话有了些许感性认识。本次专门编排神话单元，旨在引导学生进一步了解神话的特点，帮助学生形成对神话这种文学体裁的认识，引导学生感受神话神奇的想象和鲜明的人物形象。

第三个语文要素指向习作训练"展开想象，写一个故事"，安排了《我和××过一天》，教材在三年级的习作中安排过类似的话题，在此基础上，本次习作进一步学习展开想象写故事，致力于学生想象能力的培养和表达能力的提升。

本单元编排了《盘古开天地》《精卫填海》《普罗米修斯》3篇精读课文和《女娲补天》一篇略读课文，其中，《精卫填海》是文言文。这些神话是中国古代神话和古希腊神话中的经典，学生可以从中体会古代劳动人民对自然、对世界的独特理解和神奇想象，还能感受故事中鲜明的人物形象：勇于献身的盘古、坚韧执着的精卫、勇敢不屈的普罗米修斯和甘于奉献的女娲。"交流平台"有效关联前2个语文要素的学习，引导学生从神奇的想象、人物个性鲜明、借用神的故事表达对世界的认识等方面，总结、梳理神话的特点，并在语文园地的"词句段运用""日积月累"中予以强化。习作《我和××过一天》，旨在引领学生在充分阅读神话故事的基础上，通过想象自己与一个感兴趣的神话或童话人物过一天会发生的故事，鼓励学生大胆想象，乐于表达。

【学情分析】

神话与童话、寓言等文体一样，深受小学生的喜爱。四年级学生的情感能力和学习能力飞速发展，已具备了一定的课前预习和自学能力，且在二年级学过神话《羿射九日》，对神话已有一定的感性认识，在此基础上，引导学生进一步深入了解神话特点，帮助学生形成对神话文体的初步认识，感受神话神奇的想象和鲜明的人物形象，助力学生学习能力和核心素养的提升。

【单元目标】

基于对教材编排及语文要素的把握，立足四年级学生的学情分析，将本单元的语文学习目标确定为：

1.正确读写本单元的生字新词，准确、流利、有感情地朗读课文。

2.能够围绕事情的起因、经过、结果，学习把握故事的主要内容，尝试讲述神话故事。

3.在自主阅读与互动交流中，感受神话中神奇的想象和鲜明的人物形象，并阅读更多的神话作品。

4.发挥想象，尝试创编神话故事。

【单元评价】

1.目标1的测评，主要通过抽查学生课文的朗读、生词的默写等来完成。

2.目标2与目标3的评价，主要通过课堂上学生对学习活动的组织与落实，在学生自主阅读、感悟的基础上，教师通过有针对性的问题设置，引导学生展开深度的对话与交流、小组合作与分享等活动，在这一过程中，考查学生对这两项目标的达成情况。

3.目标4的达成，主要通过习作赏评活动，组织学生分享、修改自己创编的神话故事，既进一步感受同伴神奇、丰富的想象，又互相取长补短，共同提升。

4.通过设置单元检测，评价单元目标达成度，为后续学习提供反馈与指导。

【问题系统】

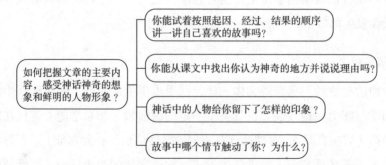

图 3-7-1　如何把握文章的主要内容，感受神话的想象和鲜明的人物形象

【单元规划】

本单元具体内容见下表：

表 3-7-1　神话单元的具体内容

教学内容	核心任务	课时目标	课时安排
《盘古开天地》	把握文章的主要内容，感受神话神奇的想象和鲜明的人物形象	1.边读课文边想象，找出故事中表现神话故事神奇的相关语句，感受奇妙的想象 2.把握故事主要内容，能抓关键词"创造""变"及关键句等，感受盘古的人物形象	2课时

教学内容	核心任务	课时目标	课时安排
《精卫填海》	把握文章的主要内容，感受神话神奇的想象和鲜明的人物形象	1.背诵课文，能结合注释，用自己的话讲述精卫填海的故事 2.能和同学交流精卫给自己留下的印象	2课时
《普罗米修斯》		1.能按照起因、经过、结果的顺序讲述普罗米修斯"盗"火的故事 2.能与同学交流故事中最触动自己的情节，感受故事中神奇的想象和普罗米修斯的高大形象	2课时
"交流平台""词句段运用""日积月累"		1.总结梳理对神话特点的认识，激发学生阅读神话的兴趣 2.通过拓展词语和古诗，进一步感受神话想象神奇的特点	1课时
习作： 我和××过一天		1.在感受神话神奇想象的基础上，选择一个自己感兴趣的神话或童话人物，发挥想象，创编一个神话故事 2.小组交流想法，同学间互相启发，进一步梳理习作思路，互评互改习作	3课时

本单元的导语：神话，永久的魅力，人类童年时代飞腾的幻想。

语文要素：了解故事的起因、经过、结果，学习把握文章的主要内容；感受神话中神奇的想象和鲜明的人物形象；展开想象，写一个故事。

核心任务：学习把握文章的主要内容，感受神话神奇的想象和鲜明的人物形象，尝试创编神话故事。

单元架构见下图：

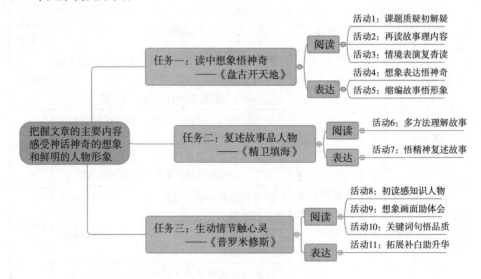

图 3-7-2　神话单元的单元架构

【单元备课】

任务一：读中想象悟神奇

——《盘古开天地》

★第一课时

（一）学习目标

1.找出课文中表现神话故事神奇的地方，边读边想象。

2.把握故事的起因、经过、结果，学习把握神话故事的主要内容。

3.感受盘古鲜明的人物形象，感受他的创造精神、奉献精神等。

（二）学习重点

找出课文中表现神话故事神奇的地方，边读边想象。

（三）学习难点

把握故事的起因、经过、结果，学习把握神话故事的主要内容。

活动一：课题质疑初解疑

1.我们一起玩"看图猜故事"的小游戏。（出示《羿射九日》《夸父追日》等故事的图片）。

这些故事中蕴含了中华民族的优秀文化。在中国古代神话故事中，还有一个创世之神——盘古。这节课让我们一起走进创世神话《盘古开天地》。

2.第二单元我们学习了提问题的方法，其中有"根据课文题目提问题"，从这个角度，你能提出什么问题？

预设：盘古是怎样开天地的？

那就让我们走进课文，到神话故事中去寻找答案吧。

3.请同学们拿出笔，快速默读课文，想一想：用文中的哪一句话可以概括课文讲述了什么故事？（学生默读，画出课文中心句）

4.有人说：读书更高的境界是把长长的课文读成一个小小的词。你抓住了哪个词语？

出示"创造"的古体字。猜猜这是哪个词语？说说你是怎么猜出来的？

预设：创造。

小结：创造需要用刀斧去斩断一切艰难险阻，所以有"刂"！创造不是一蹴而就，需要历经漫长坎坷的路途，也就是"辶"。只有用勇气和毅力坚持到底，才能有所创造。

再读中心句，如果从主人公的角度，你能读成哪个词语？

预设：伟大。

活动二：再读故事中内容

1.关键问题串引领再读课文：伟大的盘古为什么要开天地？盘古怎样开天地？结果怎么样？让我们到课文中去寻找答案。（学生交流）

理清故事的起因、经过和结果，用简洁的词语概括。（板书：宇宙混沌；开天辟地、顶天立地、化为万物；创造世界）

活动三：情境表演复沓读

1.神话故事的最大特点是什么？

预设：有神奇的想象。

2.请同学们细读课文，找出故事中觉得神奇的地方，做上记号，反复读一读，并展开想象感受其中的神奇。适时追问：为什么觉得此处神奇？

（1）学生交流第1自然段表现神奇的语句有"大鸡蛋"后，引导感受这样比喻不仅写出了神奇，而且写得更形象、更生动。

（2）指导将"翻身坐起来""拿起""劈过去"等动词读出语言的味道。

追问A：第二段中哪些词语形成了对比？（轻—重，清—浊，上升—下降）

追问B：哪些词语体现了盘古开天地的过程无比艰难，实属不易？

指导抓住"缓缓"和"慢慢"等关键词，读出盘古开天地过程的艰难。尽管这样难，但是盘古仍然坚持下去，将天与地分开了。你感受到了什么？

（3）引导将"头顶天脚踏地"等关键语句回环复沓读出感情。

师：盘古做的是顶天立地的重要事，不能分心，要坚定有力，否则天地会再次合到一起，世界将再次黑暗！所以，盘古怕天地还会合在一起，就头顶天，脚踏地。

师：盘古，你竭尽全力了吗？

我们也学盘古顶天立地，一边表演"顶天立地"的动作，一边师生齐读——

师：一百年过去了，盘古怕天地还会合在一起，就（生读）头顶天，脚踏地。

师：千百年过去了，盘古怕天地还会合在一起，就（生读）头顶天，脚踏地。

师：亿万年过去了，盘古怕天地还会合在一起，就（生读）头顶天，脚踏地。

师：不知过了多少年，盘古怕天地还会合在一起，就（生再读）头顶天，脚踏地。

问：盘古，你累吗？（累）这么累，你为什么还不放弃啊？

引导学生感受盘古坚持不懈、不肯放弃的牺牲精神和奉献精神。

学习反思：刚才，我们一起学习了神话故事《盘古开天地》，说说你的学习收获吧。

小结：一边表演一边读一边想象，能帮助我们感受盘古坚持不懈、不肯放弃的牺牲精神和奉献精神。感受神话故事中神奇的想象和鲜明的人物形象，是学习神话故事的重要方法。

板书设计：

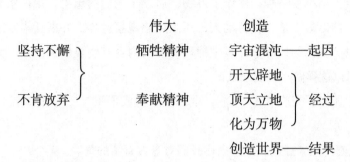

★第二课时

（一）学习目标

1.再读课文，想象盘古身体的更多变化并表达，进一步感受神话故事的神奇。

2.通过缩编故事，锻炼表达能力，进一步感悟神话人物的伟大形象。

（二）学习重难点

通过缩编故事，锻炼表达能力，进一步感悟神话人物的伟大形象。

活动四：想象表达悟神奇

1.如果将第5自然段读成一个字，是什么？（变）

小组合作：用表格的方式将盘古身体发生的变化梳理出来。

表 3-7-2 盘古身体的变化

序号	盘古的身体	发生的变化
1	气息	四季的风和飘动的云
2	声音	雷声
3	左眼	太阳
4	右眼	月亮
5	四肢和躯干	四极、五方的名山
6	血液	江河
7	汗毛	花草树木
8	汗水	雨露

合作朗读，共同感受这段美妙文字带给我们的奇妙想象！

2.只有这些变化吗？还能从哪看出许多变化？

小结：小小省略号，化作了万物，启发了我们的想象，用得多么精妙，多么恰当！神话故事是古代劳动人民用眼用心观察世界，并展开丰富的想象得来的，所以"变"的这部分，表中梳理的前后内容有明显的相似点。大家展开想象，也可以这样做。我们来试试。

他的牙齿，变成了（　　　），他的耳朵变成了（　　　）。他的（　　　）变成了（　　　）。

3.我们一起来抒发感情，表达我们对盘古真情的赞颂。

师：看——天空中那些飘动的云，那么纯洁无瑕，我猜想——

预设1：这是盘古呼出的气息。

师：听——阵阵雷声，我猜想——

预设2：这是盘古曾经顶天立地时发出的声音。

师：看地球上的各形各色的石头，我猜想——

预设3：这是盘古化为万物前洁白的牙齿。

师：看那些勤奋学习的莘莘学子，我猜想——

……

同学们，我们在阅读中赋予了自己一双想象的翅膀，让神话故事在我们的想象中更加丰富，更加生动！想象多么奇妙！神话多么精彩！

活动五：缩编故事悟形象

1.有人说，"读书的更高境界，是把一篇课文读成一幅连环画"。

当天地一片混沌，是盘古——抡起斧子劈开了天地或"开天辟地"。

当天地渐渐分开，是盘古——头顶着天，脚踏着地。

当天地稳固，盘古倒下了，但他的身体——化为了世间万物。

2.天地万物发生变化，永恒不变的是盘古的精神。盘古伟大的形象永远留在我们的心中。盘古牺牲了自己，他的整个身体化作了万物，创造了美丽的世界，你体会到了什么？

预设1：体会到了盘古力大无穷。（这正是神话故事的神奇之处）

预设2：体会到盘古无私奉献、毫无保留的牺牲精神。

预设3：体会到盘古的开创精神。

3.播放希腊创世神话的小音频故事，交流感想和体会。

4.课后请阅读《中国古代神话故事》一书，把印象深刻的故事讲给父母听。

学习反思：刚才，我们一起学习了神话故事《盘古开天地》，你有哪些学习收获？

小结：我们可以发挥想象，给神话故事增加一些细节，提高我们的想象能力；通过缩编故事，可以更简洁更准确地把握神话故事的主要内容；我们可以阅读外国的神话故事，和中国的神话故事对比，发现中外神话故事的相同之处和不同之处。

（王翠玲子工作室　曹新燕）

任务二：复述故事品人物
——《精卫填海》

（一）学习目标

1.能正确、流利地朗读课文，认识本课的4个生字，读准多音字，会写5个字。

2.背诵课文，并能结合注释以及自己的理解讲述精卫填海的故事。

3.感受精卫的精神品质。

（二）学习重点

感受文言文的韵律美，多种方法理解故事内容。

（三）学习难点

用自己的话来讲述精卫填海的故事。

活动六：多方法理解故事

1.同学们，你们喜欢听故事吗？在一片浩瀚无垠的大海上，有这样一只小鸟，它身形婀娜多姿，长发飘逸，后背长着一对翅膀，头上有花纹，长着一只白色的嘴巴，和一双红色的小脚。它每天都在海面上忙碌着，不停地往返于西山与东海之间，它衔来细小的树枝和石块，立下要把大海填平的誓言。

听到这里，你有什么疑问？学生交流看法。

2.刚才同学们说："这只小鸟为什么要这样做呢？"让我们带着这个问题来朗读课文，注意将字音读准，将句子读通。

3.根据自己对文章的理解，试着按照节奏读一读。（出示课件）

4.大家试着根据自己的理解，小组内讲一讲"精卫填海"的故事。

5.你是用怎样的方法来理解课文内容的？（多读、看注释、看插图、联系上下文）

6.怎样才能将这个故事讲得更加生动形象呢？我们可以围绕以下几点展开想象。

①故事发生在什么时间？（"很久很久以前"或"有一天"）

②什么样的女娃？（描述想象中的女娃形象）

③这是一场怎样的风暴？（描述海浪的可怕）

④女娃是怎样与风浪搏斗的？（想象女娃与风浪搏斗时的姿态及溺水后立下的愿望）

⑤精卫是怎样一点一点填海的？（围绕精卫填海的动作及遇到的困难展开大胆的想象）

7.精卫填海成功了吗？课文并没有写清，请你展开想象，说明原因。

8.讲故事时，我们可以按照"游—溺—衔—堙"的顺序，也就是故事的起因、经过和结果的顺序将这个按照故事讲给同学们听。

小结：学习古代神话的文言文时，我们可以按照以下3个步骤：读通课文—读懂内容—读出感受。在理解故事大意的时候采用以读代讲的方式，去慢慢理解、感悟。

活动七：悟精神复述故事

1.读了课文后，谁来说一说：这是一只怎样的精卫？你是从哪些词语中看出来的？

预设：西山、东海、木石。

小结：是呀！一个在东方，一个在西方，一个是渺小的石块与树枝，一个是浩瀚无边的大海，在这强烈的对比中，让我们感受到了精卫的坚韧与执着。

2.还有呢？

预设：常。

师：是呀！一个"常"字让我们感受到了，精卫做这件事的毅力，它不

是一天两天，也不是三年五载，而是日复一日、年复一年不停歇地做。（出示课件）

师：从此以后，精卫不停地往来于西山与东海之间。

师：寒风呼啸时，精卫（生读）常衔西山之木石，以堙于东海。

师：暴雨如注时，精卫（生读）常衔西山之木石，以堙于东海。

师：饥肠辘辘时，精卫（生读）常衔西山之木石，以堙于东海。

师：遇到危险时，精卫（生读）常衔西山之木石，以堙于东海。

师：在老父亲一声声的呼唤中，精卫（生读）常衔西山之木石，以堙于东海。

师：现在，让我们带着对精卫的敬佩之情再次配乐朗读课文吧！

3.通过本节课的学习，你总结了哪些复述故事的方法？

预设1：借助注释。弄清课文内容是讲好故事的前提，我们可以结合课下的注释来理解重点字词的含义，然后结合自己的理解来弄清故事大意。

预设2：借助插图。通过观察课文插图，我们可以看到滔天的巨浪和衔着木石的精卫鸟，从中感受环境的恶劣和精卫鸟不畏艰难，持之以恒的精神。

预设3：讲故事时，我们不但要理解文章大意，还要展开丰富的想象，如：女娃长什么样子？她怎样在海里玩耍？这是一场怎样的风暴？当女娃被海浪吞没时，是怎样的情景？在对文章内容已有理解的基础上，再抓住关键问题展开想象，这样讲出来的故事一定生动、形象。

4.课后，同学们试着将故事按照"游—溺—衔—堙"的顺序，再加上丰富的想象进行完善，然后将它写下来。

学习反思：同学们，读了这篇课文《精卫填海》，你都有哪些收获？

小结：学习古代神话文言文时，可以按照以下3个步骤：读通课文—读懂内容—读出感受。我们还被精卫英勇顽强、坚韧不拔的精神所感动。我们不仅读懂了故事，还学习了复述故事的方法。复述故事时，我们可以借助注释、插图展开大胆的想象。理解与把握文章内容是感悟人物精神品质的关键，学习本课，我们不仅能感受到古文简洁的语言，丰富的意境，还能感受到神话故事的神奇魅力，并从中汲取传统文化中深厚的营养。

板书设计：

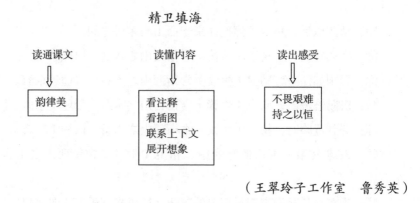

精卫填海

| 读通课文 | 读懂内容 | 读出感受 |

| 韵律美 | 看注释
看插图
联系上下文
展开想象 | 不畏艰难
持之以恒 |

（王翠玲子工作室　鲁秀英）

任务三：聚焦细节悟形象

——《普罗米修斯》

★第一课时

（一）学习目标

1.读熟故事中众神的名字，感受中外神话故事的不同。

2.通过示意图，梳理众神的关系，初步了解故事内容。

3.深入了解普罗米修斯盗取火种的原因。

（二）学习重点

读熟故事中众神的名字，梳理众神的关系。

（三）学习难点

深入了解普罗米修斯盗取火种的原因。

活动八：初读感知识人物

1.出示谜语：别看原来身体小，遇风大得不得了，食物有它能变香，人类有它不怕冷。

学生：火。

2.你知道"火"都有哪些用处？

学生交流后，导入课题：通过课前预习课文，我们知道为人类带来火种的是谁？大声喊出他的名字——普罗米修斯！（课件出示课题，齐读课题）

3.请同学们认真朗读课文，圈画出课文中提到的神的名字。

课件出示众神名字。学生反复练读，读熟为止。

4.学生结合课文内容梳理众神的关系，教师板书示意图，引导学生把握故事内容。

活动九：想象画面助体会

1.课件出示两幅画面：一幅是没有火种时人们的生活画面，一幅是有火种以后的画面。学生朗读课文的第1和第2自然段，从文中找出描写两幅画面的句子，分别用黑笔和红笔画出来。

2.指名读描写人们没有火种时生活的句子，引导学生通过有感情的朗读，感受当时人们生活的悲惨。

3.请同学们再读一遍，然后闭上眼睛，告诉老师你仿佛看到了什么？

指名回答，引导学生思考：当普罗米修斯看到这样的画面，他的心情会是什么样的？

4.学生读一读有了火种以后人们生活的部分，说一说自己眼前浮现的画面（看到的、闻到的、听到的）。

5.你觉得普罗米修斯是一个怎样的人？

6.引导学生用简单的几句话说一说这一部分的主要内容，了解故事的起因。

学习反思：这节课，我们通过圈画众神的名字，了解了古希腊神话与中国神话的不同，通过学习课文的第1和第2自然段，我们了解了普罗米修斯盗取火种的原因。请同学们分享一下你的学习收获吧。

预设：古希腊神话里面众神的名字比较长，读起来有点困难，不像我们中国神话故事中的人物名字那样简短、顺口。普罗米修斯冒着生命危险盗取火种，是因为他看到人类没有火种时的悲惨生活，想让人类过上美好的生活，他是一个非常勇敢、一心为人类造福、无私奉献的人。

板书设计：

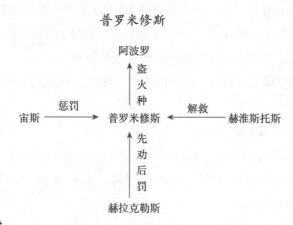

★ 第二课时

（一）学习目标

1.能把普罗米修斯"盗"火的故事按照起因、经过、结果的顺序讲述清楚，掌握概括故事主要内容的方法。

2.能将故事中触动自己的情节与同学交流，并借助重点词句感受主人公勇敢坚毅、不畏强暴的高大形象。

（二）学习重点

把普罗米修斯"盗"火的故事按照起因、经过、结果的顺序讲述清楚。

（三）学习难点

能将故事中触动自己的情节与同学交流，感受主人公勇敢坚毅、不畏强暴的高大形象。

活动十：关键词句悟品质

1.默读课文的3～8自然段，用笔画出自己感触深的情节，并做上批注。在小组内交流自己的感受。

小组派代表进行交流。

2.教师指导学生朗读：当火神劝普罗米修斯向宙斯认错时，他坚定地说——课件出示普罗米修斯说的话。学生练习读，指名展示读，体会主人公的坚定无畏。

3.默读第6、第7自然段，圈出令自己感受最深的词句。

活动十一：拓展补白助升华

1.课件出示课本插图，学生交流。重点引导学生结合以下词句进行感受：

"死死地"——引导学生想象：因为被死死地锁着，所以普罗米修斯不能

（   ），不能（   ），也不能（   ），更不能（   ）。

"风吹雨淋"——借助句式训练让学生感受普罗米修斯的无比痛苦。

春天大雨滂沱，他只能＿＿＿＿＿＿＿＿＿＿＿＿＿＿＿＿。

夏天蚊虫叮咬，他只能＿＿＿＿＿＿＿＿＿＿＿＿＿＿＿＿。

秋天寒风呼啸，他只能＿＿＿＿＿＿＿＿＿＿＿＿＿＿＿＿。

冬天冰冻三尺，他只能＿＿＿＿＿＿＿＿＿＿＿＿＿＿＿＿。

"尖利""啄食"——引导学生结合自己的生活经历来感受普罗米修斯的肝脏被啄食的痛苦。

"白天，他的肝脏被吃光了，可是一到晚上，肝脏又重新长了出来。"——引导学生感受神话故事里神奇的想象，体会主人公所承受的无休无止的痛苦。

2.在遭受如此残酷的惩罚后，普罗米修斯会后悔吗？他会想些什么？

课件出示小练笔：普罗米修斯（会 不会）后悔，他会想：＿＿＿＿＿＿。

3.你能再来评价一下普罗米修斯是一个什么样的神吗？（学生交流）

小结：无私奉献、勇敢坚毅、不畏强暴、一心为人类造福。

4.引导学生用简单的几句话归纳3～8自然段的主要内容，叙述故事的经过。

5.课件出示本课的思维导图，学生按照事情发展的顺序（起因—经过—结果）讲一讲故事的主要内容。

学习反思：同学们，学完了这篇课文，你都有哪些收获？

预设：我们在讲故事时，要把故事的起因、经过、结果讲清楚。我们在读课文的时候，可以通过边读边画的方法来加深自己对课文内容的理解。

小结：通过学习课文，我们知道了在古希腊神话中"火"是怎么来的，并且学会了怎样概括故事的主要内容。课后，请同学们读一读《燧人钻木取火》的故事，了解一下我们中国神话故事中"火"的来历，将这个故事按照起因、经过、结果的顺序讲给家长听。

板书设计：

普罗米修斯

起因 ⟹ 经过 ⟹ 结果

看到人类没有火的情景而盗取火种	因不屈服遭受残酷的刑罚	被大力神所救

人物形象：一心为民　无私奉献　勇敢坚定　不畏强暴

（王翠玲子工作室　徐晓静）

【单元作业】

单元作业与检测

一、基础性作业

（一）我会看拼音，写词语

jìng pèi　　zhào yào　　xuán yá　　wéi kàng　　zá suì

（二）补充词语，并选词填空

三（　）六（　）　　（　）机（　）算

（　）云（　）雾　　各（　）神（　）

1.由第二个成语，我想到了_____，我可以用上这个成语和这个人物写一个句子。_____

2.由第四个成语，我想到了_____，我能至少写出其中两位神仙的名字：_____。

（三）我能为下列神话人物正确连线

女娲　　　　　　　　　　拯救普罗米修斯

普罗米修斯　　　　　　　填海

精卫　　　　　　　　　　补天

盘古　　　　　　　　　　盗取火种

大力士赫拉克勒斯　　　　开天辟地

二、发展性作业

（一）我会阅读

阅读1：

炎帝击石生火

人类最早使用的火全都是天然火（大多是雷电击在大树上所产生的火）。有个人便想，人类总不能一直依靠天然火吧，所以决定自己要创造一种取火的方法。在一次狩猎中，他一失手未将石制的标枪命中猎物，不过他发现标枪与地上的石头相击时产生了火花，于是，他就捡了很多那里的石头来试验，结果成功地取得了火。

（　　）他发现了取火的方法，（　　）各个部落都一致拥他为王，这个人就是以火为王的炎帝。之后，他又创造了耕种方法并且教会了人类耕种，所以他又被称为"神农"。

1.在文中括号里填上合适的关联词。

2.这个人是怎样发现火并取得火的？在文中用横线画出来。

3.炎帝成功地取得了火，各部落一致拥他为＿＿＿＿，他又创造了＿＿＿＿，并教会了人类耕种，所以他又被称为＿＿＿＿。

4.读了这份材料，炎帝给你留下了怎样的印象？

＿＿＿＿＿＿＿＿＿＿＿＿＿＿＿＿＿＿＿＿＿＿＿＿＿＿＿＿＿＿

阅读2：

＿＿＿＿＿＿＿＿＿

①从前的从前，可不是现在这个天高地阔的样子。天很低，人们爬到山顶，伸手就能摘到星星，扯下云彩。也许你会说，这多么浪漫呀！当时的人却苦不堪言，太阳就挂在头顶，晒得人皮焦肉疼。好不容易熬到晚上想睡个安稳觉吧，天上住着的雷王睡觉又打起呼噜来。那呼噜声一响，像是天崩地裂，震得人们根本无法合眼。这样的日子实在难熬，哪有人花心思去摘星星，扯云彩呢！

②人们下决心要改变天地的状况。怎么改变呢？大山深处有位聪

明、神力无比的老人，叫布洛陀，也许他有办法。人们翻山越岭来到了高高的山巅，穿过密密的树林，找到了布洛陀。

③布洛陀不是个普通的老头。别看他头发白了，胡子白了，精神头却比小后生还好，面色红润，双目有神，说起话来像打鼓鸣锣，亮响亮响的。听完人们的诉说，他胸有成竹地说："把天给顶高。"

④"顶天？"人们都问，"天这么重，能顶得起来吗？"

⑤布洛陀看了大伙儿一眼，说："当然可以。人多力量大！"

⑥大伙儿一想，是呀！布洛陀见众人有了心劲，说："你们去找棵最高、最直的老杉树！"

⑦山多林密，上哪儿去找这又高、又粗、又直，还能顶天立地的老杉树呢？于是大伙儿分头出发，找遍了九百九十九座山头，终于找到了那棵一百人都抱不拢的老杉树。众人想砍了它回去，哪知这头一斧砍下去，第二斧还没抡起来，那斧痕便长合了。总之砍来砍去，竹篮子打水——一场空。

⑧布洛陀听说已找到老杉树，非常高兴，提着他那把明晃晃的大板斧飞似的赶到了。他甩臂一抡，"噗"的一声，斧子就咬进去一半，再"噗"一斧，老杉树就"轰隆"一声倒在地上。大伙儿瞧得目瞪口呆，随后就欢呼雀跃，"呼啦"围上去，抢着要搬树。"嘿哟！嘿哟！"众人吆喝着折腾了半天，老杉树还是纹丝不动。"我来吧！"布洛陀的白发白须在阳光里闪耀。只见他一蹲马步，双手"咻"地变长了，再就势一抱一甩，老杉树就稳稳当当地扛到了肩上，然后他大步流星地往山下走。大伙儿又看得眼睛都直了。来到了一块平地，布洛陀放下树说："就在这儿顶天！一、二、三、四！"大家七手八脚地帮着布洛陀把老杉树竖起来，一点一点用劲，一寸一寸升高，还真把天顶上去了。

⑨天高起来了，大伙儿兴奋得载歌载舞。"不对呀，天太小了！"有人发现了问题。大伙儿一看，天高是高了，就像一把太小的伞根本盖不住开阔的地面。大家不约而同地瞅布洛陀。

⑩"这好办！"布洛陀一思索就想出了办法。他弯腰捏住了地皮，使劲一揪，揪出了很多褶皱，再一使劲，揪出了更多褶皱，地缩小了

很多，刚刚和蓝天的大小吻合。那褶皱从此就变成了现在的山脉沟壑。

⑪从此，人们虽然不能站在山上摘星星、扯云彩了，但再也不用受太阳的暴晒，雷公的惊扰。人们的日子过得甜蜜又舒适，世世代代都感谢布洛陀呢！

1.根据故事内容，给短文拟一个恰当的题目，写在文前的横线上。

2.故事中主要安排哪些事来表现布洛陀是位"聪明、神力无比的老人"？（简要概括）

_____

3.这是个神话故事，请你找一找故事的神奇之处，并把其中一处抄写下来。

_____

4.神话故事往往塑造出了许多英雄的形象，在课外阅读中，我读了神话故事《　　　　　》《　　　　　》……这些神话故事中，我最喜欢的英雄人物是_____，因为他_____。

（二）拓展阅读

课余时间，推荐阅读《中国古代神话》《希腊神话》等书籍，进一步感受神话中神奇的想象和个性鲜明的人物形象。如果可以，跟小伙伴或者爸爸、妈妈讲一讲你读过的神话故事吧。

【学习资源】

1.拓展阅读小古文《夸父逐日》，感受夸父的人物品质。

2.结合"快乐读书吧"，推荐阅读《中国古代神话》。

第八章　寓言单元

第一节　教学建议

寓言是有着积极训诫意涵的短小故事，它紧凑的情节蕴藏着发人深省、严肃深刻的道理。借助一个小故事说理，启发读者的哲理性思考，指向培养学生的思辨能力。寓言及寓言类故事具有的故事性、伦理性、推理性，决定了其在着力培养与提升小学语文核心素养上的教学价值。寓言将寓意藏在浅显易懂的文章中，教学中我们应该启迪学生找到平凡的人物形象背后所蕴藏的真理。

一、遵循寓言阅读的规律，突破教学重难点

读寓言时应该弄懂这些问题：寓言讲述了哪些内容？告诫人们哪些道理？运用了哪些表达方式？对小学三年级的学生而言，前两种问题都是教学要点，而掌握寓言蕴涵的道理才是教学难点所在。

本单元的教学重点是：理解内容，读懂道理，联系生活理解运用。在《陶罐和铁罐》中，从他们的不同结局揭示道理；《守株待兔》抓住关键语句，联系上下文分析农夫"傻"，被宋国人笑话的原因，从而揭示寓意；《池子与河流》可以结合生活实际，从现实的日常生活中找到类似的事情，揭示寓意。在教学过程中，学生逐步掌握揭示寓意的规律：寓言的含义，多藏于人物的对话之中，或是在文后进行解释：要举一反三，密切联系生活实际，深刻领会它蕴涵的深奥道理。

二、整合单元教学内容，突出课程意识

统编教材要求老师应更具备课程整合能力，创造性地教好教材。根据教材主题阅读的性质和编排意图，我们建议对单元课程加以统整，以提高教学实效。可以将单元课文教学与"快乐读书吧"内容进行融合，使学生从整体上把握单

元学习内容和要求。在课文教学后，开展"快乐读书吧"的内容学习，有助于学习者掌握单元的阅读方法，理解寓言的特点与学习方法。因此我们还可以通过阅读推介的方式介绍以下内容：《中国古代寓言》《伊索寓言》《克雷诺夫寓言》，鼓励学生选择其中的一两本书，提前制定阅读计划，进行自主阅读。

要将课文和语文园地中的"日积月累"、课内外阅读有机融合，丰富文化与思想的积淀。学完《守株待兔》，展示"日积月累"的古代成语。从《古代寓言故事》中找出9个寓言故事，读懂大意，把握角色特点，谈谈启示和体会。学习克雷诺夫的《池子与河水》后，阅读《拉·封丹寓言》，体会寓言的特色。

三、聚焦阅读能力培养，强化阅读策略

寓言的目的在于其意或者理。寓言教学以了解含义为内，结合实际为真。建立起寓言和实际生活的关联，是理解寓意的重要方法。可通过联系上下文、图文结合、与生活结合、与已有的知识背景相联系。另外，比较的策略也至关重要。"对比是一切人类认识与思考的基础，而人们就是利用对比来认识世界上的事情的。"（乌申斯基）。将两篇或多份文字（语段、字词）比较阅读，通过分析其差异，找到其共同点和个性特征，从而提高学习者的认知能力。

如何引导进行比较阅读？例如《陶罐和铁罐》一课，我们可横向对比陶罐和铁罐的语言、神态等描写；可纵向对比陶罐、铁罐前后的变形等。通过对比和分角色朗读，使陶罐与铁罐的形象更加鲜明，更好地理解寓言的含义。

在阅读《北风和阳光》时，可以引导学生思考：故事中的北风和文章中的铁罐有哪些相像之处？这就可以对不同文章之间的有关内容进行对比。如《鹿角和鹿腿》课后训练中"下面的3个看法，你赞同哪一个？说说原因。"《池子与河水》课后训练"根据生活实践说一说：池子与河水的看法，你更赞同哪一个？"这些训练都是把阅读资料和自身的阅读积累加以对比，根据阅读经验、生活体验等加以对比领悟。

在实施比较策略的教学过程中，应着重引导学生联系生活实际，展开多元化理解和思维，重新评价事物并感悟意义。《陶罐和铁罐》寓言寄托的道理可以解读为3个方面：哲理1：事情的好坏或者人的优点、短处在特定环境下可以相互转换（要以发展的眼光看问题）；哲理2：各种事和人都有各自的优点与短处（要全方位地看问题）；哲理3：生命启迪：人各有所长，不能以己之长比他人

之短。学习将多角度的思维方式运用于今后的学习和日常生活，打开学生的智慧之门，在语言学习能力提升的同时，实现精神生命的成长。

四、启动项目式学习，开启寓言宝库的大门

根据本单元主题和学习任务，师生发掘资源、制定读书规划，引导孩子步入寓言宝库的大门，共享读书的乐趣与智慧。

1.寓言图书排行榜

在班级书角内设计"寓言书籍榜单"，以十分制的方法引导学生为这4种寓言文学作品集打分，并为它们撰写推介词。老师通过统计大家评价确定自己班的个性化"寓言书籍榜单"，把作品集的封页分别贴了起来，在各个封页的边上，择优选择推荐语，创设积极的寓言阅读氛围。

2.寓言故事收藏集

我国的古代寓言源远流长，话题范围广阔，形象生动，读来既简单又好玩，于是老师先指导学生在《中国古代寓言》中收藏10篇自己比较感兴趣的古代寓言作品，将主题和寓意书写在同一张纸上，再集思广益，把各自收集的寓言作品单装订在一起，形成一个"寓言故事收藏集"，然后老师再指导学生翻阅收藏集，在丰富学生语言积累的基础上，让大家收获做人的道理。

3.寓言故事书签

寓言作品里有不少人物都由动物扮演，这些动物形象与人相似，能想象、会讲话，有着独特的个性，老师指导学生研究作品中人物的个性，想一想：最欣赏哪种个性，最厌恶哪种个性，并从作品中找出相同个性的人物加以归属，制作成书签，在班级文化墙进行展示分享。

4.寓言故事大会展

看图猜故事：提前准备寓言故事图，根据图意猜测是哪一个故事，说出依据，再讲故事。

选动物讲故事：选一种动物，讲述3个和这种动物有关的寓言故事，然后进行研究：同一种动物在不同故事中都是一样的吗？它们分别有哪些特征？以此进行对比阅读，再分组分享收获。

演绎故事：搜集最感兴趣的寓言故事，将其改编、续写，再转化为剧本，进行表演。

寓言故事对对碰：找到相应的生活情境和事例，找到匹配的寓言故事；老师说出寓言故事，学生联系生活，列举实例，共谈体会。

寓言故事评论会：以某寓言作品的思想内涵为辩题，通过评论寓言故事，引导学生围绕某一思想观点，联系日常生活实际，展开辩论，各抒己见，提高表达能力与思辨能力。

（张海芳名师工作室　张晓玲）

第二节　备课举例

【课标分析】

从课标具体分析与本单元内容有关的第二学段"阅读与鉴赏"课程目标为：能复述叙事性作品的大意，初步感受作品中生动的形象和优美的语言，关心作品中人物的命运和喜怒哀乐，与他人交流自己的阅读感受。

从课程内容组织与呈现方式上看，本单元属于"思辨性阅读与表达"学习任务群，该任务群与本单元内容有关的第二学段的学习内容为：阅读解决生活问题的故事，尤其是中华智慧故事，结合自己在生活中遇到的问题学习思考的方法，尝试运用列提纲、画思维导图等方式，表达故事中的道理。

该任务群对与本单元内容有关的第二学段的学习提示为：（1）应根据学生思维发展的特点，在不同学段创设适宜的学习主题和学习情境，将文本阅读和自主探究结合起来，为学生提供广阔的思考、表达和交流空间。（2）应设计阅读、讨论、探究、演讲、写作等多种学习活动，引导学生学习发现、思考、探究问题的思路和方法。第二学段可通过具体例子引导学生知道事实与观点的不同。引导学生发表对文本的看法，尝试表达自己的观点，从文本中寻找证据支持自己的观点。（3）评价要关注学生在问题研究过程中的交流、研讨、分享、演讲等现场表现，以及活动过程中产生的文字、表格、统计图、思维导图等学习成果，要特别关注学生思考的过程和思维的方法。

【教材分析】

三年级下册第二单元以寓言组织单元，是继三年级上册童话单元之后，第二次以文体组元。本单元的语文要素是"读寓言故事，明白其中的道理"。在此之前，学生已经学过一些寓言，对寓言有过感性的认识。这次专门编排寓言单元，旨在引导学生进一步认识和了解寓言，帮助学生形成对寓言这种文学体裁的初步认识。本单元的四篇课文运用多种形式，引导学生不仅要理解寓言故事的内容，还要关注寓言中蕴含的道理，"交流平台"则引导学生对寓言的基本特点及阅读寓言的好处进行了总结梳理。

本单元编排了4则寓言故事：《守株待兔》《陶罐和铁罐》《鹿角和鹿腿》《池子与河流》。4则寓言故事涵盖古今中外，有中国古代寓言、当代寓言，也有伊索寓言和克雷洛夫寓言；文体有故事，还有诗歌。丰富多样的学习素材，为学生认识、了解寓言打开了一扇窗。

本单元的习作是看图作文，要求是"把图画的内容写清楚"，习作安排的是"看图画，写一写"。第一学段教材安排过"看图讲故事"和"看图写话"，要求学生观察画面，看懂图意，并发挥想象，把图画的内容写下来。三年级上册和本册第一单元对如何观察开展了进一步的训练，学生对按一定顺序观察有了基本的能力。在此基础上，本次习作进一步学习按顺序观察图画，并根据图画展开想象，把自己看到的、想到的写清楚。

本单元还安排了"快乐读书吧"栏目，推荐阅读《中国古代寓言》《伊索寓言》《克雷洛夫寓言》等经典寓言故事，提示阅读寓言故事的基本方法，旨在进一步激发学生阅读寓言故事的兴趣。

【学情分析】

寓言故事深受小学生的喜爱。在此之前，学生已经学过一些寓言，如二年级的《寓言两则》，对寓言有过感性的认识。在此基础上，引导学生进一步认识和了解寓言，帮助学生形成对寓言这种文学体裁的初步认识。引导学生不仅要理解寓言故事的内容，还要关注寓言中蕴含的道理，能够联系生活实际加以理解和体会，从而提高思辨能力。

【单元目标】

基于学习内容的分析、三年级的学情分析以及单元要素、核心任务的分析，本单元的学习目标确定为：

1.认识、会写本单元生字词，读准本单元多音字，运用多种方法认识、理解生字；能发现"源源不断、无忧无虑"等词的特点并写出相同结构的词语；积累源于寓言故事的成语。

2.能正确、流利、有感情地朗读课文，背诵《守株待兔》。能结合相关语句，读懂故事，明白道理，并能联系生活中的人和事深入理解。

3.能积极参与讨论，表明自己的观点并说清楚理由。

4.按一定顺序观察图画，展开想象。

5.喜欢阅读寓言故事。

【单元评价】

1. 目标1的评价通过抽查生字词的认读、书写、仿写词语、展示积累本等方式来完成。

2. 目标2和目标3主要通过抽查课文的朗读及背诵、课堂上的探究、实践、交流等活动，来评价学生在学习寓言的过程中，是否有对故事的兴趣，掌握寓言的学习方法。

3. 目标4通过习作展示进行评价。

4. 目标5通过开展寓言故事分享会，来检验学生是否养成了阅读寓言的兴趣。

5.通过单元作业检测，评价单元目标达成度，以此修正、调整后续的学习。

【问题系统】

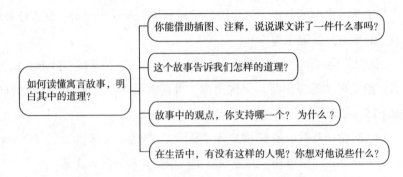

图 3-8-1　如何读懂寓言故事，明白其中的道理

【单元规划】

　　本单元具体内容见下表:

表 3-8-1　寓言单元的具体内容

教学内容	核心任务	课时目标	课时安排
《守株待兔》	读寓言故事，明白其中的道理	1.正确、有感情地朗读课文；掌握重点字词，梳理文章大意 2.通过朗读，理解文章主要内容；创设情境、小组合作，懂得其中蕴含的道理	2课时
《陶罐和铁罐》		1.结合课文相关词句，了解陶罐和铁罐不同的性格特点，分角色朗读课文 2.默读课文，能说出陶罐和铁罐之间发生的故事，懂得每个人都有长处和短处。学习正确看待他人和事物 3.比较阅读，说说北风和课文中陶罐的相似之处	2课时
《鹿角和鹿腿》		1.就课后提到的两个观点，引发学生进行多元解读，并根据课文内容说出自身的理由 2.提高阅读文章的主体意识，关注于"变化"，对两个观点进行思辨，"寻找结果—探明原因—说出理由—得出寓意"	2课时

续表

教学内容	核心任务	课时目标	课时安排
《池子与河流》	读寓言故事，明白其中的道理	1.分角色朗读课文，感悟池子与河流的角色特点 2.找一找生活中像池子与河流的人，联系生活实际，谈谈自己的看法	1课时
习作：看图画，写一写		仔细观察图片，看得明白画意，并充分发挥想象力，把插图的具体内容写下来	2课时
快乐读书吧		推荐阅读其他古今中外的经典寓言故事，提示一些阅读的基本方法，激发学生的寓言阅读兴趣	1课时

本单元的导语：寓言是生活的一面镜子。

语文要素：读寓言故事，明白其中的道理；把图画的内容写清楚。

核心任务：读寓言故事，明白其中的道理。

单元架构见下图：

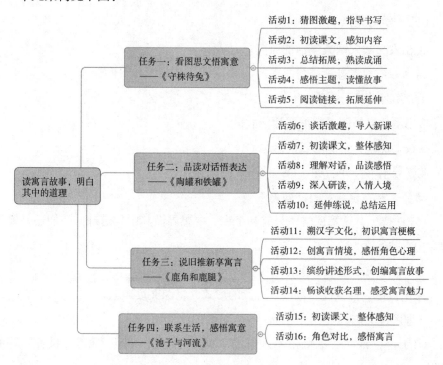

图 3-8-2　寓言单元的单元架构

【单元备课】

任务一：看图思文悟寓意
——《守株待兔》

★ 第一课时

（一）学习目标

1.能正确认读"宋、耕"等4个生字，正确读写"守、株"等9个字。

2.正确、流利地朗读课文。能借助注释和插图懂寓言故事，说出农夫被宋国人笑话的原因。

（二）学习重点

正确、流利朗读文言文，能借助注释和文中插图读懂寓言故事。

（三）学习难点

说出农夫被宋国人笑话的原因。

活动一：猜图激趣，指导书写

1.介绍韩非子。

2.出示故事插图，根据图片猜故事。

3.板书课题，猜测题目的意思。

4.指导书写"守、株、待"。

活动二：初读课文，感知内容

《守株待兔》这篇课文中只有39个字，要想弄懂其中的道理，我们还是要到课文中寻找答案。

1.正确读文，把握节奏。

采用自读、抽生读、范读、齐读的形式，将课文读通顺。

2.理解课文内容。

（1）再读课文，圈画出不理解的字词。弄明白"耒""耕""耕者"等的意思。

（2）借助插图、注释，说说课文讲了一件什么事。

（3）解读重点语句"因释其耒而守株。"

活动三：总结拓展，熟读成诵

1.结合课文插图，交流：最后，农夫会想到什么？他为什么会被别人嘲笑？你打算怎么劝说他？

2.熟读成诵。可以配乐读，读出韵味；也可以像古人一样吟诵；熟读成诵。

学习反思：对于文言文，怎样更好地理解它的意思？

小结：除了反复诵读，借助课文插图、注释，都是读懂文言文的好方法。

★ 第二课时

（一）学习目标

1.再读课文，感悟寓意，读懂故事。

2.读读"阅读链接"中的《南辕北辙》，思考乘车人错在哪里。

（二）学习重点

感悟寓意，读懂《守株待兔》。

（三）学习难点

弄懂《南辕北辙》故事中乘车人所犯的错误。

活动四：感悟主题，读懂故事

1.讨论：读了这个故事受到了怎样的启发？

2.分享在生活中遇到过的类似事情。

3.古今对照，感知异同。出示《守株待兔》现代文。对比阅读，感受文言文和现代文的不同。

活动五：阅读链接，拓展延伸

1.出示《南辕北辙》，用自己的话讲讲这个故事。（学生交流）

2.理解寓意，坐车人错在哪里？

学习反思：今天学习的两个寓言故事有哪些相同之处？

小结：寓言中的人物对自己的想法和做法都很执着，不听劝告，不知变通；这两个寓言故事都演化为成语；结果都以失败告终。

板书设计：

守株待兔　　起因：兔走触株，折颈而死　　⎫
　　　　　　经过：因释其耒而守株　　　　⎬ 妄想不劳而获，结果一无所获。
　　　　　　结果：身为宋国笑　　　　　　⎭

（张晓玲子工作室成员　宋晓娜）

任务二：品读对话学表达
——《陶罐和铁罐》

★**第一课时**

（一）学习目标

1.认识"陶、罐"等11个生字，会写"骄、谦"等15个字，会写"国王、骄傲"等18个词语。

2.结合课文相关词句，了解陶罐和铁罐不同的性格特点。分角色朗读课文。

（二）学习重点

通过陶罐和铁罐的对话、神态描写，了解陶罐和铁罐不同的性格特点。

（三）学习难点

懂得每个人都有长处和短处，学习正确看待人和事物。

活动六：谈话激趣，导入新课

1.出示陶罐和铁罐的图片激趣导入。

2.板书课文题目，揭示并了解作者。

活动七：初读课文，整体感知

1.自读课文，注意字音，读通句子。

2.检查字词。

3.说说故事的主要内容。

活动八：理解对话，品读感悟

1.了解陶罐、铁罐的性格特点。

（1）默读课文1～9自然段，把铁罐和陶罐说的话画出来。

（2）说说陶罐和铁罐有怎样的性格特点?（学生交流）

（3）分角色朗读。在读好的基础上还可以配上动作来表演，并展示点评。

2.了解陶罐与铁罐的命运。

（1）随着时间的推移，陶罐的样子发生了怎样的变化? 请大家快速阅读10～17自然段。

（2）聚焦人们发现陶罐时的态度，思考：为什么会这样呢?

（3）听到人们的赞美，陶罐是怎么说的?

（4）假如此时铁罐在旁边，它又会怎么想，怎么说呢? 可是能听得到吗?

学习反思：

1.出示概括题：御厨里的铁罐觉得自己_____，而陶罐_____，经常_____。很多年后，从废墟里被掘出来的陶罐仍然_____，而铁罐_____。

2.根据课文内容和概括，完成鱼骨图。

3.借助鱼骨图和四组词语，用自己的话讲一讲这个故事。

★ 第二课时

（一）学习目标

1.再读课文，品读对话，感悟特点。

2.懂得每个人都有长处和短处，学习正确看待人和事物。

（二）学习重难点

懂得每个人和事物都有自己的长处，也有自己的短处，要学会正确看待。

活动九：深入研读，入境入情

1.品读文本，感悟特点。

（1）铁罐常常奚落陶罐，谁来读一读?

（2）读了铁罐的话，你感受到了什么? 从哪里看出来的?

（3）陶罐是怎样说的?

（4）同桌互相表演读一读。

2.揭示寓意，明白道理。这个故事告诉我们怎样的道理? 联系生活实际，思考故事带来的启示。

活动十：延伸练说，总结运用

出示练说题。

第二天早晨，太阳暖暖地射进橱柜，陶罐睁开眼看见了他的兄弟铁罐……

"（　　　　）"陶罐（　　　　）地说。

"（　　　　）"铁罐（　　　　）地说，"（　　　　）！"

预设：

"嗨，铁罐兄弟，早上好！"陶罐高兴地说。

"谁是你兄弟。"铁罐扭过头去说，"我不想和你说话，看见你就烦！"

学习反思：铁罐总是没好气地奚落陶罐，日子一天天，一年年地过去，铁罐碰碎陶罐了吗？若干年后又会发生什么？

读了这则寓言故事，你想到了什么？

板书设计：

$$\text{陶罐和铁罐}\begin{cases}\text{国王的橱柜}\begin{cases}\text{铁罐：傲慢、轻蔑、恼怒、愤怒}\\\text{陶罐：谦虚、友善、宽容、大度}\end{cases}\\\\\text{荒凉的废墟}\begin{cases}\text{陶罐：光洁朴素、成为文物}\\\text{铁罐：无影无踪、化为泥土}\end{cases}\end{cases}\quad\begin{matrix}\text{正视自己}\\\text{尊重他人}\end{matrix}$$

（张晓玲子工作室成员　梁伟伟）

任务三：角色代入明道理
——《鹿角和鹿腿》

（一）学习目标

1.正确、流利、有感情地朗读课文，熟悉"皱、配"等5个生字，读准"称、禁"等多音字，会写"池塘、痛快"等词语。

2.通过设计情境讲故事，感受鹿在自我欣赏时的心理变化及其被追时的复杂心态，进而感受寓言情节与角色情感的变化。

3.辩证思考，得出寓意。

（二）学习重点

通过设计情境讲故事，感受鹿在自我欣赏时的心理变化及其被追时的复杂心态，进而感受寓言情节与角色情感的变化。

（三）学习难点

辩证思考，得出寓意。

★第一课时

活动十一：追溯汉字文化，把握寓言梗概

1.溯汉字文化，引出课题。

（1）出示甲骨文的"鹿"字，让学生猜一猜是哪个汉字，以此激发学生的学习兴趣。

（2）介绍课本插图。

小结：祖先描摹鹿的样子，并慢慢地演变出了"鹿"的字形。突出鹿角和鹿腿，引起学生注意，从而准确地记忆"鹿"。

2.明确学习任务。

（1）自由读课文：读准字音。

（2）把握主要内容。出示小鹿的日记，了解他在这一日的遭遇。

11月5日　星期四　阳光灿烂

今天，真是惊险极了！

原本，我正在池边喝水，却无意中看到了自己倒映在水面上的身影。我_____自己漂亮的角，_____四条长脚都长得丑陋。忽然，一头雄狮朝我扑来，两个漂亮的角差点儿_____，但四条丑陋的长脚却使我_____。

在初读课文中，学生较易读错多音字，此环节将提供汉字的各种释义和相应词语，有助于学生辨别词义，读准字音。在把握故事大意时，通过出示的支架，利用填空的方法降低难度，从而了解故事梗概，为讲故事做好铺垫。

活动十二：创设寓言情境，感悟角色心情

1.场景一：欣赏与抱怨。

（1）抓住语言，体会心情变化。自由读课文，画出小鹿说的话，体会语气词"咦、啊、唉"以及"！"所表达的情感，通过有感情的朗读，读出鹿的心情变化。

（2）抓住动作、神态，体会心情变化。再读课文，边读边圈画出鹿动作、神态的词语。一个关键词体现了鹿对角与腿的不同看法。鹿角：精美别致；鹿腿：太细了。

2.场景二：从狮口逃生后，鹿的心情又将有哪些改变。

（1）讨论交流"角"和"腿"在逃生中的危害或作用，体会鹿的心情的变化。

（2）采用补白的方式营造情境，把孩子带入故事之中，深入体会鹿在逃生中的波折以及心情发生的变化。

突遇险境（惊恐）小鹿快跑—鹿腿使其轻松逃脱（高兴）—鹿角再次遇险（更惊恐）撒腿就跑—鹿腿使其狮口逃生（侥幸、恍然大悟）。

抓住"就在这个时候、突然"等词语，感受鹿紧张的心情，从而读好故事。

学习反思：老师安排了两次朗读指导，让学生找到4个描述小鹿心理的词语，找到两种截然不同的态度。第二次采取了开放型的教学方法，让学生自读自悟，体会鹿逃亡时着急、惊恐、焦急、畏惧、侥幸等错综复杂的情感变化，教师随机引导，为复述课文、感悟故事做好铺垫。

★第二课时

（一）学习目标

1.声情并茂讲故事。

2.改编故事。

（二）学习重点

抓住语气词、关键字等的提示，进行故事讲述。

（三）学习难点

根据自己对课文的理解，进行创编。

活动十三：缤纷讲述形式，创编寓言故事

1.声情并茂地讲述故事。

（1）出示学习要求：绘声绘色讲故事。抓住语气词、关键字等的提示，进行故事讲述。（可以让学生把关键词写在提示卡片上，提示自己讲故事）

（2）多种形式讲故事：合作讲故事（分场景、分角色），学生相互评价。

2.改编寓言。

学生根据自己对课文的理解，进行创编。学生可以认识鹿角的意义，降低理解寓意的难度，同时进一步体会《伊索寓言》的语言特色，正确把握动物的特征，以动物为喻，明白为人处世的道理。

鹿角到底有没有用？根据小鹿写下的日记，展开想象，创编故事。

11月6日　星期五　阳光灿烂

今天，真是幸福极了！

原本，我在池子边喝水，无意中看到了自己倒映在水面上的身影。我抱怨自己的角，差点儿就给自己送了性命;欣赏四条灵活的脚，正是它使我从狮口逃生。

后来，一个母鹿朝我靠近，并称赞我英俊潇洒，尤其爱我的角。她看我的眼睛，真是温柔极了！两个漂亮的角使我有了新的伙伴，这真是太棒啦……

3.出示课后观点：支持哪一个，并说明理由。

学生们进行了辩论，让学生们听进去又跳出来，运用审辨性思考明白了鹿角和鹿腿都很重要，就如同人人都有自己的特点。

活动十四：畅谈收获明理，感受寓言魅力

刚才同学们运用比较策略体会了鹿对角和腿态度的变化、故事情节的反转等，运用多种形式讲故事，还进行创编故事，说说你在活动中的收获吧！

小结：学生重点朗读鹿的心情变化，推动了故事的发展。第一次学生找到了4处对鹿的心理描写，读出不同的语气。第二次通过自读自悟，说出鹿逃跑时紧张、害怕、着急、恐惧、侥幸等复杂的情感变化，为复述课文、体会寓意做好铺垫。

学习反思：通过本节课的学习，你有哪些收获？

小结：本节课，我们在读故事、讲故事的过程中加深理解和体悟。通过一个小故事，告诉我们一个大道理，这就是寓言的魅力。

板书设计：

鹿角　美丽　欣赏　差点送命

鹿腿　难看　抱怨　狮口逃生

鹿角和鹿腿

尺有所短　寸有所长

取长补短　相得益彰

（张晓玲子工作室成员　周常秀）

任务四：拓展对比升主题
——《池子与河流》

（一）学习目标

1.会认"滔、涯"等8个生字。

2.分角色朗读课文。能结合生活实际对池子与河流的观点发表自己的看法。

（二）学习重点

感悟角色特点，结合生活实际对池子与河流的观点发表自己的看法。

（三）学习难点

联系生活实际，理解寓意。

活动十五：初读课文，整体把握

1.按照自读提示，初读课文。

2.检查生字自读情况。

3.借助文中关键语句，说说这首诗歌主要写了一件什么事。

池子喜欢_____的生活，而河流遵循_____的自然规律，最后河流_____，而池子却_____。

活动十六：拓展对比，升华主题

1.感知角色特点

（1）出示自读要求：画出表现池子和河流不同点的语句。

（2）派学生代表汇报交流，互相补充。

（3）再读相关语句。

2.感悟寓意，联系生活

（1）对于池子与河流的观点，你更赞同谁的？为什么？

（2）借助原文中的语言，对诗歌中的角色说说自己的心里话。

（3）思考：在生活中，有没有像池子、河流一样的人呢？你会对他们说什么？

学习反思：这则寓言和我们学过的前三篇课文有什么不同之处？我们在生活和学习中，应该怎样做呢？

小结：体会诗歌的表达形式。在学习过程中，我们要联系生活实际，加深对寓言的理解。

板书设计：

池子与河流

池子　　对比　　河流

无忧无虑　　　　　奔流不息

完全干枯　　　　　长流不断

奋斗不止

生命不息

（张晓玲子工作室成员　王春美）

【单元作业】

单元作业与检测

一、基础性作业

（一）读拼音，写词语

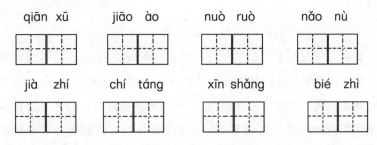

（二）读句子，用"√"标出加点字的正确读音

1.小娟的字写得匀称（chēng chèn）美观，受到很多人的称（chēng chèn）赞。

2.小虫在蜘蛛网上挣（zhēng zhèng）扎着，却怎么也挣（zhēng zhèng）脱不了。

3.看着妹妹撒（sǎ sā）娇的样子，妈妈不禁（jīn jìn）笑了起来。

（三）词语巧填空

1.把下列词语补充完整。

自相（　　）（　　）　（　　）（　　）盗铃　　杞（　　）忧（　　）

邯郸（　　）（　　）　（　　）（　　）蛇影　　画（　　）添（　　）

2.照样子，写词语。

①源源不断（AABC式）　_____　_____　_____

②无忧无虑（ABAC式）　_____　_____　_____

二、发展性作业

（一）句子训练

1.姐姐_____："难道墙壁还会'冒汗'？"（把句子补充完整）

2.这四条腿太细了，怎么配得上这两只美丽的角呢？（改为陈述句）

_____

3.他说："没关系，我的马跑得快。"（改为转述句）

_____

4.因释其耒而守株，冀复得兔。（写出这句话的意思）

_____

（二）我会阅读

掩（yǎn）耳盗（dào）铃

从前有一个人，看见人家大门上挂着一个铃铛（dāng），想把它偷（tōu）走。他明明知道，那个铃铛只要用手一碰（pèng），就会丁零丁零地响起来，被人发觉。可是他想："如果把耳朵掩住，响声不就听不见了吗？"他掩住了自己的耳朵，伸手去偷铃铛。没想到手刚碰到铃铛，他就被人发现了。

1.文中哪句话写出了"掩耳盗铃"的意思？用"﹏﹏﹏"画出来。

2.在正确的答案后面画"√"。

《掩耳盗铃》这则寓言告诉我们：

①偷别人的东西时，光把耳朵掩起来是不够的。（　　　）

②自己欺骗自己的想法和做法都是十分愚蠢的。（　　　　）

③放在外面的东西一定要防止人偷窃。（　　　）

3.“掩耳盗铃”的人为什么被人发现了？

_____

4.你还知道哪些关于寓言故事的成语？（至少写三个）

_____

（三）拓展阅读

读一读《滥竽充数》这个故事，并且写下自己的感受。

（张晓玲子工作室成员　于禹轩）

第九章　革命文化单元

第一节　教学建议

教育的根本任务是立德树人。钟易之指出：“语文课是思想道德教育的重要载体，承担着对学生进行思想道德教育的责任。”小学语文统编教材体现了国家意志，是为党育人、为国育才。陈先云教授强调“文道统一”的原则，在语言文字、价值取向与教学实践中，寻求着力点，提升语文教材的育人价值。根据革命传统文化教育题材类文本，题材丰富、类别多样，聚散有致、螺旋上升等特点，教学中要基于语文本位，基于儿童立场，创设革命情境，采取合适的教学策略，激发阅读兴趣，感悟人物形象，丰富学生情感，感受并传承民族精神。

一、创设情境，获取情感体验

革命传统教育的课文离学生出生的年代非常遥远，他们很难想象当时局势的恶劣和政治斗争的严酷，更无法了解革命先驱们抛头颅洒热血的革命精神。教学中，可以通过多种方式，创设情境，缩短学习者与学习内容的距离，进而引起情感共鸣。

1.依托媒体，再现情境

如《刘胡兰》一课，故事背景离我们的生活实际较远，教师在教学时，可先出示刘胡兰视死如归的图片和电影《刘胡兰》的精彩片段，使学生对文中所记载的社会历史故事有更直接的认识。然后，让他们互相交流在这些录像、照片中究竟体会到了什么？在此基础上，老师再让他们走进课文，寻找描述刘胡兰语言、动作的语句，让他们在边阅读边想象场景的过程中，感受刘胡兰视死如归的英雄气概。最后，通过观看影片《长津湖》的片段，许多孩子都深受感动，思维和情感也得到了更进一步的提升。

2.联系背景，知人论世

只有在当时的大语境当中，才能够更好地把握住文本所呈现的革命文化人物和革命文化精神的内涵，所以我们可以联系时代背景、历史背景、社会背景，帮助学生知人论世。三年级上册的《手术台就是阵地》写的是齐会战斗打响时，伟大的国际主义战士白求恩同志，不顾安危，坚守在硝烟滚滚、弹片纷飞的手术台边，争分夺秒地给伤员做手术。什么是国际主义战士？学生不懂，也不明白。怎样将学生的思维代入到那个战火纷飞的时代，走进白求恩动手术的特殊场景？这就需要我们通过课前布置查找当时时代背景的相关资料，组织分享交流，教师适当补充讲解，可帮助学生充分了解文本内容所处的真实社会环境和历史背景，拉近学生与文本之间的距离，让学生体会到白求恩的革命人物形象。

3.补充资料，切身体悟

《八角楼上》一课，学生们在认真学习课文后，能体会到对毛泽东为革命的辛苦付出。但学生对毛泽东主席的认识还不够全面。所以，本课教学要在学生充分理解课文的基础上，适当补充关于毛主席的其他故事。如《毛泽东与一件棉袄的故事》《毛泽东与毛岸英"约法三章"》等，使学生深刻体会毛泽东不仅是一个生活俭朴、备受群众敬爱的好主席，还是一位杰出的政治家、诗人。另外，统编教材中还有其他讲述伟人平凡事迹的文章，如《为中华之崛起而读书》《邓小平爷爷植树》等。在了解人物精神品质的基础上，适度扩充其他素材，使学生在群文读书活动中，对伟人的光辉形象有全方位的了解与掌握。

二、聚焦表达，体悟人物形象

革命传统教育类课文中讲述的故事，都有感人的英雄故事和高大的人物形象，但仅凭一件事的缩影或某个片段，很难在学生心中塑造深刻的英雄形象。教学时，我们可以通过引导学生关注细节化的言行、神态、心理活动描写和侧面描写等，体会人物精神。聚焦语言，引导学生抓住关键词句，感悟人物形象，将品读语言文字与内在精神力量有机结合，将要素落实与渗透红色基因有机结合，使学生在评赏语言中"理解和运用祖国的语言文字"，才能真正实现人文性与工具性的融合。

比如《难忘的泼水节》，可以借助插图，抓住周总理的衣着、神态、动作等读懂周总理与傣族人民欢庆泼水节的喜庆，感受"总理爱人民，人民爱总理"的伟大情怀。

三、文道统一，传承革命精神

在学习课文时，提倡学科融合，应辅以多种手段，积极引导学生开展语文综合性学习，在实践中传承革命精神。

1.学科融合，丰富体验

教学时，可以根据文本需要融合不同学科，架构起语文学科与音乐、体育、美术等学科形成综合性学习，更能深刻帮助学生感受革命传统教育题材类课文丰富的精神内涵。

学习《朱德的扁担》，可以将语文学科与美术、音乐等学科相融合。在班级举行一次"我心中的朱德爷爷"绘画展，请学生画一画朱德，感受英雄形象；还可以举办"朱德爷爷故事汇"，让学生讲一讲自己所知道的朱德爷爷的故事，更多层次地了解英雄；举行"红歌赛"，让学生唱一唱，在歌声中体会英雄精神；还可以让学生观看相关影片、写一篇观后感、做一份手抄报等。学生在体会、感悟、实践、表达中建立起震撼的英雄形象，在自己的生活中，也更好地传承伟人那种无私奉献的革命精神。

2.优化实践，坚定信念

课文的精神内涵不能只局限在课堂上，应与语文综合实践活动有机结合。学习《金色的鱼钩》，号召学生去采访老红军、老革命，亲耳听一听那段波澜壮阔的历史，感受革命品质；学习《延安，我把你追寻》，带领学生打卡家乡的红色地标（天福山起义纪念馆），手绘红色地图，寻访红色足迹（理琪雕塑、于得水、张玉华少将起义地点等），亲身体验红色精神的伟大；学习《开国大典》，组织开展"吃红军饭，观看阅兵式，做红军战士"等系列红色实践，重温历史，感受成功的来之不易；学习《为人民服务》，带领学生走进社区清除小广告，走进敬老院，进行爱心义卖，参加志愿活动，将爱党爱国爱人民的精神外化于行。

3.联系实际，知行合一

革命文化教育的核心就是价值观的渗透。最好的革命文化教育就是知行合一，革命精神内化于心，然后外化于行。要结合学生的实际情况，指导学生接触现实社会生活，感受革命精神及其对今天中国的现实意义，有的放矢，培养公民基本道德品质。革命文化教育的课文，包括阅读链接的文章，都有重要的使命，它承载着国家意志，以及要渗透的主流的、正确的价值观。

（张海芳名师子工作室　孙海鹏）

第二节　备课举例

【课标分析】

《义务教育语文课程标准（2022年版）》在第一学段要求中指出："初步懂得幸福生活是革命先辈浴血奋战、艰苦奋斗换来的，激发对革命领袖、革命家、英雄人物的崇敬之情。"革命文化是语文课程内容的主题之一，革命文化题材的课文教学在小学语文课程中有着非常重要的作用。阅读这些课文，让学生们走近那个战火纷飞的年代，了解中国革命故事，深刻领会民族情怀，有利于激发学生对革命先辈的崇敬之情。

从课程内容组织与呈现方式上看，本单元属于"文学阅读与创意表达"学习任务群，该任务群与本单元内容有关的第一学段的学习内容为：阅读并学习讲述革命领袖、革命英雄、爱国志士的童年故事，表达敬仰之情和向他们学习的愿望。

该任务群对与本单元内容有关的第一学段的学习提示为：（1）注意整合听说读写，引导学生综合运用朗读、讲述的方法学习作品；（2）评价应围绕学生阅读文学作品的过程性表现进行。第二学段关注阅读兴趣，通过朗读和想象等，侧重考查学生对作品情境、节奏和韵味的大体感受。

【 教材分析 】

　　二年级上册第六单元是第一次以单元集中编排、指向革命文化教育的单元。这一单元主题编排了《八角楼上》《朱德的扁担》《难忘的泼水节》《刘胡兰》4篇课文。这些课文讲述的都是革命领袖和革命先烈的事迹，引领学生感受革命领袖和革命先烈的崇高品质，初步渗透革命传统教育。

　　"借助词句，了解课文内容"是本单元的语文要素。其中，《八角楼上》结合插图体会词语的意思，从而读懂课文内容；《朱德的扁担》借助描写朱德同志挑粮时的动宾短语，体会朱德同志与战士们同甘共苦的精神；《难忘的泼水节》借助关键词语，感受周总理和傣族人民过泼水节的场景；《刘胡兰》联系上下文了解词语的意思，再借助词句体会刘胡兰宁死不屈的精神。通过多种方法，帮助学生了解课文内容。

【 学情分析 】

　　一年级上册学过《我是中国人》《升国旗》，下册学过《吃水不忘挖井人》《我多想去看看》，都是爱国题材的课文，使孩子有了初步的爱国认知。本单元的课文有鲜明的主题教育意义，讲述的内容距离学生生活较远，学生在理解上会有一定的困难，在教学中需要注意对于主题教育意义的把握，不能离开语言文字架空分析，要结合课后思考练习题引导学生了解课文内容。可以适当补充必要的背景资料，但要考虑低年级学生的接受水平，把握好度，切忌补充太多、太深。利用前后学习内容的关联，帮助学生对老一辈革命家家形成一定的认知；借助图画，联系生活实际，理解词句的意思，从而了解故事内容。

【 单元目标 】

　　基于本单元的语文要素"借助词句，了解课文内容"、教材编排的内容、学生学情的分析以及与文本、作者、编者的对话，从整体出发，确定了本单元的教学目标为：

　　1.认识"楼、争"等49个生字，读准2个多音字，会写"楼、年"等32个字，会写"八角楼、深夜"等33个词语。

2.正确、流利地朗读课文。能借助插图和联系上下文理解词句的意思，从而理解课文内容。

3.能借助词句，讲述故事，感受革命领袖和革命英雄的精神，并由衷产生敬意。

【单元评价】

1.通过检测生字词的读写以及朗读课文，达成单元目标1。

2.通过课堂上的理解、实践、表达、讲述等学习活动，评价学生是否能够借助课文插图或联系上下文理解词语，根据词句理解课文的内容，达成单元目标2。

3.通过开展故事分享会，借助"革命先辈故事我来讲评价表"检验学生是否能借助词句讲故事，达成目标3。

4.通过单元作业检测，评价单元目标达成度，并及时修正学习。

【问题系统】

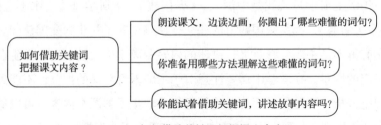

图3-9-1　如何借助关键词把握课文内容

【单元规划】

本单元具体内容见下表：

表3-9-1　革命文化单元的具体内容

教学内容	核心任务	课时目标	课时安排
《八角楼上》	抓住关键词句，理解故事内容	1.朗读课文，圈出不懂的词句，借助插图理解词句的意思 2.能抓住"寒冬腊月、穿着单军衣、盖着薄毯子、凝视、沉思、没有察觉"，读懂毛主席努力工作的情景	2课时

续表

教学内容	核心任务	课时目标	课时安排
《朱德的扁担》		1.朗读课文，能找出朱德挑粮的句子，学习动宾短语的搭配，积累并运用 2.能说出战士们敬爱朱德同志的原因，讲述故事	2课时
《难忘的泼水节》		1.能通过观察插图，找到描写周总理的句子，并积累 2.能借助关键词语，讲述周总理和傣族人民过泼水节的情景，体会总理的平易近人	2课时
《刘胡兰》		1.能联系上下文，读懂"收买、威胁、牺牲"的意思 2.小组讲述刘胡兰的故事，感受刘胡兰同志英勇不屈的精神	1课时
"口语交际"与"日积月累"		1.按顺序讲清楚图意，连成故事 2.通过拓展励志名言，激励学生从小立志，努力成才	1课时
我爱阅读		1.运用本单元学过的方法自主阅读，了解鲁班发明锯的故事 2.小组交流，互相启发，感受鲁班的优秀品质	1课时

表 3-9-2　革命先辈故事我来讲评价表

评价项目	评价要点	评价标准	星级
故事内容	主题鲜明，观点正确，内容充实具体，生动感人	用上3个以上关键词语，完整讲述故事内容	★★★
		不能恰当运用关键词语，故事内容较为完整	★★
		能大体讲述故事内容，内容不够具体	★
语言表达	语言规范，表达自然，是否注意语言技巧	语言规范，吐字清晰，声音洪亮；表达准确，流畅、自然；语言技巧处理得当，语速恰当，语气、语调、音量、节奏张弛有度，符合故事情感的起伏变化，熟练讲述故事内容	★★★
		语言比较规范，声音清楚，表达比较流畅，讲述较为熟练	★★
		声音不够洪亮，语言不够连贯，讲述不熟练	★

评价项目	评价要点	评价标准	星级
形象风度	精神面貌，着装、举止是否恰当，讲述与是否具有感染力	精神饱满，能较好地运用姿态、动作、手势、表情辅助表达；衣着朴素大方，举止自然得体；讲述的内容富有感染力	★★★
		精神状态好，注意表情，适当运用手势等，有一定的感染力	★★
		精神状态一般，表情不够丰富，讲述较为平淡	★

单元语文要素：借助词句，了解课文内容。

核心任务：学习借关键词句，理解课文内容，讲革命先辈故事。

单元架构见下图：

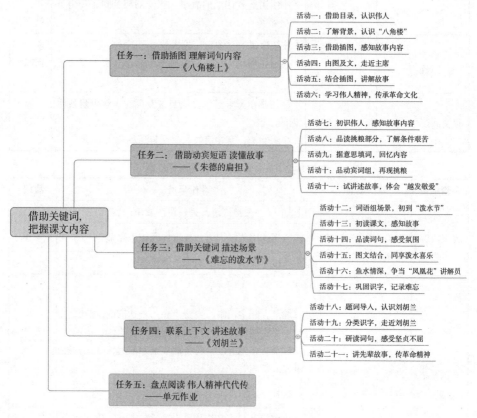

图 3-9-2　革命文化单元的单元架构

【单元备课】

任务一：借助插图　理解词句内容
——《八角楼上》

★第一课时

（一）学习目标

1.运用自己喜欢的识字方法识记"楼、争"等10个生字。能观察生字的结构，正确、规范书写6个生字，会写"八角楼、深夜"等6个词语。

2.能正确、流利地朗读课文，初步体会毛主席为领导中国革命忘我工作的精神。

3.能借助插图理解词语的意思，说说毛主席是怎样工作的。

（二）学习重点

借助插图理解词语的意思，知道毛主席是怎样工作的。

（三）学习难点

根据内容，体会毛主席为领导中国革命忘我工作的精神。

活动一：借助目录，认识伟人

1.出示革命先辈人物照片，简单说说自己知道的革命先辈们的故事。

2.看照片，认识革命伟人。

活动二：了解背景，认识"八角楼"

1.出示图片："井冈山""茅坪村""八角楼"。

交流自己搜集的资料。除了八角楼，你还见过什么楼？识记"楼"字，并组词。

2.揭示课题：关于这座八角楼，你想了解些什么？

3.了解八角楼和故事背景，感知那时条件的艰苦。

为什么把这座楼称为"八角楼"呢？（出示毛主席住的八角楼图）

师：1927年，伟大领袖毛主席率领秋收起义部队在湖南和江西西省交界处的井冈山上建立了我国第一个农村革命根据地。当时生活条件非常艰苦，毛主席就住在井冈山上的一个村子里。这个村子叫茅坪村。村子里有一座小楼，毛主席就住在那儿，因为楼的屋顶是八角形，所以叫八角楼。在井冈山期间，毛主席就在这座八角楼休息、办公。这篇文章就写了毛主席在里面工作的情景。

活动三：借助插图，感知故事内容

1.读课文，勾画出不认识的字，根据注音拼读。读不通顺的地方反复多读几遍。

2.学生试读，指名分自然段朗读。

3.认读并理解词语，小组交流词语的意思。师生参与评价。

军衣　毯子　文章　灯芯

4.指导书写生字，书写完后反馈。

5.找出词语所在句段，读一读，说说你读懂了什么？

出示：这是个寒冬腊月的深夜。毛主席穿着军衣……凝视着这星星之火，毛主席在沉思，连毯子滑落下来也没有察觉到。

出示插图，观察插图：你都看到了什么？

提示：主席工作时"夜幕降临"；主席条件很艰苦"寒冬腊月，穿着单军衣，盖着薄毯子"；主席工作很认真"凝视、沉思、没有察觉到"。

6.借助插图，了解内容。感知课文内容：课文先写了什么，再写了什么，最后写了什么？

学习反思：同学们，这就是我们的伟大领袖毛主席。来，说说你的收获吧，你是怎样知道了课文写了什么事呢？

小结：对呀，我们一边读课文，一边观察图片，根据图片理解了很多词语，知道了课文内容。

★ 第二课时

活动四：由图及文，走近主席

上节课我们了解到，1927年秋天，毛主席住在一个叫茅坪的小村子，每当夜幕降临，毛主席就在八角楼上忘我地工作，今天，我们继续走进《八角楼上》，看看毛主席是怎样工作的。

1.从图到文，观察主席的穿着，体会条件艰苦

（1）找出描写主席衣着的句子。看图出示单军衣的照片。说说自己的感受。

（2）联系生活，对比理解"寒冬腊月"。想一想，寒冬腊月是什么时候？天

气怎么样？你会穿什么样的衣服？在寒冬腊月的深夜，毛主席穿的是什么，说说你的想法。

预设：冷得瑟瑟发抖。可能手脚都冻麻了。

联系课文第一句话："井冈山艰苦斗争的年代"。

认读"艰苦斗争""年代"。理解"艰苦斗争"。识记"争"。

（3）引读：就在这一年中，最冷的十二月的深夜，八角楼上，敬爱的毛主席——学生齐读。

2.从图到文，聚焦主席的动作，体会忘我工作的精神

（1）关注人物动作，理解"灯芯"。

过渡：这么冷的寒夜里，我们恨不得钻进温暖的被窝里，敬爱的主席在干什么呢？请你用"＿＿＿＿＿＿＿"画出相关句子。

对照图片，说说主席在干什么？你能找到表示动作的词语吗？

握着笔 拨了拨灯芯 凝视 沉思

对照着插图，读刚刚画出来的那句话。

小结：借助插图也是我们理解课文的一个重要的学习方法。

（2）"灯芯"的故事。

认识"灯芯"：过去的年代，没有电灯，靠着油灯来照亮，油灯中间棉线就是灯芯。

讲故事：由于条件艰苦，毛主席规定：团、营、连以上干部晚上工作可点3根灯芯，不办公则不用灯。从那天起，八角楼上便亮着一盏只燃着一根灯芯的清油灯。毛主席在如豆的油灯下工作到深夜，大雪纷飞，格外寒冷，警卫员想方设法为毛主席找到了一个暖手炉，毛主席说："小鬼啊，你看我身上都披着毯子了，不会冷的，你把它送给感冒的谭秘书吧！"警卫员站着不动，毛主席亲自把手炉送到秘书的住处，警卫员看到毛主席的房间实在太暗了，就往油灯里多加了一根灯芯，没想到主席回到房间后，皱了皱眉，把加的灯芯拨开了，在昏暗的油灯下继续奋笔疾书，就这样，那一根灯芯点亮着八角楼的夜夜光辉。

听完这个故事你有什么感受？学生交流体会。

朗读指导：带着你的体会读刚刚画出来的那句话。

3.从图到文，品主席的神态，体会伟大的精神

（1）出示相关句子。

凝视：怎样地看？（借助插图，做动作）

沉思：怎样地想？这句话哪里也写到了毛主席陷入沉思？（图文结合理解沉思）

认读"察觉"。读读这句话，那是多么认真，多么专注呀！

（2）想象练说：毛主席陷入沉思，他可能会想什么呢？

（3）借助插图说一说在那个寒冬腊月的深夜里，毛主席工作时的情景。

4.理解"星星之火"

寒冬腊月的深夜，身穿单军衣的主席沉浸在工作中，忘记了寒冷，忘记了时间，忘记了周围的一切，此时他的心里装着什么？

这盏清油灯发出的光非常微小，和星星一样，所以也称为"星星之火"。当时我们革命的力量如星星之火一般微小，但毛主席坚信星星之火，可以燎原。

朗读指导：主席的神态"凝视、沉思"可稍微强调，"连……也"要读连贯。

小结：从这句话中，我们体会到了毛主席忘我的工作精神。请带着敬意，再来读读这句话。（板书：忘我工作）

5.补充资料，体会伟人的精神

出示主席著作《论持久战》《井冈山的斗争》《中国社会各阶级的分析》的图片。

就是在这盏清油灯下，毛主席在一个又一个深夜，把他的思想写成了文章，（播放图片）这些文章像明灯一样照耀着中国革命的道路，并取得了最后的胜利，才有了我们今天的幸福生活。带着你的感受来读读这句话。

朗读指导：边读边想象毛主席工作时的忘我状态。

活动五：结合插图，讲述故事

1.请你结合插图，选用词语，试着讲讲毛主席工作的故事。声音响亮得一星，能用上其中的几个词语得两星，如果能做到语句通顺，可以得三星，希望大家都能拿到三星解说员。

（1）首先请同学们自己来练习一下。

（2）同桌合作，互说互评。

（3）小组展示，说评指导。

2.方法总结：结合插图选用词语。

活动六：学习伟人精神，传承革命文化

我们的毛主席不仅在井冈山上忘我工作，在革命取得胜利以后，也依然在辛勤工作。

1.播放视频，谈观后感。

看到一生都在为祖国人民而奋斗的毛主席，你有什么话想对他说？

2.毛主席曾经说过："你们就是早上八九点钟的太阳，是中国的未来。"所以在1951年，他写下了这8个大字送给了你们（好好学习，天天向上），请你们来读一读。

3.拓展延续，走近伟人。

基础性作业：给家人讲一讲毛主席是怎样在八角楼上工作的。

拓展性作业：搜集毛主席井冈山上的小故事。

实践性作业：参观家乡红色教育基地。

板书设计：

八角楼上

时间：寒冬腊月　　　　穿着　披着　凝视沉思
地点：八角楼上　　　　结合插图　理解词句

　　　　　　　　　　　　结合插图　选词讲故事

（张海芳名师子工作室　邢明芳）

任务二：借助动宾短语读懂故事
——《朱德的扁担》

★**第一课时**

（一）学习目标

1.认识"朱、德"等15个生字，会写"扁、担"等8个生字，认识多音字"难"，借助图片和生活实际理解"山高路陡、会师"等词语的意思。

2.能正确、流利地朗读课文，懂得为什么大家越发敬爱朱德同志了。

3.借助关键词，试着讲述故事。

（二）学习重难点

借助关键词，试着讲述故事。

活动七：初识伟人，感知故事内容

1.认读生字

毛主席领导农民建立起了新中国，和他一起的还有很多伟大的革命家，朱德元帅就是其中一位。（出示朱德照片，指名说说搜集到的关于朱德的资料）

（1）学写"志"。毛主席和朱德都立志解放中国穷苦百姓，让大家过上好日子，像他们这样一心为革命的战士，有共同志向的人，就称为"同志"。"志"就是"士＋心"。

（2）认识扁担。在延安博物馆陈列着一根特殊的"扁担"，扁扁的，长长的，用来挑东西。（出示图片）

读准字音"担"字读轻声。学写扁担："扁"字下面部分只有一横，"担"字左右两部分注意穿插。

这根扁担有一段动人的故事，我们一起走进课文——《朱德的扁担》（板书课题）。

2.初读课文

（1）请同学们自由读课文，圈出不认识的生字和不会读的句子。

（2）分组认读生字词。

第一组：井冈山　根据地　茅坪

第二组：会师　巩固　粉碎　打仗

第三组：山高路陡　非常难走　挑粮爬山　整夜整夜

（3）读好难读的句子。

句子一：从井冈山到茅坪，来回有五六十里，山高路陡，非常难走。

句子二：大家看了心疼，就把他那根扁担藏了起来。

（4）整体感知。

伸出手指着课文，跟着录音读，跟上录音的速度，读准生字。跟着老师一起读，声音要小，既跟上老师的速度，又模仿老师的朗读方法，将课文读好。

读完想想，关于朱德的扁担，讲了怎样一个故事呢？

你能按照课文的顺序把图片排排序吗？

挑粮食—藏扁担—写名字

借助图片，用自己的话简单说说课文的内容。

课文先写（　　　），接着写（　　　）然后写（　　　），最后大家不好意思再藏了。

活动八：品读"挑粮"，了解条件艰苦

1.思考：战士们为什么心疼朱德爷爷？请你大声朗读课文找出相关的句子。

2.同桌交流自己找到的词句，互相谈谈看法。

3.汇报交流。

品读句子一：朱德同志也跟战士们一块儿去挑粮。

想想：为什么这里用了一个"也"字？

朱德爷爷出生于1886年，到1928年时已是40多岁了，差不多是小战士的两倍年纪。当时，朱德同志已经是红军队伍的领导人了，他晚上整夜整夜地工作，白天仍然和小战士们一起去挑粮食。你有怎样的感受？

品读句子二：他穿着草鞋，戴着斗笠，挑起粮食，跟战士们一块儿爬山。白天挑粮爬山，晚上还整夜整夜地研究怎么跟敌人打仗。

圈出朱德挑粮的动宾词组。读读这些词组，你仿佛看到了什么？

穿着草鞋 戴着斗笠 挑起粮食

理解"整夜整夜"，整夜劳累的朱德同志多么需要休息，但他仍然跟战士们一块去挑粮。

朗读指导：把你的感受读进句子中。

品读句子三：从井冈山到茅坪，来回有五六十里，山高路陡，非常难走。

了解"五六十里"有多远，要走多长时间。想象"山高路陡"是怎样的情形？挑着粮食在这样的山路上走，又会遇到怎样的情形？（相机呈现相关图片，学生看图体会挑粮爬山的困难）老师来读，学生在头脑中想象着他挑粮的样子。

4.体会战士的敬佩之情。

假如你是一个小红军战士，你想对朱德同志说什么？一个"藏"字，让你体会到什么了？

面对战士们的好意，朱德同志又找来一根扁担，写上了"朱德的扁担"5个字，大家就再也不好意思藏了。

★第二课时

活动九：据意思填词，回忆内容

师：同学们，上节课我们初步学习了《朱德的扁担》，请根据老师的叙述，写出相关的词语。

（1）为共同的理想、事业而奋斗的人。

（2）生在树上，落在肩上，干活躺下，休息靠墙。（打一物）

预设：同志　扁担

抽查词组：朱德同志　毛泽东同志　敌人　抽出　挑粮　山高路陡

你能借助这些词语，简单说说上节课我们学习的主要内容吗？

小结：大家真厉害，把这些词语都用上了，还把故事内容说清楚了。这节课，我们继续来了解扁担背后的故事。

活动十：品动宾词组，再现"挑粮"

1.红军为什么要挑粮呢？

老师补充历史背景：1928年4月，朱德和陈毅带领湘南起义的队伍，到达井冈山革命根据地砻市，同毛泽东带领的工农革命军会师，组成工农革命军第四军（不久改称中国工农红军第四军），毛泽东任党代表，朱德任军长。井冈山革命根据地周围五百里都是崇山峻岭，地势十分险要。1928年11月中旬，由于湘赣两省敌军的严密封锁，井冈山根据地同国民党统治区几乎断绝了一切贸易往来，根据地军民生活十分困难，红军官兵除粮食外，每人每天5分钱的伙食费也难以为继。一日三餐大多是糙米饭、南瓜汤，有时还吃野菜，严冬已到，战士们仍然穿着单衣。为了解决眼前的吃饭和粮食储备问题，红四军司令部发起下山挑粮运动。

反复练读：井冈山上生产的粮食不多，常常要抽出一些人到山下宁冈的茅坪去挑粮。

挑粮不易，大家为什么还要争着去？（学生交流）

2.品读朱德挑粮

（1）指名读朱德挑粮的段落（第3自然段）。

（2）读准挑粮的动词词组：穿着草鞋　戴着斗笠　挑起粮食　一块爬山

（3）对比认识草鞋与布鞋皮鞋、斗笠与帽子的不同，想想朱德为什么不穿皮鞋？这些说明了什么？

（4）边读边想象朱德同志挑粮的画面。

你仿佛看到了：_____

你仿佛听到了：_____

（5）挑粮的路上困难重重。比如：他们可能遇到哪些困难？

"山高路陡，非常难走""红军在山上，山下不远处就是敌人""路途遥远，来回有五六十里的山路"。

（6）朗读指导：是啊，读书时，把自己读进书中，和他们一起呼吸，一起挑粮，就能聆听到他们的心声。身为军长的朱德，和战士们同吃同住同挑粮，这就是"身先士卒"，怎能不让大家心疼。

活动十一：试讲故事，体会"越发敬爱"

1.读课文第3和第4自然段，想想：大家为什么越发敬爱朱德同志？

2.学生交流，升华感受。

（1）理解"整夜整夜"。

夜深了，朱德同志在研究怎样和敌人打仗。

凌晨，朱德同志在……

天亮了，朱德同志在……

（2）朱德同志"常常"这样"整夜整夜"工作，白天去挑粮，你想说点什么？

（3）"朱德的扁担"可以看出什么？

（4）出示：大家看，1958年，已是72岁高龄的朱德同志还亲临十三陵水库劳动，和大家一起挑土筑坝呢。

白天，挑粮时朱德同志身先士卒（　　　）；晚上，朱德同志夜以继日（　　　）；扁担被藏时，他（　　　），他的精神令所有人越发敬爱。

小结：一块儿劳动，一块儿战斗，永远和大家在"一块儿"！这就是我们敬爱的朱德爷爷！这就是我们以身作则、和群众同甘共苦的朱德爷爷。

3.请你试着当红色讲解员，讲述"朱德的扁担"的故事。

学习反思：《八角楼上》我们借助图片理解词语，弄懂了主要内容，这节课，你又是怎样学习了主要内容呢？是的，我们抓住了关键词组，借助动宾短语，知道了朱德同志以身作则、与战士同甘共苦的故事。课后，同学们可以把这个故事讲给爸爸妈妈听。

板书设计：

朱德的扁担

朱德去挑粮——战士藏扁担——朱德写名字——大家越发敬爱

任务三：借助关键词描述场景
——《难忘的泼水节》

★第一课时

（一）学习目标

1.认识"泼、民"等15个生字，读准"铺、盛"多音字，会写"穿、忘"等8个生字，会写"难忘、泼水节"等11个生词。

2.能正确、流利、有感情地朗读课文。能借助"象脚鼓、凤凰花"等词语，描述周总理和傣族人民一起过泼水节的情景，体会周总理和傣族人民心心相连的深厚情感。

3.通过图文结合，背诵描写周总理样子的句子，体会总理的平易近人。

（二）学习重难点

图文结合，背诵描写周总理样子的句子，体会总理的平易近人。

活动十二：词语组场景，初到"泼水节"

1.同学们，我们来比比谁的反应快。根据老师给你的一组词，快速说出课文的场景。

第一组：草鞋　斗笠　扁担

第二组：一片片绿叶　一串串葡萄　一位位老乡

第三组：象脚鼓 凤凰花 银碗 柏树枝

出示答案：《朱德的扁担》《葡萄沟》《难忘的泼水节》

2.播放泼水节视频，并介绍泼水节。

1961年的泼水节格外热闹，为什么傣族人民说这是一个"令人难忘的、幸福的泼水节"？这节课，我们跟随傣族人民一起走进1961年的泼水节。

播放视频，你看到人们在做什么？学生做泼水的动作。

学习"泼"字。老师板书，学生练习书写。

熟读组词：泼水、泼洒、泼水节

视频中泼水节的快乐感染了我们，我们快乐地读一读：清清的水，泼啊，洒啊！周总理和傣族人民笑啊，跳啊，是那么开心！

活动十三：初读课文，感知故事

1.学生自由朗读课文。要求字音要读准确，句子读通顺。遇到难读的词句多读几遍，读准确为止。

2.检查生词的读音。

第一组：盛着清水　茂盛　铺地毯　床铺

第二组：敲着鼓点　踩着"地毯"　泼着清水　驶过江面

第三组：健康长寿　祝福　银碗　象脚鼓

认识"象脚鼓""凤凰花"。

3.朗读带有"凤凰花""象脚鼓"的5个句子。

4.给全文标序号，想一想，这一次的泼水节为什么特别难忘?

试着用"因为……所以……"来说说傣族人民在这一年的泼水节格外高兴的原因。

5.补充故事背景。泼水节是傣族人民的重大节日，人们举行赛龙舟、斗牛、丢包、泼水祝福等活动。1961年4月，日理万机的周总理乘飞机、乘汽车、又乘坐渡船过江，不远千里才来到了景洪地区，和傣族人民一起庆祝泼水节，人们奔走相告，扶老携幼，手捧鲜花涌向街道，用最高礼节迎接周总理。

活动十四：品读词句，感受氛围

1.师：傣族人民是怎样欢迎周总理的呢?

出示学习作业单，自由朗读第3自然段，从哪些词句中看出人们对周总理的欢迎?

2.学生自主学习后，互动交流。

（1）此时，你仿佛看到了什么场景?

看——人们敲起了象脚鼓，从四面八方赶来了。

看——人们在地上洒满了凤凰花的花瓣。

联系生活理解"鲜红的地毯"。

看江面——一条条龙船驶过江面。

看天空———一串串花炮升上天空。

（2）你听到了什么？

人们大声欢呼着："周总理来了！"

（3）创设情境，感受周总理来了的喜悦之情。

过渡：当傣族人民终于见到了关心人民的好总理到来时，人们又是怎么欢呼的呢？请学生加上动作，热情欢呼，迎接周总理。

你这个傣族的小朋友看到总理，你会兴奋地欢呼：＿＿＿＿＿＿＿＿＿＿＿；

远处，周总理向你走来，你会高兴地欢呼：＿＿＿＿＿＿＿＿＿＿＿；

当周总理走到你身旁，你会激动地欢呼：＿＿＿＿＿＿＿＿＿＿＿！

3.朗读指导：有感情朗读重点词，体会人们对周总理欢迎的隆重。

4.把人们欢迎周总理的画面浓缩成一组词，那就是：

一个个象脚鼓　一条条龙船　一串串花炮　一簇簇凤凰花　一声声欢呼

请你试着借用上面的词组，说说欢迎的场景。

小结：傣族人民就是这样用自己最热烈、最隆重的方式来迎接最尊敬的客人——周总理。让我们和傣族人民一起期待周总理的到来。

★ 第二课时

活动十五：图文结合，同享泼水乐

在傣族人民隆重的欢迎和欢呼声中，我们的周总理终于来到了人民中间，这节课我们来继续学习《难忘的泼水节》。

1.图文对照，抓外貌描写感受共度节日的快乐。

出示课文插图：图中哪位是周总理呢？你的根据是什么？（指名读句子，说根据）

在描写周总理的句子中有很多表示颜色的词，你能试着用颜色的词来介绍插图中的人物吗？大家来猜你介绍的是谁。

小结：周总理身穿傣族的民族服饰，周总理看着傣族人民过上幸福的生活，发自内心为他们高兴；傣族人民看着最尊敬的周总理和他们一起过节也发自内心的高兴。

2.紧扣词语，动作描写幸福共舞，体会鱼水情深。

他接过一只象脚鼓……同傣族人民一起跳舞。

（1）图片出示"银碗""柏树枝"，认识这些事物。

（2）圈画写周总理的动作的字词。

（3）边读边做动作，感受当时周总理和傣族人民一起跳舞的场景。

（4）播放"泼水节"视频，感受壮观场面。

（5）齐读课文四、五自然段，读出描写画面的句子。

小结：周总理与傣族人民一同敲起象脚鼓，一同载歌载舞，多么平易近人，多么令人尊敬。

（6）有感情齐读第4自然段。

3.发挥想象，补充周总理和傣族人民的互相祝福。

周总理一手_____一手_____。人们一边_____一边_____

（1）学生用动作来模仿演示周总理泼水的动作。

（2）创设情境，感受周总理对傣族人民的祝福。

周总理把清清的水洒到老年人衣服上，祝福他们_____，老年人_____。

周总理扬起清清的水泼到青年人身上，祝愿他们_____，青年人_____。

周总理把清清的水泼到少年儿童头上，祝福他们_____，孩子们_____。

这样的总理真是_____

这样的时刻真是_____

过渡：多么令人难忘的场面啊！谁能把人们此时激动的心情读出来？

4.学生自由读—个人展示—挑战读—齐读。

活动十六：鱼水情深，争当讲解员

师（出示插图）：在红色展厅里有这样一幅周恩来与傣族人民一起过节的图画，作为一名红色讲解员，你可以看着图片怎样给大家解说呢？

可以试着用"银碗、柏树枝、祝福、健康长寿、周总理一手……一手……，人们一边……一边……"这些词语讲一讲周总理和傣族人民一起过节的情景。

小结：总理的到来给傣族人民带来了幸福、欢乐及衷心的祝愿，傣族人民永远牢记这一天，再回到课题：《难忘的泼水节》。我们为有这样的总理而高兴、自豪。

活动十七：巩固识字，记录难忘

1.出示会写的8个字，学生会读并组词。

2.重点学写"忘、穿"。

3.学生描红，练写。

4.师生评议，修改。

关于我们敬爱的周总理的故事还有很多，如《一夜的工作》《雨衣》等，课后可以搜集看一看，也可以讲给别人听，感受周总理的崇高品质。

学习反思：同学们，这节课，我们借助一些优美的词语，想象出热闹的场景，知道了周总理和傣族人民庆祝泼水节的幸福，课后你也可以像这样借助关键词语，想象场景，理解文章内容。

板书设计：

难忘的泼水节

周恩来　　互相泼水祝福　　傣族人民

（平易近人）　　　　　　（难忘幸福）

心连心、深情厚谊

任务四：联系上下文讲述故事

——《刘胡兰》

（一）学习目标

1.认识"刘、兰"等10个生字，读准多音字"血"，会写"刘、民"等10个字，会写"年轻、村子"等5个词语。

2.能正确、流利地朗读课文。

3.能联系上下文，理解"收买、威胁、牺牲"等词语的意思。

4.阅读文章，根据语句感受刘胡兰同志英勇不屈的精神。

（二）学习重难点

能联系上下文，说出从哪些地方看出刘胡兰在敌人面前毫不屈服。

★第一课时

活动十八：题词导入，认识刘胡兰

1.出示课件：毛主席曾为一位年轻的战士题词：生的伟大，死的光荣。你知道她是谁吗？出示题词的图片，引出课题：《刘胡兰》。

2.多种方法，记住汉字"刘"。

3.指导书写"刘"字。

4.课件出示刘胡兰照片及生前资料，分享刘胡兰的故事。

5.观看视频，了解刘胡兰的事迹。

活动十九：归类识字，走近刘胡兰

1.引导：比一比，看谁读得更出色。出示朗读要求。

（1）按照要求，自由朗读课文。

（2）开火车读课文，纠错正音。

指导读好多音字"血"：可以联系课文中的"鲜血""血淋淋"，再观察生活中熟悉的词语，明确："xiě"音多用于口语，"xuè"音多用于复音词及成语。

随文识字："烈"，可联系上下文，知道"烈士"一词指为正义、革命事业献出生命的人。

2.引导：从刚才的朗读中，我发现了几个大家不太熟悉的词语，我们一起来认识一下他们吧！

指名读、开火车读、齐读。

（1）借助图片认识词语：民兵、铡刀

（2）利用反义词理解词语：出卖　收买

3.检查朗读，指导写字。

（1）分类学习词语。

第一组：反动派　叛徒　出卖　收买　威胁　枪毙　恼羞成怒

第二组：被捕烈士　铡刀　共产党员　挺起胸膛　钢铁铸成　光荣牺牲

第三组：鲜血直流　烈士的鲜血　血淋淋

（2）指导读好长句子，学会恰当地停顿。

刘胡兰像钢铁铸成似的，一点儿也不动摇。

要杀要砍由你们，怕死不是共产党员！

（3）练写"被"字。

出示字卡"被"，提示书写要点：左半部分要写紧凑，"衤"不要写成"礻"，右半部分要写舒展，"皮"的第一笔是横钩，第二笔是竖撇，第三笔是竖。

教师范写。学生描红，展评，练写。

（4）练写"民、反、村"。

出示字卡"民、反、村"，同桌讨论观察结构和关键笔画。交流书写要点："民"的第一笔是横折，上面的部分要写得扁一些；"反"注意第一笔是平撇，向左写，第二笔是竖撇，向左下写；"村"注意"木"字旁的点和"寸"的点互相避让。

学生描红，练写。教师巡视指导，结合评价改进，再巩固。

4.自由朗读课文，努力做到读准字音，读通句子，遇到难读的句子多读几遍，并标上自然段的序号。

引入：用一个词语来形容对刘胡兰的印象，你会用哪个词语呢？（板书：英勇）

5.感知课文大意。学生根据学习任务，快速默读选词填空，了解课文主要内容，教师巡视指导。

不动摇　牺牲　被捕　挽词

由于叛徒的出卖，年轻的共产党员刘胡兰（　　）了。敌人用尽收买、威胁、毒打等各种手段，但刘胡兰像钢铁铸成似的一点儿也（　　），最后光荣地（　　）了。毛主席听到这个消息，亲笔写了（　　）。

6.学生交流，老师予以点拨引导。

小结：课文讲述了刘胡兰面对敌人的威逼利诱、毫不畏惧，最后光荣牺牲。

★第二课时

活动二十：研读词句，感受人物品质

过渡：刘胡兰为什么会被捕呢？这节课我们继续走进《刘胡兰》。

1.自由读第一自然段，边读边思考：刘胡兰为什么被捕？

学生交流：重点理解"出卖"一词。像这样为了自己的利益，把消息告诉敌人的就叫——出卖。

2.联系上下文，体会"不屈"。

面对敌人，刘胡兰是怎样进行顽强抗争的呢？

（1）学生根据学习提示，自由读课文，画出句子。

用"＿＿＿＿"画出描写敌人的句子，用"﹏﹏﹏"画出描写刘胡兰的句子。

（2）师生交流。校对画线句子。画错的改一改，画对的同学再读一读这些句子。

（3）借助重点词句，体会刘胡兰的毫不屈服。

①分角色朗读敌人和刘胡兰的第一次对话，理解"收买"的意思。

"收买"是什么意思？你从哪里知道敌人收买刘胡兰？（体会敌人的狡诈，注意双方对话的语气）刘胡兰又是怎样和敌人斗争的呢？（学生交流答案）

朗读指导：引导学生体会刘胡兰在金钱面前毫不动摇、态度坚决的表现，注意读出坚决、果断的语气。

小结：能联系上下文来理解这个词语，这是理解词语的一种好方法。（板书：联系上下文）

②学习敌人和刘胡兰的第二次对话，理解"威胁"。

收买不成，敌人又用了什么手段？

面对敌人的威胁，刘胡兰怎样表现的？谁来演一演刘胡兰？

比一比，想一想：面对敌人的威胁，刘胡兰有两次回答，对比读一读，前后语气有什么变化？

③品析"像钢铁铸成似的，一点儿也不动摇"。

威胁不起作用，敌人又是怎样对待刘胡兰的？师生合作读句子，理解"鲜血直流"。被打得鲜血直流的刘胡兰害怕了吗？屈服了吗？你从哪里知道的？

书上有一个词叫———一点儿也不动摇（学生齐读）。

老师播放相关画面的视频，引导学生感受刘胡兰坚强的革命意志和大无畏的革命精神。

（4）学生贴词卡补充鱼骨图。

小结：面对敌人的收买，刘胡兰—大声回答，面对敌人的—威胁，刘胡兰—愤怒地回答，面对敌人的—毒打，刘胡兰像钢铁铸成似的，一点儿不动摇，在敌人面前毫不屈服！（板书：毫不屈服）

3.理解重点词，感受刘胡兰的视死如归。

对于死亡，刘胡兰说了些什么？又做了什么呢？

刘胡兰挺起胸膛说："要杀要砍由你们，怕死不是共产党员！"她迎着呼呼的北风，踏着烈士的鲜血，走到铡刀前。

①联系上下文理解"牺牲"的意思。

师：看来同学们已经知道"牺牲"就是"死"的意思，那我们能不能把文中的"牺牲"换成"死"呢？（联系上下文，知道"牺牲"是为革命事业而死，为正义而死。）

②刘胡兰是如何毫不屈服的？理解动词"挺""迎""踏""走"4个动词。

从"迎""踏""走"3个动词感受到：刘胡兰面对残暴的敌人毫不屈服、不怕牺牲、大义凛然的英雄气概。

③朗读指导：读出刘胡兰的毫不屈服。

老师播放电影《刘胡兰》中英勇献身的片段，感受革命英雄刘胡兰对党、对国家和人民的忠诚以及英勇献身的精神。

4.挽联总结，感受伟大。

刘胡兰14岁被批准为中共候补党员，她的誓言掷地有声："我入党后，不怕流血，不怕牺牲，坚决革命到底！在困难面前不低头，在敌人面前不屈服！"入党时的誓言，她用青春的热血应答。刘胡兰牺牲时，年仅15岁，她的一生短暂而光辉，值得我们永远铭记……让我们齐声朗读毛主席为刘胡兰写的挽词，以表示我们对烈士的怀念。（课件出示毛主席对刘胡兰的评价）师生齐颂：生的伟大，死的光荣。

《刘胡兰》的故事我们都知道了，她给你留下了怎样的印象呢？

活动二十二：讲先辈故事，传革命精神

1.引导讲述：《刘胡兰》的故事讲完了，你能借助板书中关键词句的提示，把这个故事用自己的话讲一讲吗？

2.同桌练习，指名讲故事，同学进行点评、补充再讲。

3.红色革命故事会。

板书设计：

刘胡兰

敌人	刘胡兰		
收买	我不知道	生的伟大	死的光荣
威胁	就是不知道		
殴打	一点儿也不动摇		
铡刀威胁	挺 迎 踏 走		

【单元作业】

单元作业与检测

一、基础性作业

（一）我会写词语

　　　　　bā jiǎo lóu

1. 在（　　　　）上，毛主席写下了许多光辉著作，照亮了中国革命

　shèng lì　　　dào lù

（　　　　）的（　　　　）。

　　zhàn shì　　　　　　　　　　　biǎn dan

2. （　　　）们越发敬爱朱德同志，不好意思再藏他的（　　　　）了。

　　　　　jìng ài　　　　　　　　　nán wàng

3. 1962年，（　　　）的周总理和傣族人民一起过了一个（　　　　）的

pō shuǐ jié

（　　　　）。

（二）选字组词

峰　锋　蜂　　　请　清　情

山（　　）　　　（　　）新

（　　）蜜　　　（　　）况

（　　）利　　　（　　）假

（三）把下面的词语补充完整

（　　）冬（　　）月　（　　）（　　）之火　山（　　）陡峭

四（　　）八方　（　　）（　　）满面　<u>一年一（　　）</u>

1.仿照画线词语结构再写两个：（　　　　）（　　　　）

2.指开始时力量薄弱，却有旺盛的生命力和广阔的发展前途的词语是：

（　　）。

3.选一个词语写一句话。

二、发展性作业

（一）我会照样子写句子

1.周总理一手端着盛满清水的银碗，一手拿着柏树枝向人们泼洒，祝福人们健康长寿。

＿＿＿＿＿＿一手＿＿＿＿＿＿，一手＿＿＿＿＿＿＿＿＿＿＿＿＿＿＿＿。

2.我已经长大了。

＿＿＿＿＿＿＿＿＿＿＿＿＿＿＿已经＿＿＿＿＿＿＿＿＿＿＿＿＿＿＿。

3.因为下雨了，所以小白兔急忙跑回家。

因为＿＿＿＿＿＿＿＿＿＿＿＿＿＿＿，所以＿＿＿＿＿＿＿＿＿＿＿＿＿。

（二）我会阅读

一件棉衣

天气渐渐冷了，我们警卫员都穿上了新发的棉衣，毛主席穿的还是那件旧棉衣。我们也记不清主席那件棉衣已经穿过几冬了，可能是才到陕（shǎn）北的那一年换上的。料子是灰土布的，两个胳膊肘上都打了补丁，袖口上的棉花也露出来了。我们要给主席换件新的，说过好几次，主席总是说："现在抗（kàng）战要紧，边区人民的生活还很困难，我们应该省吃俭用。这件棉衣嘛，洗洗补补还可以穿。"

1.这篇短文讲的是＿＿＿＿＿＿＿＿＿＿＿＿＿＿＿的故事。

2.毛主席的棉衣是什么样的？请用横线画出来。

3.毛主席为什么不肯换新棉衣？＿＿＿＿＿＿＿＿＿＿＿＿＿＿＿＿

4.读了这个故事，你认为毛主席是一个什么样的人？＿＿＿＿＿＿＿＿＿＿＿

（1）生活简朴 （2）工作认真

（三）拓展阅读

和爸爸妈妈一起去参观家乡一处革命纪念馆，讲一位身边的革命英雄的故事。

【学习资源】

课外阅读材料名单

教学内容	补充材料
《八角楼上》	《毛泽东与一件棉袄的故事》《毛泽东与毛岸英"约法三章"》《毛主席在花山》
《朱德的扁担》	《中华人民共和国十大元帅的小故事——朱德》包含《从小爱劳动》《以身作则》《普通一兵》等
《难忘的泼水节》	《一夜的工作》《为中华之崛起而读书》《十里长街送总理》
《刘胡兰》	影片《刘胡兰》《小兵张嘎》《抗日小英雄王二小》《两个小八路》《小萝卜头》《邱少云》《黄继光》

第十章　传统文化单元

第一节　教学建议

千年的积淀，孕育出灿烂多彩的汉字。它们是中华上下五千年文化的精髓，是中华民族的骄傲。汉字作为文化的根，不仅具有丰富的人文内涵，更是一种文化的传承。二年级下册第三单元主题是"传统文化"，四篇课文从歌谣、节日、汉字、美食等角度向学生展示了"传统文化"的内涵，引导学生在不同的语境中识字学词，激发他们识字的兴趣，感受中华优秀传统文化的魅力。在教学过程中，我们要将中华文化认同教育融入识字教学任务的具体目标，充分发挥学生的主体作用，在真实的语文情境中，学习积累语言文字，激发学生对中华传统文化的热爱。

一、创设大情境，遵循识字规律灵活识字

《义务教育语文课程标准（2022年版）》中，"语言文字积累与梳理"属于"基础型学习任务群"，因为识字是核心素养形成和发展的基础，是语文学习的奠基之石。第一学段需要完成1600个字的识记任务，占前3个学段识字总量的一

半以上，说明识字是第一学段教学的重中之重。

　　课标要求我们进行识字教学时，从学生的生活实际出发，创设丰富的学习情境，设置有效的学习任务，教给学生遵循汉字的构字规律，学习汉字。联系学生生活，本单元可以设置"我骄傲，我是中国娃"这一大情境，引导学生唱神州歌谣、过传统节日、写方块汉字、品尝中华美食，在浓厚的文化氛围中，学习汉字。《传统节日》中有两幅插图，富有中国特色的大红色渲染着浓厚的节日氛围，可以借助图片帮助识字。二年级的学生已经知道了很多识字方法，比如：加一加、减一减、换偏旁等。学习时，可以先大胆放手鼓励学生用自己的经验识字，学习《神州谣》和《传统节日》。《"贝"的故事》和《中国美食》两篇课文则让学生通过探究形声字的构字规律进一步提升识字能力。《"贝"的故事》课后练习第三题，先观察字形对比读音，发现声旁的秘密，然后借助图片，理解形旁的意义；在理解偏旁意义的基础上，逐级而上，进一步发现《中国美食》课后练习的第二题，知道偏旁之间的关联。

二、确立大任务，聚焦单元识字教学重点

　　第一学段每个学期识字的目标不同，呈现循序渐进的模式。一年级下册"初步接触形声字""学习运用形声字的构字规律进行识字"，二年级上册"运用形声字形旁表义、声旁表音的特点归类识字"。这是最后一个识字单元，承担着梳理总结以往的识字方法，并引导学生在语境中综合运用提升识字能力的任务。因此，可以将"发现汉字的秘密"作为单元的核心任务，下设"唱神州谣""过传统节日""找汉字密码""尝中华美食"4个子任务。识字的同时，感受到祖国神州大地的美丽、了解传统节日的习俗，发现汉字的秘密、知道美食的制作方法，得到优秀传统文化的熏陶感染，增强学生的文化自信和民族自豪感。《神州谣》主题指向中华认知，除了承担单元的识字任务，还是爱国教育的范本。这首歌谣描绘了祖国壮丽河山，也表达出炎黄子孙热爱祖国、期盼统一的伟大梦想。学习时，可以拓展链接闻一多先生的《七子之歌》，通过阅读理解其内涵，同时播放香港回归的视频，让孩子们牢记祖国母亲，还有一个丢失在外的游子——台湾。牢记"日月潭"，明白两岸同胞血脉同根，共同为实现伟大统一而努力。《中国美食》属于形声字为主体的归类识字，课文主要包括"艹""火""灬"3个偏旁。可以引导学生分组学习，例如一组了解烹饪方法，学习

"煎、烤、煮、爆、炖"；一组购买蔬菜食材，研究"菠、茄、蘑、菇"，另一组则为菜肴标注菜名、搭配图片、总结制作方法等，在语文实践中快乐识字，一举多得。

此外，我们还可以进行各种不同形式的教学，如：开设汉字讲堂；带领学生读经典，提升文化品位；创设口语交际情境，进行文化宣传；走进历史馆、文化馆等文化基地，做小小宣讲员。

（张海芳名师子工作室　于明珠）

第二节　备课举例

【课标分析】

统编教科书共编排了6个识字单元。横向上看，可以发现单元学习之间的一致性和整体性。每一个关键知识在单元中都按3个层级逐步进阶。纵向上看，6个单元的关键知识与汉字构形文化一脉相承，我们可以清晰地看到各个关键知识在整个知识体系中与先前知识、后续知识、与之类似的知识之间的系统关系。

如果把教材的6个识字单元和汉字构形规律联系起来，会发现各识字单元蕴含的关键知识。这些关键知识指向的是可迁移的识字关键能力，而且它们相互关联，并不孤立。2022年版课程标准指出：识字、写字是低年级教学的重点内容。本单元重要的训练要点，生字以形声字为主。教材从课文到语文园地，设计了多个维度的训练，帮助学生建立生字音、形、义之间的联系。引导学生运用形声字形旁表义的特点进行识字，不断发现汉字的奥秘，感受识字的乐趣。

人文主题与训练要素，两条主线相互勾连，互相渗透，贯穿于整个单元的学习中。

【教材分析】

本单元编排了《神州谣》《传统节日》《"贝"的故事》《中国美食》4篇课文，在内容方面，选取了地理、传统节日、钱、美食、时辰等元素，可以让学生在不同的主题下，感受我们丰富的文化内涵，同时根据不同的语境，学习掌握各种识字方法。

本单元是识字单元。人文主题与训练要素两条主线相互勾连，互相渗透，贯穿于整个单元的学习中。《神州谣》主题指向中华认知。赞美了中国的历史、灿烂的文化、雄伟的山河、美丽的风景，抒发了中国人民对国家统一与繁荣的渴望。《传统节日》根据时间顺序，编排了我们中华的传统节日，并进行了简要介绍。《"贝"的故事》中根据大量的调查显示，汉字最早可以追溯到图画，了解汉字的由来是本单元我们的学习重点。《中国美食》向大家推荐了中国的美食，课文展示了7种中国美食的图片，并用简单的文字介绍了和我们日常生活密切相关的4种中国菜。口语交际是"长大以后做什么？"以熟悉的职业为引，启发学生展开交流。《语文园地三》包含"识字加油站""字词句运用""我的发现""日积月累"和"我爱阅读"5部分内容。

【学情分析】

识字写字是小学语文第一学段重点内容之一，是阅读、写话、习作的基础。低段的识字既要保证量的积累，也要重视识字方法的学习和识字能力的培养。学生通过充分利用汉字的构字规律，促进自身的思维发展。到二年级下学期，学生识字总量达到1600字，并积累了多种识字方法。学生在整个小学教育阶段要求掌握的识字方法主要有拼音识字、字理识字（象形、指事、会意、形声）、生活识字、组词识字、归类识字（偏旁、词性、结构、词意等）、猜测识字等，主要低段完成学习，这为中高年级顺利完成识字及读写任务奠定了良好的基础。本册识字单元十分重视培养学生自主识字的能力，在一年级对汉字的偏旁、结构、汉字的构字原理有了初步了解的基础上，针对二年级合体字增多的情况，进一步强化了形声字形旁表义、声旁表音规律的教学，并充分利用这些规律，引导学生大胆地猜读生字、自主学习课文。

【单元目标】

基于学习内容的分析、二年级的学情分析以及单元要素、核心任务的分析，本单元的学习目标：

1.认识69个生字，读准2个多音字，会写36个字，会写36个词语。

2.能灵活运用结合语境、根据形声字特点、联系熟字、借助图片或实物等多种方法识记生字。

3.能从美食、传统节日、风景名胜、生肖文化等方面了解祖国灿烂的文化，积累相关知识，产生热爱祖国的情感。

4.能正确、流利、有节奏地朗读韵文，在朗读中初步感受韵文特点并背诵韵文。

5.能清楚、有序地表达自己的观点，对感兴趣的内容多提问。

【单元评价】

1.通过抽查生字词的书写，达成单元目标1。

2.通过开展识字体验活动，评价学生能否运用多种识字方法主动识字，达成单元目标2。

3.通过课堂上的探究、实践、交流等学习活动，检验学生是否具有主动探索与积累中华传统文化的能力，达成目标3。

4.通过抽查课文的朗读和背诵，达成目标4。

5.通过课堂上的交流与探讨，达成目标5。

6.通过单元作业检测，评价单元目标达成度，以此修正、调整后续的学习。

【问题系统】

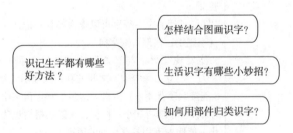

图 3-10-1　识记生字都有哪些好办法

【单元规划】

本单元具体内容见下表：

表 3-10-1 传统文化单元的具体内容

教学内容	核心任务	课时目标	课时安排
《神州谣》	语境中识字学词，借助形声字的构字规律识字。感受中华优秀传统文化	1.认识60个生字，读准多音字"漂""炸"，会写36个字，会写37个词语 2.能利用韵语、形旁与字义的联系、借助图片识字 3.能在语言环境中初步感"奔、涌""长、耸"的表达效果；能说出用"炒、烤、烧"等方法制作的美食 4.积累"华夏儿女、炎黄子孙"等词语 5.朗读《神州谣》，能背诵《传统节日》，初步感受祖国山河的壮美和文化的悠久 6.能讲汉字"贝"的故事，初步感受汉字的魅力	2课时
《传统节日》			2课时
《"贝"的故事》			2课时
《中华美食》			2课时
《长大以后做什么》		1.能把自己长大后想干什么说清楚，简单说明理由 2.能听明白同学说的内容，对感兴趣的内容提出疑问	1课时
识字加油站		1.认识"津、溜"等9个生字 2.认读"甜津津、酸溜溜"等词语，能联系生活说说自己想到的食物，理解词语的大致意思 3.能借助形旁猜测字义、正确选用形声字并查字典验证 4.知道"鹿、金"等字可以作为部首，记住这些部首字能用这些部首查字典 5.能发现"火"与"八"、"心"与竖心旁、"刀"与立刀旁等偏旁之间的联系及表示的意思 6.能按顺序背诵十二生肖，初步了解生肖文化 7.阅读《小柳树和小枣树》，了解小柳树想法的变化，能明白事物各有长处的道理	4课时
字词句的运用			
我的发现			
日积月累			
我爱阅读			

本单元的导语：让我们一起识字学词，感受祖国传统文化的魅力。

语文要素：利用韵语、形旁与字义的联系、借助图片识字，初步感受汉字的魅力。

单元架构见下图:

多种方法识字，感受中华优秀传统文化	任务一：唱好神州歌谣 ——《神州谣》	活动1：诵读歌谣
		活动2：集中识字
		活动3：背诵感悟
	任务二：我爱传统节日 ——《传统节日》	活动4：诵读歌谣
		活动5：读文识字
		活动6：传承文化
	任务三：汉字也有故事 ——《"贝"的故事》	活动7：多样识字
		活动8：初识"贝"的故事
		活动9：阅读汉字故事
	任务四：品味中华美食 ——《中国美食》	活动10：找找菜名里的学问
		活动11：分类识字
		活动12：拓展积累美食
	任务五：交流表达，把话说清楚	活动13：了解职业特点
		活动14：说清楚多提问

图 3-10-2 传统文化单元的单元架构

【单元备课】

任务一：唱好神州歌谣

——《神州谣》

★ **第一课时**

（一）学习目标

1.认识"华、州"等15个生字，会写"华、州"等9个字，会写"神州、中华"等11个词，积累"华夏儿女、炎黄子孙"等8个词语。

2.感知"奔、涌"等词语的表达效果，并学习表达的儿歌形式。

3.有感情地朗读课文，在朗读中感悟祖国山河的壮美。

（二）学习重点

能从美食、传统节日、风景名胜等方面了解祖国灿烂的文化，积累相关知识，产生热爱祖国的情感。

（三）学习难点

运用形声字的构字规律识字。

活动一：诵读歌谣

1.激趣导入，揭示课题。观看申奥成功的视频，你有什么想说的？

预设1：这份成功来之不易。

预设2：作为中国人，我非常骄傲。

2..学习"州"字。

（1）课件播放"州"的演变。

（2）理解"州"字的含义。根据生活经验识记"州"字。

【设计意图】

上课伊始，师生便进行互动，一方面借助视频情景活跃课堂气氛；另一方面拉近了学生与文本的距离，为感受诗歌做好铺垫。

活动二：集中识字

1.初读课文，集中识字

（1）出示自读要求，朗读课文。

①读准生字，读清字音，读通句子。

②想一想，你们能用什么方法帮助同学又好又快地记住这些生字？

（2）检查识字情况。

①同桌、小组比赛读。

②点评分析，细致讲解。提示：翘舌音、前鼻音、后鼻音。

（3）交流识记生字的方法。

①老师归纳总结。

②识字游戏：我来说，你来猜。

2.精读课文，理解字义

（1）课件出示第一小节，说说这一小节主要讲了什么。"神州"指的是什么？

（2）游览中华山川。

①找出山川。默读并圈出山川的名字。

②出示黄河和长江的视频及两个诗句，"奔流"和"滚滚"是一种什么样的

感觉？

③学习"长城长，珠峰耸"两句，出示图片，找出文中一个表示很高的词？

学生："耸"是什么意思？就是高高地立在地上。

④读出黄河、长江、长城、珠峰不同的特点和气势，再指名读，相互评价。

⑤先欣赏图片，再对照课文的样子，进行仿写。

（3）期盼中华一统。

①看地图，明位置。课件展示，标注圈画。

②交流课前搜集到的资料，了解大陆和台湾在传统节日语言文字、饮食习惯等方面是一样的，一起读文表达情感。

（4）共创中华繁荣。

①教学"各民族情义浓"一句，祖国一共有多少个民族？播放歌曲《爱我中华》的开头四句，并出示部分民族的图片，从这个"浓"字你感受到了什么？

②教学"齐奋发共繁荣"一句，联系生活经验理解。齐读带"齐"字的四字词语，说说"齐奋发"的意思是什么？

3.拓展延伸，体悟情感

（1）配乐朗读课文。

（2）积累课后词语，出示课后练习第三题。

（3）向学生推荐爱国歌曲，课后听歌学唱。

4.集中书写，体察结构

（1）同学们先观察一下这些字，你有什么发现？

学生：汉字的结构不一样，有的是上下结构，有的是左右结构，还有的是独体字。

（2）书写提示：这里面有个独体字——州。注意书写顺序是从左往右的，特别是3个点的位置，第一点写的时候向左下方运笔，不要往右，后两点向右。而"岛"是半包围结构，第四笔竖折折钩要写得宽而扁，"山"字起笔一定要向左一些。

★ 第二课时

1.复习生字，图片导入

（1）拿出自制识字卡，同桌合作识字接龙游戏。

（2）播放视频：台湾岛的美丽风光。

（3）导入：今天就让我们一起走进《神州谣》。

2.细读感悟，学文识字

（1）打开课文，朗读第三、四小节，全班交流：你读懂了什么？

（2）课件出示词语"台湾岛、大陆、海峡"，交流识字方法。

（3）结合图片，理解"隔"的意思。再次读课文，说说你明白了什么。

（4）有感情地朗读课文的第三小节。

3.相机指导学习第四小节

（1）自读第四小节，全班交流收获。

（2）课件展示各民族的服装，观察特色。

（3）播放《爱我中华》的歌曲，同桌合作，有感情地朗读本小节。

活动三：背诵感悟

1.巩固生字，背诵积累

（1）采用多种形式练读。

（2）做归类游戏，根据结构归类。

（3）竞赛背诵课文。

2.指导书写，提高能力

（1）课件展示：民、齐、奋。

（2）指导学生书写，小组合作交流每个字的主笔占位。教师指导生字书写要点。

（3）学生练写，全班展示，同桌互评。

（张海芳名师子工作室 邢琳）

任务二：我爱传统节日
——《传统节日》

（一）学习目标

1.认识"宵、巷"等15个生字，在田字格书写"贴、街"等10个生字。

2.了解我国传统节日及其风俗习惯，并且能够按照时间的顺序正确排列。

3.增强口头语言表达能力，体验中国传统文化的魅力。

4.提高弘扬传统文化意识，培植学生文化自信和热爱祖国的情感。

（二）学习重点

知晓中国传统节日的相关来历、节日习俗以及饮食习惯等，并能按时间顺序正确排列。

（三）学习难点

借助文本，灵活运用识字方法，学习独立识字。

★ 第一课时

活动四：诵读歌谣

1.看图猜节日，导入课题

（1）谈话引入，板书"节日"。

（2）游戏激趣，看图猜节日。

2.补充课题，初知"传统"

（1）教师谈话，补充课题。

（2）补充知识，强化"传统"。

贴春联、挂灯笼是我们华人一代一代传承下来的习俗，叫传统习俗。饺子、月饼这样世世代代流传下来的美食就叫传统美食。那我们祖祖辈辈传承下来的文化，就被称为传统文化。

3.揭示课题，导入新课

今天，我们一起走进中国的传统节日，看看我们的节日都有哪些习俗呢？

活动五：读文识字

1.自由读文，自主识字

（1）朗读课文，读准字音。

（2）同桌互相正音。

2.趣味游戏，分类识字

（1）游戏一：挂灯笼。

过新年，挂灯笼。咱们也来试试"挂灯笼"，看谁能把灯笼上的字读准确。学生读灯笼上的字，老师相机正音。

（2）游戏二：火眼金睛。

①"编口诀"识字。

②送生字兄弟回家。

　　　　堂　赏　常

粽香艾香满（　　　）飘

踏秋（　　　）菊去登高

春节团圆（　　　）欢笑

3.学法引路，知晓习俗

（1）出示学法。

（2）按照"读、圈、说"的方法逐句学习。

①春节——爆竹声中一岁除。

圈出习俗：春节贴窗花、放鞭炮。

出示图片：贴春联、贴贴画、贴书签，一起做动作，帮助理解"贴"字的字义。你是怎样过春节的？拓展春节的其他习俗。

②元宵节——花市灯如昼。

读、圈、说：元宵节，人们看花灯。

了解元宵节名称。识记"巷"字。出示"乌衣巷"的图片，联系生活中"宽窄巷子"等词语进行识记。通过图片，理解"大街小巷人如潮"。通过朗读，感受出春节和元宵节欢乐、热闹的氛围。

③清明节——路上行人欲断魂。

读、圈、说：清明节，人们去祭扫。

联系上下文理解"先人"一词。"祭"，进行字理识字。拓展资料，播放祭扫视频，进一步了解"祭"字的含义，同时培植家国情怀。读一读，试着语调下沉，读出缅怀之情。

④端午节——万古传闻为屈原。

读、圈、说：端午节的习俗都有哪些？同桌交流。

结合课文插图，理解"赛龙舟"。了解吃粽子的习俗由来。识记"艾"字。

指导书写"舟"字。提示笔顺：撇，撇，横折钩，点，横，点。

⑤乞巧节——穿尽红丝几万条。

读、圈、说：乞巧节，人们乞巧。

识记"乞"字。减一减：吃—口=乞。同时提醒学生"乞巧"中"乞"的变调。

播放《牛郎织女》视频资料，了解节日的来历。拓展乞巧节的相关资料。

⑥中秋节——天涯共此时。

读、圈、说：中秋节，人们吃月饼，赏圆月。

识记"饼"字。"食"字旁的字与什么有关？这样的字还有什么呢？拓展"月"之思念的古诗。

⑦重阳节——开门有菊花。

读、圈、说：重阳节的习俗有哪些？了解重阳节名称。

"踏青"来推测理解新词"踏秋"的意思。对比识记"堂"和"赏"。识记"菊"。出示菊花图片。

4.分类指导学写字

（1）指导书写"贴、转、敬、艾、热"。一看结构，二看关键笔画。

（2）指导书写"团、闹、街"。

①趣猜灯谜。

团：口中吐真才。闹：综合门市。街：行字分两边，双土堆中间。

②指导书写。

"团"字全包围，"才"先进，再关门；"闹"字半包围，顺序是先外后内；"街"，左中右，必紧凑，知避让，勿碰撞。

③范写练习，展示评价。

5.课堂小结，布置作业

你还知道哪些民族的传统节日，让我们下节课一起来交流。

★ 第二课时

活动六：认识传统，传承文化

1.认识"传统"，知佳节

读《春节童谣》导入。

2.走近节日，随文识字

（1）了解节日名称，随文识字。

①歌谣中都介绍了哪些传统节日？请你动笔圈出来。

②认读节日的名称，学习"乞巧"一词。

③了解节日时间。

④把节日送回歌谣中，接读韵文。

（2）分享喜欢的节日，在课文中联系上下文学习生字。这些传统节日，你最喜欢哪一个呢？组内同学进行交流探讨，小组讨论结束后派代表在班级进行分享。

表 3-10-2　学生讨论喜欢的传统节日

中秋节	1.学生汇报：画出中秋节的习俗——吃月饼 2.师生谈话：咱们刚刚过了中秋节，说说你是怎么过的 3.朗读句子：十五圆月当空照
元宵节	1.学生汇报：画出元宵节习俗——看花灯 2.师指导朗读 3.借助图片，理解"人如潮" 4.打节拍朗读
端午节	1.学生汇报：画出端午节习俗——赛龙舟、粽香、艾香 2.随文学习"舟"：PPT出示"舟"的汉字演变过程，之后出示"舟"的实物图片，引导学生将"舟"的字形与实物进行对比，发现二者之间有很多相似之处 3.了解端午节的来历
春节	1.学生汇报 2.随文学习"贴"字 3.根据节奏朗读，体会春节喜庆 4.去掉习俗补读，尝试背诵 5.创编儿歌 （1）你家是怎么过春节的呢？ （2）联系自身生活进行儿歌创编

3.循序渐进，熟读成诵

（1）拍手诵读节日习俗。

（2）背诵喜欢的节日韵文。

4.回顾全文，拓展延伸

（1）问答游戏，回顾习俗。

（2）时间顺序，排列佳节。

（3）多样形式，背诵课文。

第一步：带着自己的理解读记课文。

第二步：出示节日图片，试着背诵课文。

第三步：根据填空提示背诵课文。

（4）拓展延伸，传承文化。

①了解其他民族的传统节日习俗。

②和家长一起读《跟着伊伊过大节》。

（张海芳名师子工作室　宋宜泓）

任务三：汉字也有故事
——《"贝"的故事》

（一）学习目标

1.认读"甲、骨"等16个生字，掌握多音字"漂"的两种读音，会写"贝、壳"等10个字，积累课后练习中的"珍贵、钱币"等12个词语。

2.通过理解词语，能够有感情地朗读课文，讲述"贝"字的故事。

3.了解"贝"字的演变过程，感受汉字的博大精深，根据形声字形旁表义的特征，知道"贝"作偏旁的字大多与钱财有关。

4.能借助图片和形声字的构字规律，探究"镜、珠"等字的偏旁表示的意思。

（二）学习重点

利用"贝"字旁的字义，培养学生的分类思维能力，了解形声字形旁表义的重要特征。

（三）学习难点

掌握形声字的识字方法，感受古人造字的智慧与汉字的魅力。

★ 第一课时

活动七: 多样识字

1.猜图导入, 初识甲骨文

(1) 同学们, 老师带来了几幅有意思的画。看, 是什么?

①甲骨文: 骨

小结: 是啊, 骨头上包上肉, 所以你看甲骨文的"骨"字下面就是"肉"。

鱼的骨头叫什么? 人的骨头叫什么? 野兽的骨头叫什么? 在硬硬的甲骨上刻上文字, 就叫什么? 教师相机板贴: 甲骨文。

②甲骨文: 舟

指名交流, 出示《纸船和风筝》课题。

这只纸船从哪儿来? 在水上轻飘飘的, 一会儿东, 一会儿西, 这个时候读一声; 你给它找朋友——亮? 当它用来形容好看的时候就读? 教师相机板贴: 漂亮。

③甲骨文: 玉

教师出示实物图片"玉石", 学生读。看到玉石, 什么感觉? 教师相机板贴: 珍贵。

(2) 你可以将3个词语连成一句话吗? 学生交流。

小结: 古人利用龟甲、兽骨刻画出"甲骨文", 以此来记载一些事物。它是中国已知最早的文字, 现代汉字就是由其发展而来。这些图画都是一个个汉字, 一个个感人的故事, 今天我们就来认识甲骨文, 学习"贝"的故事。

活动八: 初识"贝"的故事

1.多样识字, 读通故事

(1) 注意啦! 我在贝的上面画上两对耳朵, 为什么? (板书课题, 齐读课题)

(2) 学生大声朗读课文。根据自学提示, 自主识字。

(3) 思考: 课文写了"贝"的哪些故事?

2.细读文本, 感受汉字文化

(1) 探究"贝"字的变化。

①出示课本4张"贝"字图片, 猜一猜哪张是"贝"字的甲骨文? 学生交流。

课件出示：甲骨文中的贝类两扇壳张大的样子。教师相机解读，图片对应书上的插图为甲骨文、小篆、楷书。

②提问：为什么小篆中的"贝"字有触角呢？学生讨论。

小结：贝分为很多种，虽然样子不同，但都生活在水里，都用贝壳保护自己，所以都是贝类。

（2）了解"贝"的作用。

自由朗读第二自然段。说一说：贝壳的特点是什么？在古代，人们把它当作什么？

课件出示：古时候，人们觉得贝壳很漂亮，很珍贵，喜欢把它们当作饰品戴在身上。

随机指读，利用"因为……所以……"串联起相关内容。

（3）总结"贝"字旁的特点。

①课件出示：财 赚 赠 购 贫 货

你发现了什么？

预设：它们都有"贝"字旁。

你知道"赚、赔、购、贫、货"这几个字的意思吗？学生交流。

小结："货、赚、赔、购……"都是"贝"字旁的字，都与钱相关。

②你还知道哪些字是"贝"字旁？

预设：财、赌、费

（4）拓展形声字形旁表义的运用。

①朗读课后第二题六组词语。

②出示课后第三题，根据图片猜测加点字的读音，加点字的偏旁可能和什么有关？指名回答。

小结：通过上面的学习了解到，出现的字都属于形声字，"贝"字旁的字大多和金钱相关，带有"王"字旁的字通常和玉石有关，"金"字旁大多与金属相关。原来，通过偏旁我们就可以知道字的意思。

3.观察对比，写好汉字

"贝、甲、币、与"这4个独体字，其字形比较简单，引导学生关注生字在田字格当中的占位，指导练习。

★第二课时

1.巩固所学，讲述故事

再读课文，创设情境，玩"问答"游戏。教师演母亲，学生演孩子。预设母亲的话：

①今天语文课学了什么？

②"贝"的故事是什么？"贝"从哪里来的？

③在古代，"贝"都被当作什么呀？

④你知道哪些字是"贝"字旁的？

⑤这些字为什么是"贝"字旁的呀？

2.集中书写，观察结构

第一组："关、壳、骨"。这3个生字中，"壳、骨"比较难写，教师指导范写。

提示：指导发现"壳、骨"这两个字的间架结构，中间秃宝盖的横要宽。"骨"上下宽度相等；"壳"要体现上窄下宽的结构特点。

第二组："钱、财"。他们是左右结构的生字，左窄右宽。如"财"字，"贝"做偏旁时，要遵循写字规律，将最后一笔的长点变成短点，偏旁的谦让规则。

活动九：阅读汉字故事

3.作业拓展，阅读汉字故事

同学们，汉字真有趣！下课后，请你搜集汉字故事，下节课我们来分享。

（张海芳名师子工作室　侯珊珊）

任务四：品味中华美食

——《中国美食》

（一）学习目标

1.学会"菠、煎"等所有生字，要把"炸"字的读音读准确，能默写"烧、茄"等生字，会读写"红烧、美食"等相关词语。

2.会使用部首查字，在字典上可以查到"灶、烈"等字，能够观察到"火"和"灬"的区别。

3.能够叙述"煎、煮"等制作美食的步骤，可以说出自己家主要有什么美食。

4.通过联系生活实际和本课的学习，拓展对美食的了解。激发学生热爱美食，主动去了解我国各地美食的欲望。

（二）学习重点

会使用部首查字，在字典上可以查到"灶、烈"等字，能够观察到"火"和"灬"的区别。

（三）学习难点

认识到这些字的奥秘、体会识字的快乐。

★ 第一课时

活动十：找找菜名里的学问

1.朗读课题，导入新课

（1）伸出手来与老师共同写汉字，重点介绍："食"在写到最后一笔时，要注意它是一个长点。

（2）学生齐读课题，感知重读不同的词语，就能表达不同的意思！教师随机指导纠正生的读音。

2.走进课文，感知乐趣

（1）初读课文，学生把字音读准，把词语读流利。

（2）指导3个轻声词——豆腐、蘑菇、茄子，让学生结合已有生活经验辨析多音字"炸"，并能用"炸"的不同读音组词。

（3）播放著名相声桥段——《报菜名》视频，模仿相声演员报名和比赛报菜名。

活动十一：分类识字

1.品味美食，分类识字

（1）自主探究，归类食材。

①自主朗读，把中国美食分类。

②发现菜名的命名方法。

③圈出菜名中的蔬菜，并说明蔬菜的营养价值。

④寻找美食名称中的其他食材。

小结：这也是我们中华传统文化的精粹——中和之美！

（2）紧扣"草"字头，探索意音字。

①观察蔬菜类一组词串，发现汉字的共同点。

②了解认识"草"字头，并和同学交流与"草"字头相关的字。

2.研读菜谱，探烹饪法

（1）圈烹饪方法，发现字中秘密。

①读菜名，让学生把每道美食的制作方法圈出来，交流自己找到的美食的制作方法。

②把制作方法板贴在黑板上并分类。

③交流分类的理由。

④探寻"灬"字旁和四点底的关系。

（2）再读菜名，发现菜名中的秘密。

①以"香煎豆腐"为例，探寻菜名，介绍美食的味道——香。

②交流知道的类似的菜名。

③交流对我们祖先起菜名的想法，激发学生的民族自豪感。

3.巩固总结，学写汉字

（1）检查生字识记情况。把本课的生字分类展示在大屏幕上，学生抢读屏幕上的字。

（2）学写生字。

引导学生观察并交流"火"在做偏旁时有什么变化，书写时应注意什么，并在本子上写出来。

★ 第二课时

1.复习导入，激发兴趣

（1）当小老师，抽读生字卡片。

（2）回顾重点词语：红烧肉、烤鸭、蛋炒饭、红烧茄子

指名学生认读生词，开火车认读词语。

（3）齐读词串。

（4）继续了解《中国美食》文化。

活动十二：拓展积累美食

1.读中悟情，读中积累

（1）复习朗读。同学们，在上节课的学习中，我们简单地了解了各种美食的制作方法，这节课让我们继续学习课文——《中国美食》。

（2）逐一指导。班级展示，先指名说、读，通过课文内的图画和音频学习，进一步加深对词语的理解，最后尝试让学生再次朗读。教师加以引导或示范。

预设：

①凉拌菠菜、香煎豆腐、红烧茄子。（课件出示：美食简介）

以上这3种中国美食是用什么方法烹调的？（它们分别使用了"凉拌、煎、红烧"的烹调方法）

指引学生进一步了解"红烧"。（红烧：中国美食中常见的一种烹调方法，将食物加油、糖炒香，借助老抽酱油等作料上色，大火焖煮成黑红色）

生活中还有哪些美食也可以用到这些烹调方法？（凉拌黄瓜、煎油饼、红烧肉）

②烤鸭、水煮鱼。（课件出示：美食简介）

任务二中的两种中国美食分别采用了什么烹调方法？（它们分别采用了"烤、煮"的烹调方法）

深入了解这两种方法的操作步骤。（煮是把原材料放于多量的汤汁或清水中，先用大火烧开，再用中火或小火慢慢煮熟的一种烹调方法。学生自主了解"烤"的具体做法，并互相交流，教师指导。可以借助课外书目来了解）

在日常生活中，还有哪些中国美食能够采用这些烹调方法？（烤全羊、水煮花生等）

③葱爆羊肉、小鸡炖蘑菇。（课件出示：美食简介）

以上这两种美食分别采用了什么方法进行烹调？（爆、炖）

了解"爆""炖"的烹调方法。

④蒸饺、小米粥、蛋炒饭、炸酱面。（课件出示：美食简介）

它们分别采用了什么什么烹调方法？（蒸、炸、炒）

这3种常见的烹调方法一般用来制作哪些菜品？（如蒸花卷、枣饽饽、炸带鱼、酸辣土豆丝）

（3）再次用《报菜名》的方法练习读文。读的过程中强调字词的停顿、语速和语调的变化。小组可推选一位代表到讲台前进行展示。

（4）指导读背。学生边读边想象，熟记积累，达到背诵的效果。

2.总结全文，延伸拓展

（1）同学们，今天我们了解了这么多中国美食，你能说说它们都用了哪些烹调方法吗？

（2）谁来分享一下你最喜欢的中国美食？

小结：通过本节课的学习，我们深入了解了许多中国美食和它们的烹调方法，课后我们继续去探寻中国美食的奥秘，下节课我们接着交流。

（张海芳名师子工作室　于佳静）

任务五：交流表达，把话说清楚
——《长大以后做什么》

（一）学习目标

1.能清晰、完整地表达自己长大以后想做什么，并阐明缘由。

2.做到认真倾听，进行思考，能对自己喜欢的部分提出疑问。

（二）学习重点

能清晰、完整地表达自己长大以后想做什么，并阐明缘由。

（三）学习难点

有效实现口语交际"说清楚、多提问"的教学主旨。

★第一课时

活动十三：了解职业特点

1.播放歌曲《种太阳》，同学们，歌曲中小朋友的最大愿望就是可以亲手种下太阳，那你们的愿望是什么呢？今天我们一起走进口语交际王国，分享长大后的愿望。

2.调查反馈，师生简单交流课前"工作调查表"的相关内容。

3.出示图片，图上的叔叔阿姨分别是什么职业？同桌交流。

可以用上句式：他们_____，他是_____。

小结：我们来说说你长大以后要做什么吧？板书课题：长大以后做什么

活动十四：说清楚，多提问

1.穿越时空，支架示范

（1）课件播放"穿越时空隧道"，请学生发挥想象，大胆猜测20年后的自己会是什么样的，会成为一个怎样的人，又会怎样对待自己的工作。

（2）教师提供支架，"你长大以后想做什么，为什么？我长大以后想做……是因为……"听完以后请同学模仿着讲一讲。

（3）交流反馈：原来大家是先陈述自己长大后想做什么，再说理由。

用上句式：我长大以后想_____，因为_____。

教师引导学生练习这个句式说话，并引导选择同样职业的学生说说不同的理由。

2.教师示范，大胆展示

（1）教师示范：选择一项学生不了解的职业，激发学生的提问兴趣。

（2）指导学生学会使用"什么""为什么""怎么样"等疑问词，并注重礼貌用语的使用。

（3）召开班级分享会。示范提问，学生回答问题后，要对其他问题做出相对的回应。

（4）小组交流，进行星级评价。

认真倾听别人说话的内容，对感兴趣的内容提问时注意礼貌用语。

3.真实交际，写下心愿

（1）学生自由交际，师生进行有针对性的评价，并做适时指导。

（2）写下心愿，教师巡视，肯定学生的美好愿望与崇高理想。

小结：一个人有了理想才会有努力的方向，化理想为前进的动力，让理想伴随成长。

4.作业超市

课后，推荐阅读书目《小小的梦想》，并把课堂上了解到的职业特点说给同伴或家人听听，共同体会学习的快乐。

（张海芳名师子工作室　马聪颖）

【单元作业】

单元作业与检测

一、基础性作业

（一）我会写词语

huáng hé   hǎi xiá   shān chuān   tuán yuán   rè nao

（二）我会根据课文内容填空

（1）我神州，称（　　　），山川美，（　　　）。

（2）过（　　　），吃月饼，（　　　）当空照。

（3）转眼又是新春到，（　　　　　　　）。

（4）子鼠　丑（　　）　寅虎　卯兔　辰（　　）　巳蛇　午（　　）

未（　　）　申猴　酉（　　）　戌（　　）　亥猪

（三）我会给下面的多音字分别组词

漂 { piāo（　　　）/ piào（　　　）}   炸 { zhá（　　　）/ zhà（　　　）}

（四）根据所学知识填空

（1）我知道的中国美食有：北京烤鸭、＿＿＿＿＿＿＿＿、＿＿＿＿＿＿＿＿、

＿＿＿＿＿＿＿＿＿＿等。

（2）乞巧节的时间是＿＿＿＿＿＿＿＿＿＿＿＿＿。

（3）中秋节家家户户都吃＿＿＿＿＿＿＿＿＿＿＿＿＿＿＿＿＿＿。

（4）在古代，＿＿＿＿＿＿＿＿漂亮并且稀有，携带起来十分方便，人们通常

把它当作＿＿＿＿＿＿＿＿来使用。

二、发展性作业

（一）阅读1

（　　　　　）到，人欢笑，

贴窗花，放鞭炮。

元宵节，看（　　　　　），

大街小巷人如潮。

（　　　　　），雨纷纷，

先人墓前去祭扫。

过端午，赛（　　　　　），

粽香艾香满堂飘。

七月七，来乞巧，

牛郎织女会鹊桥。

过（　　　　　），吃月饼，

（　　　　　）当空照。

（　　　　　）节，要敬老，

踏秋赏菊去登高。

转眼又是新春到，

全家团圆真（　　　　　）。

1.按课文内容填空。

2.把文中描写端午节的句子用"＿＿＿＿＿"画出来。

3.把文中描写春节的句子用"﹏﹏﹏"画出来。

4.你最喜欢哪个传统节日？为什么？

_____

（二）阅读2

元宵节的夜晚，大街上人流如潮，灯火通明。

街上的花灯可真多呀！兔子灯地上跑，鸽子灯天上飞……最有趣的是龙灯，只见一条长龙追着宝珠上下翻飞，全身的鳞片金光闪闪，龙的尾巴不停地摆动。

孩子们情不自禁地高喊："龙活啦！"

歌声、笑声、锣鼓声融成一片，响彻夜空。欢乐的人们迎来了又一个春天。

1.这篇短文一共有（　　　）个自然段。

2.第2自然段有（　　　）句话，是围绕＿＿＿＿＿＿＿＿＿＿＿＿＿＿这句话写的。

3.花灯很多，文中介绍了（　　　）灯、（　　　）灯和（　　　）灯。写得最具体的是（　　　）灯，它是怎样的呢？请用"＿＿＿"画出有关句子。

[学习资源]

1.补充黄河和长江的视频。

2.拓展中国各个传统节日的相关资料。

3.和家长一起读《跟着伊伊过大节》。

4.推荐书目《小小的梦想》。

第十一章　综合性学习单元

第一节　教学建议

综合性学习对提升学生语文综合素养有着十分重要的意义。综合性学习围绕一个特定的主题，努力链接学生的语文学习经验与学生的生活实际，在活动中通过用语文知识和能力解决问题，促进听、说、读、写能力的协调发展。在教学实践中，建构"任务驱动式综合性学习活动"，既能为学生言语技能和策略运用提供语境，又能在任务链的驱动下，激发学生参与活动，积极学习语文的热情。

一、合作实践，发展素养

综合性学习与学生的生活紧密联系，要引领学生开展一系列有意义的活动，在活动中综合运用语文知识与能力，叙述回忆、表达情感，又让学生回顾总结五年的小学生生活，重温成长路上那些让自己感动过的、收获过的、成长过的或者失落过的瞬间，表达对恩师的诚挚的敬意与感恩，表达对同学的依依惜别情，为5年的小学生活画上圆满的句号，同时激发对初中生活的美好憧憬。

如，在五年级下册综合性学习《难忘小学生活》的"回忆往事"板块中，教师应重视对学生活动方法的指导，按照"明确任务—制定计划—实践探究—交流评价"的流程引导学生开展活动。可以用拍摄小学生活录像的方法记录往事，提醒学生拍摄前做好资料的整理和活动的策划，活动后，用照片加文字的方法做成纪念册的一页。在后期指导学生制作"成长纪念册"时，指导学生按照"筛选成长中有纪念意义的资料—给资料分类—编制成长纪念册"的步骤完成。在这一过程中，发挥小组合作的力量，让学生根据自己的特长，选择自己擅长的分工。如，擅长资料搜集的同学做"筛选资料"的工作；做事条理分明的同学做资料分类的工作；有美术特长的同学，在制作成长纪念册时做配图填色工作；擅长写作的同学，做给图片配纪念语的工作。如此，制作过程明晰，合作分工明确，既培养了学生的合作意识，提高了学生的组织策划能力，还能引导学生综合运用学过的语文、音乐、综合实践、美术等多学科知识与能力，实现深入促进学生综合素养发展的目标。

二、做实活动，深化体验

综合性学习单元突破了课本、课堂、学科的局限性，打通了家庭、学校、社会学习渠道，它具有综合性、实践性、创造性特点，教师在教学此单元时应重点引领学生拓宽知识视野，将"经验、思考、实践"结合起来，提高手脑并用能力，培养自主、探究、合作精神，培养学习兴趣，以此提升学生的语文素养。活动化、实践性是综合性学习区别于其他单元的重要特点。在教学中，引导学生做实做细做好活动，是上好综合性学习单元的依托。

以"依依惜别"板块，"举办毕业联欢会"为例。活动前，指导学生写好策划书，做好策划准备，设置策划组、主持组、演员组、报道组等多个活动小组；

活动中，做好会场的布置，音乐的选取，节目单的提前确定，主持词的准备。节目以学生自主创编为主，学生提前自主排列，利用大课间等时间，完成排练，报道组随时跟踪报道学生的节目选择排练情况等；活动后，负责活动报道的报道组利用校园小报、班报等多样形式对联欢会进行报道，也可以把联欢会的精彩瞬间做成视频或通过公众号等形式，进行宣传报道。

三、搭建平台，展示成果

语文综合性学习侧重于探索知识间的规律、学科课程相互之间的因果关系，具备综合性、多元性、开放性、灵活性和探索性的主要特点。学生应能查询相关资料，分析相关资料，并以文本、图表、诗歌朗诵等特定方式展示最新的研究成果。它以课程整合为基础，强调学科交叉渗透，强调文学的积累，强调如何生活和体验，强调独立表达、创新思维，强调必要材料的具体分析和编排等实践能力。

首先，每次综合性学习活动可以安排2~3课时，充分展示学生的活动成果。其次，展示活动成果时，老师先挑选活动过程组织严密、成果较完备的小组进行交流，其他小组同学给予补充，在全体充分交流后，教师可以适时地进行肯定与表扬，这样，给其他小组"打个样"。

总之，无论采用哪些方法引领学生学习综合性学习单元，都始终不离学习的综合性、实践性与创造性原则，以帮助学生从小树立综合性的大语文学习观为目的，让学生成为综合性学习活动开发的主体，让生活成为综合性学习活动开发的对象，让学生在综合性学习中学会学习，身心也得到健全发展。

（张海芳名师子工作室　何明丽　马鲁强）

第二节　备课举例

【课标分析】

跨学科学习是《义务教育语文课程标准(2022年版)》（以下简称"2022年版语文课程标准"）在"课程内容"部分中确定的6个学习任务群之一。2022年版语文课程标准中有这样的表述："本学习任务群旨在引导学生在语文实践活动中，联结课堂内外、学校内外，拓宽语文学习和运用领域；围绕学科学习、社会生活中有意义的话题，开展阅读、梳理、探究、交流等活动，在综合运用多学科知识发现问题、分析问题、解决问题的过程中，提高语言文字运用能力。"2022年版语文课程标准还强调："要引导学生在广阔的学习和生活情境中学语文，用语文着重培养学生综合运用多学科知识解决实际问题的能力。"

基于2022年版语文课程标准，深入开展综合性学习活动，一要采取丰富多彩的形式，给学生提供更多的实践、展示、交流、汇报、发现、成长的机会；二要不断开发、充分利用学生生活中的语文教育资源，用丰富的资源提供保障，用多样化的实践铺平道路，在学语文、用语文、创新语文活动中提高能力，发展核心素养。

【教材分析】

第一个语文要素：运用学过的方法整理资料。

第二个语文要素：策划简单的校园活动，学写策划书。

本单元围绕"难忘小学生活"这一主题，安排了"回忆往事"和"依依惜别"两大板块。"回忆往事"这一板块可以分阶段开展活动，达成目标。第一阶段：了解活动建议，通过协作的方式记录难忘的小学生活，制作成长纪念册。第二阶段：阅读《老师领进门》《作文上的双红圈》《如何制作成长纪念册》3篇材料，让学生在阅读中，用心感受5年小学生活的美好，感念师恩。"依依惜别"板块的内容为：在毕业之前，通过举办毕业联欢会、写信、写毕业赠言等方式，为小学生活画上一个圆满的句号。

整个单元都渗透出综合性学习活动的设计意识，如单元内容从阅读、口语交际、习作、语文园地等常规教材内容进行整体性、综合性学习设计。如"口语交际"这一内容，在本单元的"综合性学习"中，都有班级或小组成员的商讨、交流、展示等活动。单元教学内容从第二学段跨越到第三学段，都体现了编者针对学情由易到难、循序渐进、螺旋上升，全面提升学生语文素养的理念。

【学情分析】

综合性学习以其实践性和活动性深受小学生的喜爱。即将毕业的五年级学生，已经具备了一定的自主、合作、探究能力，而且在三年级综合性学习《中华传统节日》和四年级综合性学习《轻叩诗歌大门》以内在联系的、可操作的小任务、小目标，通过"活动提示"一步步为活动成果展示做好铺垫，而五年级的《难忘的小学生活》则以"活动建议"的方式给出，成为综合性学习的"支架"。在实际的操作中，学生可以沿着这些环环相扣的"任务链"，攀爬而上，从而锻炼活动能力，提升文化素养。

【单元目标】

基于学习内容的分析、五年级的学情分析以及单元要素、核心任务的分析，本单元的学习目标确定为：

1.阅读相关文章，回忆小学生活，制定综合性学习计划。

2.回忆六年的小学生活，填写时间轴，选取时间轴上有代表性的内容和同学分享。

3.收集、筛选资料，整理资料，制作成长纪念册。

4.策划毕业联欢会活动，学写策划书，制作节目单，举办毕业联欢会。

5.给老师、同学、母校或未来的自己写一封信，表达真情实感。

【单元评价】

1.目标1的评价，主要通过抽查学生的朗读，交流展示学习计划等方式来完成。

2.目标2主要通过对学生时间轴的展评，引导学生展开深度的交流，小组合作分享汇报，在这一过程中，考查这一目标的达成情况。

3.目标3主要通过资料展示和成长纪念册展评活动，引导学生相互学习，取长补短，共同整改提升。

4.目标4主要通过联欢会后的观众反馈情况来评价达成效果。

5.目标5则沿用五年级上册书信习作的评价指标来评价完成情况。

【单元规划】

本单元具体内容见下表：

表 3-11-1　综合性学习单元的具体内容

教学内容	核心任务	课时目标	课时安排
回忆往事	学习综合运用多种方式收集和整理资料	1.学会做活动方案 2.学会制作成长纪念册	1课时
		1.阅读材料《老师领进门》和《作文上的红双圈》，体悟师恩的伟大 2.回想存在心底那份难忘的师恩，尝试表达	1课时
		1.尝试收集往事资料，并进行整理 2.为搜集的照片写一份说明书，学会制作成长纪念册	2课时
依依惜别		设计毕业典礼	1课时
		1.在朗读中，树立远大理想 2.初步了解演讲稿，尝试写毕业演讲稿 3.尝试给老师写一封信，学写毕业赠言	3课时

本单元的导语为：那些留在校园里长不大的记忆，那些留在岁月中忘不掉的纯真。

语文要素为：运用学过的方法整理资料；策划简单的校园活动，学写策划书。

核心任务为：运用学过的方法整理资料，综合运用多种途径搜集资料，制作成长纪念册和活动策划书。

单元架构见下图：

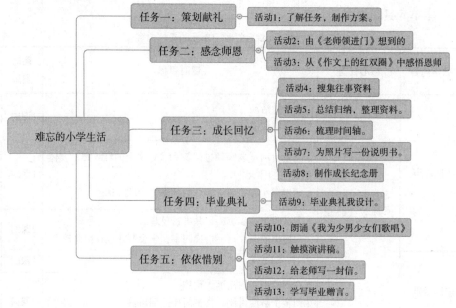

图 3-11-1　综合性学习单元的单元架构

【单元备课】

任务一：策划献礼

（一）学习目标

1.学会做活动方案。

2.通过填写时间轴等方法，学会制作成长纪念册。

（二）学习重点

学会做活动方案。

（三）学习难点

通过填写时间轴等方法，学会制作成长纪念册。

活动一：了解任务，制作方案

1.引语：在进行综合性学习之前，要做好一项十分重要的工作——制定活动计划。有了好的活动计划，就为活动的成功奠定了基础。请大家回忆一下，我

们在制定综合性学习活动计划时有哪些要求？（揭示题目，板书：综合性学习）

2.教师强调学生汇报制定活动计划的要求。

①自由组成小组。

②讨论活动内容。

③制订活动计划。

④活动计划包括：清楚活动内容、明确活动重点、确定活动时间、安排分工情况等。

⑤活动结束后要展示活动成果。

2.学生自由读"活动建议"。思考：从活动建议中知道了什么？要特别注意哪些建议？学生讨论哪些活动应如何开展，还可以补充什么活动。

（何明丽子工作室　刘平）

任务二：感念恩师

（一）学习目标

1.阅读材料《老师领进门》和《作文上的红双圈》，体悟师恩的伟大。

2.回想存在心底那份难忘的师恩，尝试表达。

（二）学习重点

阅读材料《老师领进门》和《作文上的红双圈》，体悟师恩的伟大。

（三）学习难点

回想存在心底那份难忘的师恩，尝试表达。

活动二：由《老师领进门》想到的

1.今天我们来学习两篇和老师有关的文章，看一看老师能对学生产生多大的影响，首先我们学习《老师领进门》。（板书课题：老师领进门）

读了课题，你最想知道什么？

预设：谁领谁进什么门？课文中指的是什么门？是怎样领进门的？

2.初读课文，整体感知。交流课题提出的问题。

"我"是一个什么样的人？（介绍作者）

请同学们再读故事，思考：田老师给你留下了什么印象？田老师的故事打动了孩子们吗？从哪里能够看出来？田老师的故事如同什么？

3.研读课文，感受师恩。交流：田老师编故事、讲故事真可以说是"天下一绝"！你能用课文中的3个成语来形容一下吗？（娓娓动听、身临其境、引人入胜）。

还可以从哪些地方看出来？交流出示句子。

①田老师谦虚。

②当年只不过是讲讲故事而已，不必感谢。

③田老师当年并没有刻意要去培养一名未来的作家。

④"你的成功并不是我的功劳，而是你自己努力的结果。"

这4种理解都正确，如果要选择一种最恰当、最符合老人家心意的理解，应该是哪一个？（第四个，在课题后板书：修行靠自身）

齐读：老师领进门，修行靠自身。

活动三：从《作文上的红双圈》感悟师恩

1.不同的老师对学生关爱的方式不同，接下来，我们来学习黄蓓佳的文章《作文上的红双圈》，看看这位老师的关爱和鼓励给作者带来了什么样的影响。揭示主题。

学生自读课文，思考以下问题。

①文章写了一件什么事？表达了作者什么样的思想感情？

②"我"的作文《补考》有着怎样一段不平凡的经历？

③当"我"听说作文被贴在报告栏上时，"我"有什么表现？

④"红双圈"给"我"这一生带来了怎样的影响？

组织学生就以上问题进行交流。

2.总结归纳，体会写法。

（何明丽子工作室　王俞琳）

任务三：成长回忆

（一）学习目标

1.尝试整理往事资料，并进行整理。

2.为搜集的照片写一份说明书，学会制作成长纪念册。

（二）学习重点

尝试整理往事资料，并进行整理。

（三）学习难点

为搜集的照片写一份说明书，学会制作成长纪念册。

★第一课时

活动四：搜集往事资料

1.想想在小学生活里，曾经发生过哪些让你难忘的人或事？借助照片，小组互说。

2.全班分组讨论，自主交流。

3.创设情境，和同学分享一下你在小学时代的各个场景，并想一想，哪些事情是最有意义、最有代表性的。

难忘的一节课；难忘的一次活动；难忘的文艺演出……

活动五：总结归纳，整理资料

1.我们在学校度过了5年的美好时光，留下了无数宝贵的回忆，即将离开校园，我们要用笔把印象最深刻的地方写下来。大家看，这是一个时间轴，想一想，刚才大家有那么多回忆，能不能全部都填写在上面？我们应该在上面填写些什么呢？

2.讨论发言。

3.学习整理资料

整理资料是继搜集资料之后，作为科学研究操作程序的继续，是一种对于有价值信息的自觉加工与管理。整理资料的目的是便于保存与应用。其通常步骤为：先分类，再排序。

小结：综上所述，我们在资料整理中只需选择小学阶段学校的照片、奖状、作文等物品。我们收集的照片、声音资料要清晰；奖状应是全班一起获得的；

作文要文笔优美；按照时间顺序从一年级排到六年级。

4.具体分工。我们可以采取分组合作的形式进行收集整理。

学生根据个人兴趣选择小组，成立"学校组"：搜集学校有特色的成就，如：吟诵、啦啦操、醒狮、合唱、击剑、乐器队、篮球、超市等。

活动六：梳理时间轴

选取最有意义的事件，按照时间顺序，填写时间轴。

展开评价工作：自评、互评、老师评相结合。

★ 第二课时

活动七：为照片写一份说明书

1.选题。

①为我的照片写一份说明（介绍照片中的"我"）；

②为同学的照片写一份说明（介绍照片中的"他"）。

2.限定时间，快速习作。

3.找一个朋友，征询意见，自行修改。

4.把小作文修改、誊清。

活动八：制作成长纪念册

1.讨论纪念册内容

①小组讨论，确定班级纪念册的名称和班级纪念册板块名称及内容。

②集中小组建议。

预设：班级纪念册名称如《我们的班级》《快乐童年》《彩色童年》；班级纪念册各板块名称如"师恩难忘""同学情深""个性特点""集体荣誉""依依惜别"等。分好各个板块的类别后，我们再根据板块的内容有针对性地进行搜集资料。

2.合作编辑

①选取制作负责人。

②提名美编、资料收集人、文字编辑、审稿人等。

③每个学生要做的：上交一张照片写上自己的特点（简明扼要）。

④有特色的照片要配上说明和故事。

3.讨论分工和具体要求

①班级成立编委会，选出主编、美编、打字、组稿、催稿人等，明确每个人的工作职责等。

②负责催稿的同学，要制作交稿登记表，按姓名、文章、照片、图画等列成表格，并规定交稿时间，交稿的打钩标记。

③打字员，所有稿件由打字员统一打印。

④全班每个同学按时上交一篇自己最满意的作文，一张生活照，加上自己的个人小档案、给同学的话等。如有绘画、书法等作品也可上交。

4.学生提出其他问题或建议，集体讨论解决。

（何明丽子工作室 于小艳）

任务四：毕业典礼

学习目标

1.设计毕业典礼，编排演出。

2.学会合作，回味师生，同学情谊。

活动九：毕业典礼我设计

1.小组交流，选定内容

你们都喜欢什么形式的节目呢？归纳节目形式：小品、相声、双簧、歌曲、舞蹈、器乐、童话剧、变魔术、诗歌朗诵等。

2.合作讨论，确定方案

（1）确定主题，如："我们都很棒"毕业联欢会，"记住我"毕业联欢会，"难忘今朝"毕业联欢会。

（2）时间安排：根据考试时间决定演出时间，让学生自由报名参加表演。

（3）排练节目：根据报名情况进行编排，经讨论决定。

（4）挑选主持人，写串词，全班一起讨论串词的编写要领。

（5）其他分工。

（何明丽子工作室 高景园）

任务五：依依惜别

学习目标

1.在朗读中，树立远大理想。

2.初步了解演讲稿，尝试写毕业演讲稿。

3.尝试给老师写一封信，学写毕业赠言。

（二）学习重点

初步了解演讲稿，尝试写毕业演讲稿。

（三）学习难点

尝试给老师写一封信，学写毕业赠言。

活动十：朗诵《我为少男少女们歌唱》

1.诗歌赏析，感受深情。

"我为少男少女们歌唱"，其中的"少男少女"是什么样的少男少女？出示作者简介和时代背景。作者把"少男少女"比作什么？

"少男少女"好比"早晨"，好比"希望"，好比"未来的事物"，好比"正在生长的力量"，他们是祖国的未来，民族的希望，是他们使我"重新变得年轻了"，使我"对于生活我又充满了梦想，充满了渴望"。（板书）

2.如何理解"我的歌呵，你飞吧，飞到年轻人的心中"？

诗人希望他的歌真正打动少男少女，在他们的心灵上引起共鸣。

3.对"快乐或者好的思想""使我像草一样颤抖过"应如何理解？

那些快乐或者好的思想，曾经像春风感动小草一样感动过诗人。

4.第3节中的"微风"和"阳光"代表着什么？

5.为什么我会"重新变得年轻了"？这和"我为少男少女们歌唱"有什么关系？

6.作者仅仅是为20世纪40年代延安的少男少女歌唱吗？

7.总结全文，深情朗诵。

活动十一：触摸演讲稿

1.解释难懂的词语。朗读词语：

仰慕不已	信手拈来	誉满天下	预想不到
攻克堡垒	吸取教训	总结经验	贯彻原则

一觉醒来　　继续前进　　妙手成章

碰钉子　　走弯路　　走岔路　　花时间

2.快速阅读演讲稿，理清思路。（出示课件）

①举例说明某些人失败的原因。

②总结科学家成功的必要条件。

③以"我"的亲身实践说明坚持和积累的重要性。

3.了解华罗庚生平。

成功的钥匙是"勤奋和积累"。

4.你还知道哪些华罗庚的名言呢？

5.现在，你可以谈一谈你对华罗庚的情感吗？

敬佩、尊敬、感动、并立志向他学习。

★ 第二课时

活动十二：给老师写一封信

1.出示一封学生写给老师的信，教师真情朗读，让学生体会在这封信中学生对老师的真情。

2.赏析这封信，说说这封信的特点。（板书：真情实感）

3.提出习作要求：

①通过具体事例，表达对老师真挚的感情。

②要写真人真事，抒发真情实感。

③写完后认真修改。

4.选题写封信：为母校或老师写一封信。

5.自主选题：你打算给谁写封信？在这封信中，你准备写什么内容？要注意什么？

6.复习写信格式，写好称呼、问好、正文、祝福语、落款、日期（板书）。

4.出示写作评价标准。

7.习作要求：教师通过课件出示习作要求及作文评价表。

★ 第三课时

活动十三：学写毕业赠言

1.引入：的确，每一张快乐的笑脸，每一个有趣的动作，每一次精彩的发言，都深深地留在大家的记忆中了。这种友谊是多么珍贵呀！很快大家就要分开了，一定有许多鼓励、祝愿的话要说，今天我们就给大家提供这样一个交流的机会。

2.吟诵《毕业赠言》，初步了解其写法。

①《毕业赠言》中的两组赠言，一组是学生写给老师的；一组是学生写给学生的。

②体会感情：《毕业赠言》这篇课文包括两组赠言，感恩了老师的教导，赞美了同学的情谊，展望了美好未来，表达了真诚祝愿，抒发了惜别情怀，表达了师生之间、同学之间真挚的情感。

③交流其写法：赠言的基本要求是短小精悍，情真意切，能根据同学和老师的特点写；赠言应尽量写得精练、形象、富有时代感、饱含感情，能给人以启迪；能根据不同对象的特点，用比较生动、得体而简练的语言表达自己的祝愿。概括之，就是运用以物喻人、排比等方法来抒情；有真情实感；语言简练优美；能抓住人物特点。

3.出示3句写得好的赠言，讨论明确：语言优美，针对性格特点，有激励作用的赠言能给人以美的享受和积极力量，大家都会很喜欢。

4.学生动手写赠言，教师提供一些名言、俗语供同学选择使用。

5.老师给全体学生送上几句赠言，愿大家友谊长存。

（何明丽子工作室　宋超）